CARLOS ZUÑIGA FIGUEROA

¿QUÉ ES EL COMUNISMO

GRANDES ARTÍCULOS DE UN MAESTRO DE LA PINTURA HONDUREÑA
(DIARIO LA ÉPOCA—1950)

ERANDIQUE
COLECCIÓN

GRANDES ARTÍCULOS DE UN MAESTRO DE LA PINTURA HONDUREÑA. (Diario La Época—1950)
CARLOS ZUÑIGA FIGUEROA

©Colección Erandique
Supervisión Editorial: Óscar Flores López
Diseño de portada: Andrea Rodríguez—Lilyana Gálvez
Administración: Tesla Rodas
Director Ejecutivo: José Azcona Bocock
Primera Edición
Tegucigalpa, Honduras—Noviembre de 2024

MAESTRO CARLOS ZUÑIGA FIGUEROA

CARLOS ZÚNIGA FIGUEROA: MAESTRO CON EL PINCEL... Y LA PLUMA

Lo conocí primero a través de algunas de sus obras de arte: El fusilamiento de Francisco Morazán (1942), El Bohemio (1934), Tentación (1939) y Doña Vicenta Zúniga (1943). Todas ellas, piezas propiedad del Banco Central de Honduras (BCH).

Así como Cantonera (1922), que ilustra la portada de este libro.

De Cantonera, la obra Generaciones que marcaron huellas, antología de arte del BCH señala: "En sus últimos años, Zúniga Figueroa incursionó en retratos de personajes urbanos de la Tegucigalpa de antaño, siguiendo la tendencia de la corriente realista. Un ejemplo, es su obra Cantonera, inspirada en un mendigo muy familiarizado con los capitalinos".

Sus pinturas transmiten fuerza, dolor, humanidad... Sus artículos nos hacen descubrir a un intelectual con una profunda capacidad de análisis.

El libro original fue publicado en 1950 bajo el título *Recopilación de escritos publicados en la sección "Un poco" del diario "La Época"*.

Premio Nacional de Arte "Pablo Zelaya Sierra" en 1951, las pinturas del Maestro Zúniga Figueroa trascendieron más allá de las fronteras hondureñas. Expuso en varios países, entre ellos, Estados Unidos, donde alcanzó fama y prestigio.

Si bien, Zúniga Figueroa —agrega Generaciones que marcaron huellas—, ya era un artista conocido en la capital, fue a principios de los años 20 en que formalizó su vocación a raíz de su viaje a España para cursar estudios en la Academia San Fernando, de Madrid, donde captó importantes conocimientos de mentores de la talla de Viniegas, Alejo Vera y Romero de Torre; este último un realista consumado y quien más influyó en él para que se dedicara al retrato. En consonancia con esa línea que se propuso dominar, como parte de la formación exigida en San Fernando, este artista nacional, hizo muchas reproducciones de los grandes maestros de la pintura española.

Cuando regresó a Honduras, el público local valoró sus obras, y el Maestro Zúniga Figueroa se convirtió en un celebridad.

Dolorosamente, muchas de sus piezas fueron consumidas en un incendio…

Como articulista, Carlos Zúniga Figueroa criticó a la clase política, la corrupción, la falta de valores y al comunismo.

En el artículo Un partido comunista, el Maestro dejó claro su rechazo a esa ideología.

"Ningún país de Centro América puede considerarse en la situación en que estaba Rusia a la caída del imperio zarista; desgraciado pueblo sometido a la tiranía y esclavitud de la autocracia imperial; ayuno de los más elementales principios de lo que es el derecho y la libertad que al hombre corresponden, lo que dio lugar, no cabe duda, a que aceptara como salvadores las doctrinas de un embozado socialismo que predicando igualdad, equidad y justicia, ocultaba en su fondo las grandes cadenas que más tarde lo habrían de aprisionar".

Continúa exponiendo: "La grandeza y poderío de la Rusia actual se ha levantado con la base del aniquilamiento de su pueblo, convertido en un autómata que obedece por el temor a la muerte; que trabaja sin cesar hasta que se agotan sus fuerzas, sin derecho a exigir la recompensa del esfuerzo dado; que sabe que aun para respirar debe andar con mucho pulso porque está rodeado de espías y delatores. ¿Y esto es lo que se quiere para nuestros pueblos?".

En otros de sus artículos, señala que "La política, mal endémico de nuestro país, ha sido en parte la causa de que hayamos andado por todos los vericuetos de cambio de aprendizaje, obligados por la necesidad de vivir; pues es sabido que, en estos países del Caribe, no hay peor delito que no comulgar con las ideas de los que —en algunas ocasiones— tienen las riendas del poder".

Aunque el Maestro aclaró que no pretendía ser periodista ni escritor profesional, esta colección de columnas es de un valor incalculable.

A nuestro juicio, existen tres clases de hombres cuya manera de ser y de actuar son completamente distintas; el primero, representa al hombre primitivo; el segundo al común o corriente y el tercero al excepcional —escribió.

Sobre la unión centroamericana expuso: "Es indudable que la reportaría grandes beneficios a todos los que, hoy separados, debatimos por suspicacias o amenazas, cuyo origen no es más que la falta de una inteligencia sincera en el trato mutuo que, por especial conveniencia, debe concretarse al mantenimiento de las mejores relaciones, si queremos lograr la tan deseada unificación".

Aunque han transcurrido setenta y cuatro años desde que Recopilación de escritos publicados en la sección "Un poco" del diario "La Época" salió de la imprenta de los Talleres Tipográficos Nacionales, vale la pena leer artículos como Liberales y conservadores, un tema que, al día de hoy, aún provoca controversias en Honduras.

En lo personal, estos artículos del Maestro Carlos Zúniga Figueroa tuvieron el mismo efecto de sus pinturas: me sorprendieron. Espero que aquellas personas que lo lean por primera vez vivan esa hermosa experiencia.

Óscar Flores López
EDITOR COLECCIÓN ERANDIQUE

MIS ARTÍCULOS EN LA SECCIÓN "UN POCO" DE DIARIO LA ÉPOCA

No hemos sido ni pretendemos ser periodistas ni escritores profesionales; al escribir, hemos hecho uso de un derecho que es inherente al ser humano dentro de las libertades, que, siendo respetadas, la ley concede a todo ciudadano; y las finalidades a perseguir, no han tenido por base ni el egoísmo ni la pasión. Un deseo de cooperar en el sentido de ver, si fuera posible, un mejor entendimiento entre los diferentes grupos que componen nuestra colectividad nacional y la de señalar ciertos defectos en las costumbres y abusos que ciertos elementos tratan de introducir en la sociedad valiéndose de la impunidad que ampara la incógnita, ha sido el punto capital de nuestra tan pobre empresa.

Si hemos hecho bien o hemos hecho mal, no está en nosotros reconocerlo por aquello de que no es posible ser a la vez Juez y parte; más debemos confesar que sin pretensiones de ninguna naturaleza nos hemos aventurado a exponer nuestras ideas y sentimientos en la confianza de que ellos en ninguna forma puedan herir las susceptibilidades sociales y políticas de los que, divididos, se disputan alguna supremacía. Si por lo comunes o mal traducidas estas ideas y sentimientos no edifican; por lo menos no destruyen.

Hemos viajado mucho, haciendo uso del sentido de la observación para sacar conclusiones que pudieran ser útiles a nuestro modo de ser; y temerosos de estar equivocados en cuanto a esas conclusiones, hemos preferido el aislamiento en que hemos vivido por largos años, persiguiendo en los libros esas verdades que tanto nos preocupan, y siempre, con la esperanza de que algún día se plasmen, si no todas, algunas de las que, en hermosa idealidad, tanto anhelamos para Honduras. Tenemos confianza en que la juventud bien orientada y tan llena de fe patriótica, habrá de darle mañana honra y gloria a su patria, porque de ellos es el porvenir, y a los que como a nosotros ya se nos está poniendo el sol, si es que vivimos cuando esas juventudes levanten el estandarte de las virtudes cívicas tan necesarias al buen nombre de la República, nos toque decir como aquellos veteranos del Imperio frente al Altar de la Patria: "Loor a tus hijos de sangre joven; tus veteranos te saludan".

Nosotros también hemos sido jóvenes y sabemos lo que son los entusiasmos y el valor de esas edades; sabemos de los medios y dificultades que se interponen para llegar a la meta de las más justas aspiraciones y lo sabemos, porque las hemos sufrido en nuestra propia carne; pero cuando existe un deseo arraigado en lo más profundo de la conciencia y no se pierde la entereza, algo se logra aún en medio de tales dificultades.

Por naturaleza hemos tenido vocación artística, pero poseídos de un gran defecto que consideramos la causa de no haber sobresalido en algún punto determinado de las ramas del saber a qué temporalmente hemos dedicado nuestro esfuerzo físico y mental. ¿Las razones? Quizás el medio o las necesidades de la vida. Sólo la lectura ha podido ser permanente por aquello de que para efectuarla siempre hay horas de qué poder disponer. Hemos amado las artes así como amamos las letras y de lo poco, bueno o malo que de ellas hayamos podido sacar con nuestro esfuerzo, creemos, tal vez infundadamente, haber hecho algo en beneficio de nuestro pueblo.

Al salir del Instituto Secundario por dificultades de podernos sostener en los estudios, a la edad de 16 años, ingresamos como aprendiz tipográfico en la Imprenta Nacional, cuando de ella es Director don Rafael Maradiaga. Aprendimos el arte de levantar tipo trabajando como cajistas en la sección de la "Gaceta Oficial", a cargo del Gral. José María Valladares. Buscando otro derrotero, cambiamos de oficio en la misma Imprenta y nos hicimos encuadernadores. En nuestra casa, dibujábamos y pintábamos, como ya dije, por vocación natural, y una oportunidad nos llevó a la Litografía Nacional, a cargo de don Hipólito Cano, donde aprendimos lo que atañe a este hermoso y delicado arte.

Circunstancias imprevistas nos hicieron abandonar estos talleres, ingresando al estudio fotográfico del recordado maestro, don Rafael Ugarte, quien se esmeró en enseñarnos este arte, tan simpático como atrayente, y fue allí, en 1905, que habiendo copiado unos cuadros al óleo que el Dr. Policarpo Bonilla había traído de los Estados Unidos y expuestos en la misma fotografía, vistos por el General Manuel Bonilla, presidente de la República en aquella fecha, dispuso mandarnos a Europa para estudiar pintura, matriculándonos en la Real

Academia de Bellas Artes de San Fernando en Madrid, España, donde obtuvimos, al finalizar nuestros estudios, el diploma correspondiente.

En Europa estudiamos también el arte del fotograbado, y hemos sido nosotros los que hicimos los primeros trabajos de esa índole publicados en la prensa de Honduras y en los talleres Tipo litográficos a nuestro cargo, durante la administración Bonilla—Bertrand. En 1914, previo contrato con este gobierno, decoramos y amueblamos nuestro Teatro Nacional, llamado entonces "Teatro Manuel Bonilla", decoraciones que más tarde fueron destruidas.

Nos hemos dedicado también a la música, escogiendo por predilección el difícil instrumento del violín, estudio que efectuamos bajo la dirección del competente profesor alemán, don Carlos Hartling, director de la Banda de los Supremos Poderes y autor de la música de nuestro Himno Nacional. Por sugerencia del maestro Hartling, tocamos en varias ocasiones, con motivo de veladas de beneficencia, algunos conciertos a solo de violín en el referido Teatro Nacional. Hemos pintado más de 300 cuadros, algunos de los cuales han obtenido premios en medallas y diplomas en exposiciones nacionales y extranjeras. España, Estados Unidos, Guatemala, El Salvador, Costa Rica y Chile, tienen obras nuestras, y en Honduras, existen en profusión.

Desde los 19 años, hemos sido profesores de dibujo en Institutos Nacionales y particulares y lo hemos sido también en la República de El Salvador.

La política, mal endémico de nuestro país, ha sido en parte la causa de que hayamos andado por todos los vericuetos de cambio de aprendizaje, obligados por la necesidad de vivir; pues es sabido que, en estos países del Caribe, no hay peor delito que no comulgar con las ideas de los que —en algunas ocasiones— tienen las riendas del poder. En 1910, fuimos por razones políticas infundadas, obligados a salir de nuestro país, amparándonos en la República de El Salvador, de donde dos años más tarde, por los mismos motivos infundados, se nos expulsó, yéndonos para Guatemala.

Fue en El Salvador, donde por instancias de nuestro muy querido amigo, el poeta don Augusto C. Coello —allí emigrado como nosotros— publicamos nuestros primeros artículos en el "Diario de El Salvador", artículos que quizá provocaron nuestra expulsión. Ya en nuestra patria, en 1924, se nos nombró Tesorero General de Instrucción Primaria, y más tarde, en 1926, el Congreso Nacional nos designó para representar a Honduras como Ministro residente en la República de Costa Rica.

El nombre de Mario Vásquez, lo adoptamos como pseudónimo en 1919. Fue el nombre de un hijo muy querido muerto ese mismo año, y el apellido, el materno, en honor de su ilustre abuelo, el Dr. Mariano Vásquez. Con este pseudónimo publicamos, por primera vez, algunos cuentos de carácter regional en la revista "Tegucigalpa", allá por los años de 1920—21, revista magistralmente dirigida por nuestro recordado amigo don Alejandro Castro p.

Los cien artículos publicados en la sección "Un Poco" del diario "La Época", no han tenido fines preconcebidos que acusen deseo o interés de hacer visible a su autor, porque éste, de sobra sabe lo ingrato y difícil que es poder saber algo. Ha tratado de exponer sus ideas con el noble fin de señalar ciertos vicios y defectos que tienden a destruir la buena reputación de nuestra sociedad, y a buscar la manera de hacer ver a los hondureños que no hay razón para que se odien; ha querido, pues, hacer un llamado sincero a todos los hermanos, a efecto de que, conciliando sus viejas diferencias, se estrechen en fraternal abrazo con una sola idea: la de engrandecer y glorificar a Honduras.

Fue nuestro querido y apreciado amigo don Fernando Zepeda Durón quien nos sugirió que escribiéramos algo en la sección "Un Poco", de su importante diario, confianza que inmerecidamente se le dispensó a Mario Vásquez, quien lo agradece de todo corazón, y ha sido otro amigo, también muy querido, don Julio Lozano h., el que se ha propuesto reimprimir en conjunto estos mal hilvanados artículos, pidiéndonos descubramos nuestro verdadero nombre, lo que hacemos en honor a su solicitud, a pesar de que nuestro deseo era el de permanecer ignorados, como ignorados hemos permanecido siempre.

Vayan para los dos amigos, nuestros agradecimientos muy sinceros.

Tegucigalpa, D. C., julio 14 de 1950.

CARLOS ZÚÑIGA FIGUEROA
(Mario Vásquez).

SE HACE ESCUELA DE HONESTIDAD CON LA HONESTIDAD MISMA

"Vituperar es fácil, lo difícil es ser justo".

La prensa debe ser cátedra de enseñanza honesta a toda costa. Si queremos significarnos como pueblo culto y civilizado, debemos amoldar nuestros sentimientos dentro de normas de caballerosidad e hidalguía. De sobra sabemos que nuestra manera de vivir y apreciar los hechos que se verifican dentro del solar patrio trasciende más allá de nuestras fronteras y, que de nosotros depende el criterio bueno o malo que de nuestro modo de ser puedan formarse los que a distancia nos contemplan.

La prensa debe ilustrar; ser verídica en sus apreciaciones, y justa en sus fallos. Debe mantenerse en un plano de seriedad que obligue al público a considerarla útil y necesaria al desenvolvimiento político, económico y social de la República. Debe aspirar a ser oída y a ser consultada. La prensa que salta por encima de estos principios que son fundamentales al interés común, ara en el vacío; no edifica, y, por el contrario, sólo sirve para sembrar la desconfianza, enardecer los ánimos y crear situaciones muy difíciles y lamentables y es por esto, precisamente que su vida es efímera, para a través del corto tiempo en que vive, dejando apenas el recuerdo de una triste aventura.

Indispensable es el respeto para ser respetado y más indispensable aun, es pensar que la responsabilidad del que escribe para el público enmarca un juicio revelador de propósitos que pueden ser o no ser tendientes al bienestar de la colectividad. Claro está que todos somos susceptibles de caer en error, pues somos humanos, y esto debería atenuar el sentimiento de apreciación que pudiera embargarnos; pero con frecuencia sucede que cerramos con llave la puerta de nuestra conciencia para argumentar condenando una situación que, en nuestras manos, también se convertiría en cosa por juzgar. Cuando la pasión no envuelve ideales de nobleza, se convierte en un arma peligrosa porque engendra la diatriba y el odio y es entonces, que sin miramiento y sin concepto de responsabilidad se hieren reputaciones.

La libertad de pensar no implica la libertad de ofender. La idea que podamos tener de las personas y de las cosas nos incumbe en forma muy personal que honradamente no nos obliga a pretender que los demás piensen como pensamos nosotros ¿Quién nos garantiza que no seamos nosotros los equivocados, o quién nos garantizar que en una situación ad hoc no lleguemos a ser blanco de idénticas murmuraciones? Ni todos los hombres ni todas las mujeres pueden estar en condiciones de entrar en un pugilato de "dime que te diré" y de ahí, que la exhibición es triste para quien hace uso de ella sin miramiento y consideración. La ponzoña de la maledicencia no es nueva en nuestro pobre ambiente; ayer fueron unos, hoy son otros y habrá a quienes les toque mañana ser objeto de su crueldad. Recapacitemos en el concepto de que sólo el respeto a la ajena dignidad protegerá la nuestra propia.

Dijimos que la ponzoña de la maledicencia no es nueva, y esa verdad que para desgracia de la humanidad se constata desde que el mundo es mundo, nos la presenta la historia. A Cristo se le motejó de loco y trastornador del orden público; a César de tirano y de invertido; a Napoleón de ladrón y de tirano; a Morazán de ambicioso y de ratero y así, en la lista de los que encontraron ponzoña en su vida de lucha, los hay sin cuenta; pero ellos, eran predestinados a cumplir una misión y la cumplieron a despecho de la malicia y de la sátira mordaz. En el mundo, todo es relativo y nosotros en nuestro pequeño ambiente entablamos también la lucha por la vida en un deseo de desenvolvimiento progresivo que nos haga siquiera medianamente visibles; no podremos compararnos con los que arriba mencionamos; fueron muy grandes, pero en nuestra pequeñez, en nuestra miseria, en nuestra pobre y sedienta tierra que clama el esfuerzo de sus hijos, también se dan los cardos y las espinas.

Qué hermoso sería que nosotros los hondureños haciendo honor a la patria uniéramos nuestro esfuerzo por acreditar ante el extranjero el concepto de nuestra propia personalidad como nación culta, defendiendo a ser posible toda clase de valores que hayan puesto al servicio de la comunidad, para su progreso y adelanto, el contingente de su buena voluntad. Hay mil maneras honestas de censurar las acciones de los hombres cuando consideremos que ellos se han salido del límite de lo justo. Los errores, ya lo dijimos, son inherentes a la naturaleza humana, la perfección, sólo es Divina porque es Dios mismo. Si analizáramos con honradez y sin pasión los males de que podamos quejarnos, encontraríamos que, en su mayor parte, hemos sido nosotros los que las han provocado, porque no debemos olvidar que toda causa tiene su efecto pese a que no lo estemos esperando. Armonizar nuestro empeño en beneficio de los intereses de la República, es lo que realmente demanda el momento histórico en que vivimos.

EL HOMBRE DEBE ESTUDIAR SUS PROPIOS IMPULSOS

"Donde hay soberbia, allí habrá ignominia; más donde hay humildad habrá sabiduría". —Proverbios, Capítulo XI.

El hombre rige los actos de su vida por sensaciones múltiples emanadas de los centros activos de su organismo que, unidos en maravillosa combinación, responden a las exigencias de la mente.

A nuestro juicio, existen tres clases de hombres cuya manera de ser y de actuar son completamente distintas; el primero, representa al hombre primitivo; el segundo al común o corriente y el tercero al excepcional.

En el hombre primitivo, la luz de la inteligencia, la percepción y apreciación de las cosas se presentan con un velo que no permite analizarlas en cuanto a su propio valor, creando, por esta razón, un estado de ánimo que acusa indiferencia por lo que pudiera llamarse solicitud de la mente. En esta clase de hombres, priva como único fin de la vida, el satisfacer las necesidades de la materia.

El hombre común o corriente, ejecuta sus propios actos amparado por una inteligencia sugestiva, pero, a veces, engañosa, que a menudo lo conduce por caminos extraviados de toda verdad. Esta clase de hombres suelen con frecuencia ser influenciados por otras ajenas sensaciones más poderosas que las suyas propias, convirtiéndolos en imitadores o en satélites de otras inteligencias.

El hombre excepcional, es aquel que al tomar una determinación para ejecutar un acto, lo medita con detenimiento, pesando el pro y el contra y limitándolo a la medida más justa, siempre de acuerdo con su propio deseo. Esta. clase de hombres, por razón de su naturaleza, son firmes en sus propósitos, sinceros en sus apreciaciones y humildes en su manera de ser.

Si meditamos en el porqué de ciertos actos de la vida del hombre que están reñidos con la prudencia y con la verdad, estudiándolos debidamente, podremos llegar a la conclusión —dada la nomenclatura que a grandes rasgos nos hemos permitido diseñar que ellos pertenecen a una de esas fases de diferenciación característica.

Amoldar el sentimiento a una idea que habremos de exponer en beneficio o en perjuicio de tercero, puede ser sencillo, pero no fácil si no apreciamos en todos sus contornos el pro y el contra de la idea por exponer; de ahí que muchos, no encontrando dificultades para expresar sus opiniones, se lancen sin ningún escrúpulo por los cenagosos campos del error que en más de una ocasión conduce al ultraje y a la calumnia.

La crítica sana y constructiva es necesaria a los pueblos porque ayuda a su desenvolvimiento y a su progreso. Los encargados de dirigir los asuntos y negocios del Estado en épocas lejanas, acordaban asignaciones para censores que vigilaban estudiando, todos los actos no sólo del gobierno, sino que también de la sociedad en que vivían, y, esa censura, hábil y honestamente manejada, era una palanca formidable para los intereses del Estado.

Convengamos que no se construye con el odio, la difamación y la intriga. Lo prudente es encarrilar nuestros pasos hacia un mejor horizonte en el cual, caminando con prudencia, podamos afianzar la confianza y la seguridad para todos.

Convengamos en que en la vida todo tiene su límite y que la peor cosa que al hombre pueda suceder, es el remordimiento de haber obrado mal, empujado por la violencia de una idea que tal vez no tuvo razón de existir.

NI TODO ES BUENO, NI TODO ES MALO
"Del vientre de la mujer nací puro"

Con frecuencia oímos decir que el hombre que es malo, lo es por su propia naturaleza y nada más absolutamente erróneo que esta poco profunda afirmación. Ni aun los seres irracionales considerados más salvajes y más crueles, nacen con instintos malos; gusto da ver que algunas personas adictas a crear esta clase de seres han llegado a tener en sus hogares fieras niños con los cuales juguetean como podría hacerse con un conejillo o una codorniz, y entiéndase, que se trataba de una pequeña pantera que algún día en su pubertad o madurez llegaría a ser el terror y el espanto de los que la vieran; y si estos seres terribles de la caverna y la montaña con suaves e inocentes de niños, ¿cómo y por qué habría de ser malo el hombre desde los primeros momentos de su vida?

En las fieras se desarrolla el espíritu de ferocidad, cuando llegan a la pubertad, al deseo, y por otro motivo, entre los que priva el abandono a que los sujetan sus padres para que aprendan a buscarse, por sí solos, el sustento que ha de mantenerlos con vida. El otro, es quizá el más efectivo, porque es el ejemplo de la tiranía y crueldad que sus padres les ofrecen a la vista en sus pobres víctimas.

En el hombre pasa lo mismo; como niño, es inocente, es dulce, con vida a la caricia y al beso y quien quiera que sea y de quien sea, nos atrae y nos conmueve. Por esto, el Divino Maestro, cuando rodeado por un grupo de chiquillos alguien se propuso retirarlos, El, con gran amor dijo: "Dejad a los niños que vengan a mí, porque de ellos es el reino de mi Padre".

El hombre no nace malo; se hace malo o lo hacen malo. Una de las causas responsables para que se metamorfosee la condición del hombre, es la actitud pasiva de sus padres cuando ellos, sus hijos, en la época de la adolescencia empiezan a ejecutar actos inconvenientes, actos que no cabe duda verifican inconscientemente y que por lo mismo no pueden apreciar sus resultados, y no obstante esto, es desde ese instante, que la acción del padre debe hacerse sentir, para evitar que tales tendencias se arraiguen en el corazón del niño adolescente, que de otra manera se convertirá en una necesidad o vicio que forzosamente habrá de perderlo.

Si el hombre o la mujer pertenece a esa fase corriente o común de que hablamos en nuestro artículo anterior, fácilmente será susceptible a dejarse empujar hacia derroteros escabrosos en los cuales podrá el hombre dejar jirones de su hombría de bien, o la mujer, perder lo para ella más sagrado: su honor.

Crear un sentimiento de nobleza, de rectitud y de respeto debería ser el ideal primordial en todas las escuelas de primera enseñanza de todos los países. Se está conformando el mundo con hacer hombres hábiles para el sostenimiento de las instituciones nacionales, sin tomar en consideración la parte más sustancial del asunto, que es la moral individual.

Los resultados de esta lamentable omisión la estamos palpando hoy más que nunca en todos los rincones de la tierra al calor de las noticias que a diario y con tanta velocidad y prontitud estamos recibiendo de todos los ámbitos del planeta.

De nada valdrá la mejor buena voluntad del gobierno de un país, si éste no cuenta con el respeto y cooperación de sus gobernados. De nada valdrá el sacrificio que un padre haga por sus hijos, si éstos no reconocen en él la suprema autoridad.

VARIACIONES SOBRE UN TEMA: "LA ENVIDIA"

"El corazón sano da vida al cuerpo; más la envidia es carcoma de los huesos". —Proverbios, Capítulo XV.

En el número de este diario, correspondiente a miércoles 21 y en esta misma sección, apareció un fragmento de un artículo del insigne maestro de las letras, José Ingenieros, relativo al castigo que sufren los envidiosos, y el gran literato pone sobre las espaldas de estos despreciables enfermos como Cristo sobre las espaldas de los mercaderes del Templo, su látigo formidable. No hemos podido evitar el deseo de escribir algo sobre este tema, cuyos relieves alcanzan infinidad de proyecciones y consecuencias. Si les damos el calificativo de enfermos no es que creamos que lo son del cuerpo porque pueden gozar de salud a toda prueba, mas ellos, efectivamente, son enfermos del alma.

El envidioso es un ser infesto que cubre sus apariencias con una máscara de bondad y de simpatía. Es atento, cuidadoso y muy interesado en darse cuenta de todo lo que alcanza su vista y que él quisiera poseer. Se afana en indagatorias minuciosas celebrando y aplaudiendo lo que oye y va y viene, mira y remira con pasmosa nerviosidad. Al envidioso lo delatan sus propios ojos. Si lo observáis con disimulo podréis apreciar el desasosiego con que mueve su organismo, así como el rictus de dolor que con apariencia de sonrisa se dibuja en sus labios.

El envidioso tiene un hermano: el intrigante; son gemelos, ambos van en busca de algo que no pueden alcanzar por competencia porque tanto el uno como el otro, son incapaces de poder hacer algo que valga la pena; pero, tienen una arma que saben esgrimir con presteza y habilidad y esta arma cuyo mecanismo es sencillo, se compone del chisme y la delación; saben también a perfección doblar en cada oportunidad el espinazo hasta dar con el suelo; la de acercarse al oído de los poderosos a hacerle la historia —con apariencia de ingenuidad— de alguna de sus víctimas y a cantarle en cualquiera de las claves musicales que él se siente feliz al lado de tanta grandeza o del puesto que desempeña su escogido. El envidioso y el intrigante se completan como mitades de una naranja. Por lo general, son haraganes, pero hacen gala de una actividad y competencia asombrosa.

Si para desgracia de las personas que ellos escogen que generalmente son los que mandan, logran que se les tome en cuenta, pobres de aquellos que pretendan ofrecer el esfuerzo de su talento y capacidad al servicio de un trabajo o a una causa honorable de cualquier naturaleza que sea, porque entonces, el envidioso y el intrigante estarán listos para inventar toda clase de maquinaciones y de efectos por parte del solicitante y muchos ha habido y habrá que no solamente pierdan la estimación de un amigo sino aun su propia libertad y todo esto y mucho más, resulta del egoísmo que les carcome el alma. Ellos quisieran ser los únicos dignos de poder saborear las comodidades y alegrías de la vida y cuando les llega el turno de la desgracia que por fuerza les llega, sufren hondamente más que por su propio dolor, por el hecho de que haya en el mundo seres que sean felices.

Los gobernantes y los hombres de empresa deberían tratar de conocer esta clase de individuos para evitar su acercamiento, porque hábiles como son para ejercer su despreciable oficio, incitan de mil maneras a que se cometan injusticias, de cuya responsabilidad aparentan estar muy lejos.

VARIACIONES SOBRE EL MISMO TEMA: "LA ENVIDIA"

"Y viviréis esclavo de tu infamia y podredumbre será tu carne en cuerpo vivo".

Dura es la prueba y más duro el juicio a que forzosamente se exponen los que, abandonando el camino de la decencia, se lanzan por el atajo ciegos de toda responsabilidad a la búsqueda de posiciones ventajosas o a la conquista de afectos con simuladas manifestaciones de sinceridad.

El maestro José Ingenieros nos presenta en toda su desnudez el cuadro espeluznante del castigo que llevan en sí mismos los repugnantes seres de la envidia y al efecto dice:

"El envidioso es la única víctima de su propio veneno; la envidia le devora como el cáncer a la víscera; le ahoga como la hiedra a la encina. Por eso Poussin, en una tela admirable, pintó a este monstruo mordiéndose los brazos y sacudiendo la cabellera de serpientes que le amenazan sin cesar".

Dante, en su Divina Comedia, los hace llevar sobre sus espaldas enormes y pesados fardos que contienen en su interior todos los males que en vida causaron a la humanidad obligándolos a caminar sin descanso por horribles senderos en que abundan los precipicios y los abrojos y, en esa tarea interminable, abatidos por la dura como justa sentencia, claman misericordia que no les llega ni les llegará jamás.

Miguel Ángel Buonarotti, supremo artista del cincel, Fue blanco de la envidia y de la intriga no sólo por parte de sus colegas los escultores, sino que también de algunos de los Cardenales por razón de que, primero Julio II y después Paulo III lo distinguieron de manera especial cubriéndolo de toda clase de honores y privilegios. El "Juicio Final", portentosa obra de Miguel Ángel tuvo por origen la envidia y la intriga de sus enemigos gratuitos. Bramante, que aspiraba a ser el preferido de Julio II, sugiere al pontífice que ordene a Miguel Ángel la decoración de la bóveda de la Capilla Sixtina a sabiendas de que Buonarotti no es pintor. Sabe que las órdenes de los papas no admiten apelación y buscan desacreditarlo.

Más tarde, Paulo III que como su antecesor ve en Miguel Ángel al múltiple artista como efectivamente lo era, le encomienda decore la enorme pared de fondo de la Capilla antes mencionada y el magno artista, comprendiendo que se le quiere someter a nueva prueba, acepta el mandato solicitando del pontífice una gracia que le es otorgada. Esta gracia se concreta a pedir que mientras él esté haciendo su trabajo, ninguna persona, ni aun el mismo Papa penetre en la Capilla.

Miguel Ángel, en la soledad de aquel enorme salón da vueltas a su potente fantasía y concibe la gran creación que habría de ser, como lo es, la más grande obra del arte pictórico: "El Juicio Final".

La oportunidad de una venganza que llegue como fuego candente a los corazones de los envidiosos e intrigantes está al alcance de su genio y ya nos imaginamos la sonrisa del gigante del arte al pensar cómo haría pagar a sus adversarios sus malévolas intenciones. Dentro de la Capilla y con los pinceles en la mano, Miguel Ángel se considera con poderes para otorgar premios y aplicar castigos. Divide su trabajo en tres años que serán ocupados de acuerdo con las acciones buenas o malas de la humanidad en su paso por la tierra, disponiendo que sus adversarios, los envidiosos e intrigantes ocupen puesto en el infierno o en el purgatorio y que sus amigos, junto con él mismo, disfruten de las inenarrables delicias de la Gloria.

Al descubrimiento de la gigantesca obra asistieron con el Papa las más altas dignidades de la Iglesia, como los artistas y los nobles y cuál no sería el golpe sufrido por muchos de los presentes al contemplarse de cuerpo entero purgando en el infierno o en el purgatorio los males causados a sus semejantes.

Requerido Paulo III a efecto de que obligara a Miguel Ángel a borrar lo que ellos consideraban como una afrenta, les contestó: "Mis poderes se limitan a lo terreno y temporal, mas en el cielo, el infierno y el purgatorio, sólo Dios ejerce sus grandes y omnímodas facultades, mas, en cuanto a mí, os ofrezco mis oraciones", y allí están y estarán por los siglos de los siglos.

LA IMPRENTA Y EL PERIODISMO

"Medita lo que escribas para que después no te sientas avergonzado".

Todos los países con tendencia democrática garantizan la palabra hablada o escrita siempre que no atente contra la dignidad personal de terceros o contra la tranquilidad y soberanía de la nación; para casos de esta índole, las leyes establecen sanciones de carácter jurídico.

Con el descubrimiento de la Imprenta, el mundo poseyó la palanca de Arquímedes, formidable punto de apoyo para revolucionar ideas y conceptos en el terreno de lo político, de lo social y aun en las costumbres de los pueblos.

Juan de Gutenberg ha sido uno de los más grandes benefactores de la humanidad. Su descubrimiento aligeró los medios de hacer efectiva la divulgación de las ciencias y de las artes que antaño sólo estaban al alcance de los privilegiados o iniciados, según el corriente decir de entonces. Con el aparecimiento de la Imprenta el horizonte se despejó y el hombre, sin distinción de clases, pudo trasladar su pensamiento a las letras de molde dando a conocer sus impresiones y la idealidad de sus deseos encaminados a un fin determinado.

El derrumbamiento de una época de silencio se hizo notar una vez que la imprenta en su primer empuje dio a conocer libros, folletos y hojas periódicas que pregonando en todas las formas el humano sentir, Fue llegando poco a poco, hasta los más apartados rincones de la tierra.

El punto escabroso de la emisión del pensamiento por medio de la prensa, ha sido y sigue siendo el mismo; cuándo lo hacemos bien y cuándo lo hacemos mal. No es tan fácil precaver las consecuencias de una publicación si al abordar el asunto, no nos ponemos en un plano en el que por todo y ante todo campee la ecuanimidad y la honradez. Escribir no es difícil, lo difícil es saber cómo se escribe.

La importancia de la prensa no tiene límites como no tiene límites la importancia de la labor de un buen periodista que se impone el deber de señalar rutas que conduzcan a elevar más el crédito y prosperidad de la nación y es por eso, que el periodista tiene que estar investido de serenidad y confianza en sí mismo, para hacerle frente a todas las contrariedades que de una o de otra manera habrá de encontrar en su camino. Una hoja periódica que propicia el sentimiento de responsabilidad, forzosamente tiene que ser leída con satisfacción y deseo y encontrará, indudablemente de parte del público, la mejor cooperación para que alcance muy larga vida.

Existen periódicos de oportunidad que, en su mayor parte, no establecen la justificación de su existencia y que haciendo gala de sus inconsecuencias no detienen sus pasos zahiriendo con la burla grosera o con la infame calumnia. Para esa prensa, no importa que la persona escogida para ser blanco de sus insanos propósitos, hombre o mujer, sea digna de la mayor consideración y respeto, pues estas valiosas condiciones que siempre se ha estimado ser una muralla en que se estrelle la maledicencia, en nada afecta a los que lanza en ristre, acometen a la diestra y a la siniestra. Esa clase de publicaciones tienen una vida efímera; duran lo que dura el insulto que por fuerza se agota.

En varias partes existen escuelas de periodismo, las que entendemos, se han organizado a base de una reglamentación que pone a cubierto la seguridad y el honor de la sociedad y el respeto que se debe a la nación y a sus gobernantes. Plausible es que existan porque quizá en esa forma desaparezcan esas lacras propulsoras del descrédito.

EL ANONIMISTA
"Apesta tu corazón porque eres infame"

Hemos buscado en la Zoología con sumo interés a ver si encontramos un animal en la rama de los más inmundos que por su manera de atacar pueda compararse con otro que, aunque de distinta especie —porque pertenece a la especie humana— es tanto o más inmundo que cualquiera de los de aquella despreciable rama: el anonimista.

La hiena, es un mamífero peligroso e inmundo; carnicero nocturno que se alimenta de lo más pútrido. En la obscuridad de la noche se le ha visto en los cementerios desenterrando los cuerpos que han llegado a su mayor grado de descomposición. Si no se le ataca, es inofensiva y huye a la presencia del hombre.

La víbora, es un pequeño reptil lleno de veneno y de odio. Vive en la espesura de los bosques alejado de todo contacto, su ponzoña es mortal, pero hiere sólo cuando se le toca.

Tenemos otro animal inmundo, aunque inofensivo: el cerdo; siempre que él pueda, habrá de preferir solazarse en el fango y alimentarse del excremento humano. No encontramos en el reino animal entre los que pertenecen a los más bajos fondos, uno que ataque a mansalva, todos ellos, presentan su cara al enemigo, y los hay de actitud tan hermosa en los de gran estirpe como el león, el tigre y el oso, que a gran distancia, al divisar su presa, le hacen comprender con sus rugidos que están cerca del peligro.

Sin embargo, como una afrenta a la especie del hombre, existen seres de tan baja condición que no es posible encontrar la similitud ni aun con los que pertenecen a las razas inferiores e irracionales. Quiere decir que el anonimista, es único en su especie y debe considerársele excluido en el concierto de seguridad que reclaman las colectividades.

Crímenes horribles se han llevado a cabo por maléficas denuncias efectuadas a la cobarde sombra del anónimo.

Respetables honras se han pretendido arrastrar por el suelo con una infame y falsa noticia dada en un perfumado billete que no lleva firma.

Matrimonios llenos de felicidad se han disuelto por la herida cruel que desde su madriguera lanza la asquerosa alimaña y todo eso y mucho más, ha sido y son, los daños causados por esta bestia que deja muy pequeñas a las del Apocalipsis.

Indudablemente, el que practica el anónimo, es el ser más desgraciado que pueda existir en el mundo a la vez que el más despreciable. Tiene su cuerpo lleno de gusanos y su mente henchida de odio y de desvaríos. El hecho de que se oculte en las sombras de la noche para gozar a solas sus macabritas e indecentes aventuras no lo salvará, porque el dedo de la Providencia está puesto sobre él, y tarde o temprano habrá de ajustar sus cuentas.

Salvador Díaz Mirón, Fue de los hombres más calumniados y perseguido por los anónimos. Era un hombre honrado pero tremendo para castigar la infamia. Su pluma de poeta no se detuvo para hacer palpables las miserias y los vicios de los degenerados y por eso se le atacó en todas las formas: por enfrente y por detrás; pero él sabía quién era él y no se amilanó ante el odio y la envidia exclamando en uno de sus versos:

> Los claros tintes de que estoy ufano,
> han de salir de la calumnia ilesos;
> hay plumajes que cruzan el pantano
> y no se manchan; mi plumaje es de esos.

1950: EL AÑO SANTO

"Todas las obras de ellos ESTAN PRESENTES como el sol en la presencia de Dios, cuyos ojos están siempre fijos sobre sus procederes". —El Eclesiástico.—Capítulo XVII.

Su Santidad el Papa Pío XII ha hecho un llamamiento al mundo para que se prepare con sus oraciones a recibir los beneficios de la segunda mitad del siglo XX, que empieza el primero de enero de 1950 al que él llama Año Santo.

Los cincuenta años que han precedido a esta fecha presente, han dejado en el alma y en el corazón de los pueblos de la tierra, el recuerdo de los más grandes dolores sufridos en los últimos tiempos. Leyes inexorables y fatales rigen el destino de todo lo que existe sin que haya medios de poderlas conjurar, siendo a veces el hombre, el escogido para que esas leyes se cumplan.

Una cadena de sucesos de origen tal vez insignificante, prepara el ánimo de los poderosos para una hecatombe cuyas consecuencias les está vedado poder calcular. La soberbia y la ambición cubren los ojos y endurecen el sentimiento de justicia y de piedad y es entonces que viene el castigo sin misericordia, arrasando con justos y pecadores.

Un proverbio dice que "Dios ciega al que quiere perder" y otro que "no se mueve una hoja sin la voluntad del Creador", pero el hombre, no quiere entender estas cosas.

Para la humanidad, el libre albedrío que según Las Escrituras nos Fue concedido, tenía por fin, dejarnos en libertad de pensar y actuar dentro de la Divina Ley y todo aquel que burla o evade estas sagradas disposiciones, como en las leyes terrenas, cae forzosamente bajo el imperio de las mismas.

Refiere una leyenda que Santa Teresa, que amaba con toda la fuerza de su corazón santo a Jesús, lo invocaba en todos los trances difíciles de su vida y Jesús venía a consolarla y a darle fuerza. Que, en una de esas entrevistas le pidió que le explicara el porqué de ciertas ingratitudes que se cometían en el mundo.

Jesús le indicó que no debía preocuparse ni pretender descubrir los Altos Juicios de Dios; eso no obstante, Santa Teresa insistió y entonces Él le dijo: ya que insistes en conocer los designios del

Altísimo, os daré gusto, pero os advierto que tendrás arrepentimiento mañana por la mañana, vete a la orilla del río; escóndete, espera y observa. Fuese Santa Teresa y ocultóse en sitio seguro. Momentos después llegó un caballero montado en brioso corcel; desmontóse para tomar un baño, pero antes de hacerlo quitóse de uno de sus dedos un valioso anillo con gran brillante, colocándolo sobre una piedra. Bañóse el caballero y listo para continuar su marcha, montóse olvidando la hermosa joya. Instantes después, un ave se posa en la piedra donde está el anillo y de un picotazo se la traga, emprendiendo el vuelo. Caminando, sostenido por un báculo, un anciano se acerca al río y se sienta para comer en la misma piedra en que había estado el anillo, cuando a poco, regresa el caballero y exige del anciano la devolución de su prenda que él cree ha tomado.

El anciano, sorprendido, protesta asustado y tembloroso que él no ha visto tal anillo. El caballero se enfurece y sacando su daga mata al anciano, retirándose después. Santa Teresa llora inconsolablemente por esta injusticia y Jesús, apareciéndosele, le dice: nada es injusto cuando emana de la voluntad de Dios. Ese anciano ha sido un gran asesino y en él se cumple la ley del que a hierro mata a hierro muere. Santa Teresa no volvió a pedir a Jesús explicaciones sobre cosas que no comprendía.

Las guerras del 14 al 18 y del 39 al 45 de esta mitad de siglo que está para terminar, rebasaron en crueldad y en muerte. La historia del mundo no nos revela mayores desastres.

Cuando la humanidad, por la gracia de Dios, alcanza un mayor nivel de perfección y de grandeza, se olvida de sus pasadas miserias para dar cabida a la soberbia y a la ambición que fatalmente la conduce a la ruina.

El imperio romano, que llegó a dominar al mundo, se embriagó en su propia grandeza lanzándose irreverente por los amplios y seductores caminos del vicio y de la crueldad. Cegada por los insaciables deseos de conquista, convirtió a los pueblos de la tierra en sus más humildes esclavos que sin distinción de clases y de religiones fueron sometidos a los más tremendos suplicios; y fue entonces, que allá en un apartado y humilde rincón de Galilea, nació un Hombre que con su palabra y con sus hechos hubo de destruir la simiente del mal tan esparcida por los conquistadores.

Ninguno de los factores que provocó o tomó parte en las dos grandes guerras de este fin de siglo, se salvará ante la historia de una mayor o menor responsabilidad porque en todos ellos, privó el afanoso deseo de superación y, ese conflicto cuyo recuerdo es y será una pesadilla, prevalece en el ambiente amenazando con repetirse con mayores proporciones.

No podemos desconocer que el mundo actual ha alcanzado un alto nivel de perfección en todos los órdenes del saber humano y que de resultas de esta perfección se está olvidando de los sabios preceptos que aconsejan moralidad, prudencia y respeto. La actual civilización nos puede llevar a las puertas del más grande de los desastres, porque mundialmente se hace escuela de libertinaje. Se han invertido los papeles y nadie sabe quién es quién y mientras tanto, el que pudiera ser el escogido para que se cumpla la Ley Divina, aguza sus armas para la última embestida.

Ojalá que las plegarias del Santo Padre porque el año actual sea año de redención y de paz sean oídas y que la humanidad, haciendo honor a tales ruegos, busque el camino de la verdad.

LO QUE VA DE AYER A HOY

"El recuerdo de los tiempos idos dan fuerza y vigorizan mi existencia". Prov. Ecl. XI.

Las costumbres que nos ha impuesto la civilización en los presentes tiempos, distan mucho de aquellas no muy lejanas épocas en que, sombrero en mano, se rendía homenaje, admiración y respeto a todo lo que significaba virtud, talento, honradez y hermosura. Esta vida sencilla y de carácter patriarcal, sólo era interrumpida de cuando en cuando por las asonadas que con o sin razón, provocaban y ponían en práctica los enamorados del poder público.

Hasta 1916, más o menos, las sociedades se esmeraban en guardar una compostura digna y ejemplar, evitando por mil maneras la intromisión de tendencias que pudieran estar reñidas con su natural y honesto modo de vivir. Existía, desde luego, el extraviado o extraviada que por inexperiencia o por miseria se entregara a vicios en los que fatalmente se pierde la buena reputación, pero se puede decir, eran casos aislados que la sociedad castigaba separándolos de su seno. Era innato en el hombre el sagrado deber de respetar y honrar a sus progenitores y en general a la mujer, que es la base sobre que descansa el prestigio y el honor de la ciudadanía y por otro lado, ella misma, la mujer, se cuidaba de no dar lugar a murmuraciones que pusieran en entredicho su buena reputación.

En aquellos tiempos, para que un joven pudiera ponerse al habla con la preferida de su corazón, tenía antes que salvar enormes barreras que sólo la manifiesta hombría de bien podía hacer a un lado, y era sabido, además, que aun siendo grato, le estaba vedado visitar diariamente a la elegida de sus ensueños, de donde resultaba la necesidad imponderable del intercambio de billetes amorosos, en los que a mayor grado de inteligencia y de sinceridad, abundaban los estados de ánimo expresados en una forma de belleza insuperable.

Que una señorita saliera a la calle acompañada de su novio sin que sus padres fueran parte de su compañía, era algo más que imposible, y de efectuarse, se corría el peligro de una crítica, las más de las veces poco favorable. Toda esas trabas y dificultades que no eran más que defensa natural de los más caros afectos de familia, se convertían en un incentivo poderoso hacia la culminación del ideal apetecido: el matrimonio.

Las fiestas bailables, ya en lo particular o las que por grandes motivos diera el Jefe de la Nación, eran verdaderos acontecimientos sociales en los que se hacía indispensable moderación y respeto a toda prueba. La indumentaria exigida para tales eventos tenía que ser de lo más pulcro, tanto para la mujer como para el hombre, y debemos hacer constar, que estas hermosas y morales costumbres no eran patrimonio exclusivo de Honduras, ya que nosotros en nuestros viajes de antaño por el norte de América y de Europa, pudimos apreciarlas en igual forma.

Cuando nuestra actual juventud oye relatos de la índole de los que venimos exponiendo, prorrumpe en carcajadas pretendiendo reputarlos como antiguallas sólo dignas de desprecio, y en verdad que no podemos culparlos porque ellos son víctimas de los nuevos tiempos; han nacido dentro de este ambiente en que todo es fácil, pero en que no se sabe si lo que se obtiene es legítimo o es falso. Si nos duele la situación en que está colocada esa juventud, es sencillamente porque tanto los unos como los otros son nuestros hijos; ellos, los futuros hombres que cargarán mañana con los más caros intereses de la patria y ellas, las que, por razón de su sexo, serán las madres de esos mismos hombres, que pueden llegar a ser gloria o baldón de la república.

Cuando echamos una mirada sobre lo que fueron algunos pueblos de la antigüedad en orden a sus costumbres, no podemos menos que llenarnos de tristeza por la diferencia de lo que aquello fue y de lo que esto es. A la mujer se le dignificaba de tal manera en el siglo XIII, que: "Jaime II de Aragón, al sitiar una plaza, ordenó que se dejara pasar sano y salvo a todo hombre, caballero o no, que acompañáse a una mujer". "Luis II, duque de Borbón, al instituir la orden del Escudo de Oro, impuso por condición a los aspirantes honrar principalmente a sus damas, no sufrir que fueran calumniadas, porque después de Dios, de ellas procede todo el honor que puedan adquirir los hombres".

Procedimientos como los que dejamos anotados en estos dos pequeños párrafos que anteceden, demuestran, sin lugar a duda, que aquellas gentes estaban convencidas de que sin moralidad y sin respeto, no podía haber nación sana y que siendo la mujer, no sólo la más alta expresión de la belleza, sino también la llamada a poseer las más grandes virtudes, debía ser rodeada de garantías que la pusieran a salvo de las asechanzas de aventureros y malandrines.

Como este tópico es de grande importancia, lo seguiremos tratando en artículos sucesivos.

I

Los pueblos están formados por agrupaciones de individuos que, al impulso de variadas sensaciones ideológicas, luchan por su propia superación. Encauzar esas sensaciones hacia un fin del que redunde provecho para la colectividad ha sido siempre el problema por resolver y de ahí, la necesidad de que las masas tengan una cabeza directriz que, justipreciando en lo que realmente valen esas tendencias, aproveche las de mayor afinidad para el desenvolvimiento progresivo de la nación, de donde resulta, que el jefe de un Estado, al entrar en funciones, de hecho asume una responsabilidad respetable, no sólo ante la conciencia de su propio pueblo sino que también del mundo enero.

La mirada inquisitiva de un gobernante debe proyectarse más allá de los planos que revelan necesidades puramente materiales, porque si es verdad, como efectivamente lo es, que con ello se satisfacen las exigencias de la materia, no lo es así, en cuanto a las que le corresponden al espíritu, lo que se corrobora con la sentencia de "que no sólo de pan vive el hombre".

Se cuida de que los intereses económicos de una nación sean manejados con probidad y competencia; que el orden público y la integridad nacional no sufran mengua, que la enseñanza desarrolle sus—a veces—rutinarios programas y que las relaciones de país a país se estrechen, si cabe, cada día más; pero del alma del pueblo, del interés en desarrollar en él, sentimientos de equidad, justicia y respeto, de eso, por desgracia, no se cuida.

Hemos dicho que los pueblos que desprecian la nobleza de las virtudes van indefectiblemente hacia la degeneración y la muerte.

¿Qué será de las futuras generaciones engendradas al calor de las inconveniencias surgidas de la depravación y del vicio?

¿No estamos viendo cómo tiende a perderse el concepto de la propia dignidad entre parte de esa juventud que, si hoy menosprecia el valor de su destino, mañana menospreciará el destino de su patria?

¿Qué significan esos alardes de independencia de que hacen gala los jóvenes de ambos sexos en los diversos centros de recreo, apurando unos y otras sucesivas copas de bebidas espirituosas que a la vez que entorpecen la razón dan valor para ejecutar los mayores despropósitos?

¿Qué significa esa tendencia a exhibirse en los parques públicos con estrujamientos, besos y. abrazos sin la consideración que merecen los espectadores?

¿Cuáles serán las consecuencias de semejantes atentados? Fácil es preverlo.

¿Oh juventud, "divino tesoro"? que no se da cuenta que está rompiendo los más elementales preceptos de la moral cristiana en su propio daño. ¿En dónde irá a encontrar el agua pura que mitigue la sed de sus más caros ensueños si ellos imprudentemente o por maldad ensucian esa agua' que se han de beber? ¿Y vosotros, jóvenes ingenuas, que dejáis y que esperáis para el mañana?

¿Habremos de hacer algo para detener esa impetuosa corriente que nos amenaza con el desastre? Entendemos que sí. Conviene hacerlo buscando los medios más adecuados a la vez que más enérgicos porque va en ello la vida y el honor de la República. Las autoridades, también deben preocuparse por la salud espiritual de los asociados como hace 700 años lo hacían algunos mandatarios de la vieja Europa. Comprendemos qué situaciones, como la que confronta nuestro país, en el aspecto que dejamos anotado, prevalecen por desgracia, en muchos pueblos de la tierra, porque los medios para infiltrarlas han sido los mismos que a nosotros ha tocado soportar y estos medios, los daremos a conocer en sucesivos comentarios.

II

La prensa mundial en presencia del descubrimiento de las fuerzas atómicas que dio por resultado la fabricación de esa terrible arma cuyos estragos se pudieron apreciar en el epílogo de la última gran guerra, ha venido preocupándose y haciendo campaña en el sentido de que esas fuerzas sólo sean utilizadas en beneficio de la vida de la humanidad. Y es que ese poderoso elemento lo mismo sirve para el bien que para el mal; lo mismo para construir que para destruir, dependiendo del hombre única y exclusivamente saberlas aprovechar para uno u otro fin. Naturalmente, el punto de vista de la bomba atómica interesa a todos porque es cuestión de vida o muerte y nadie quiere morir.

A muchos de los modernos descubrimientos, en cierto sentido, puede considerárseles como a las fuerzas atómicas con capacidades de hacer bien o causar daño, según la forma en que sean aplicadas. Tenemos por ejemplo, el cinematógrafo; el perfeccionamiento de este invento, ha llegado a presentarnos de la manera más real, los diferentes sucesos que se verifican en cualquier rincón de la tierra. En presencia de la pantalla, llegamos en ocasiones a considerarnos protagonistas de tales sucesos. El cine, sin mucho esfuerzo, puede comprobarse que hace bien y hace mal y si pesamos lo uno y lo otro llegaremos a la conclusión de que ha hecho más perjuicio que beneficio, se entiende, a la humanidad, porque a las grandes empresas que a su explotación se dedican, sólo deja grandes ventajas.

Henry Ford, en su "Judío Internacional", denuncia que, en los Estados Unidos, todas o la mayor parte de las empresas cinematográficas, están en poder del judaísmo sionista, descubriendo que su programa de acción ha sido y es, hacer campaña por relajar, para destruir el sentimiento de honor y de virtud de que siempre ha estado poseído el cristianismo. Recalca Ford en su obra que las novelas de carácter histórico o las que forja la fantasía, sólo pueden ser admitidas para su filmación, si presentan en su desarrollo escenas más o menos eróticas o asuntos en los que de una u otra manera se verifiquen acciones criminales como robos, secuestros y asesinatos.

La humanidad, es una misma en todas las regiones del globo: ávida de ver, ávida de sentir y ávida de actuar; y el cine es el gran maestro que nos enseña las realidades de la vida en uno de sus aspectos que no es el mejor. Debemos considerar que el porcentaje de público que asiste a una representación cinematográfica, que pese y mida el argumento en lo que realmente vale, apenas llegará a un diez por ciento, que serán los no afectados por extrañas sensaciones, mientras los noventa restantes, tomarán al pie de la letra el motivo representado, es decir, de que bien puede hacerse todo lo que allí se ve, si se sabe hacer.

Naturalmente, hay que convenir que las imaginaciones más jóvenes, son las directamente afectadas por esta clase de enseñanza objetiva, ya que se han dado casos en muchas partes, y en especial en los Estados Unidos, de atracos, robos y asesinatos efectuados con todas las características indicadas en la pantalla.

La creencia de ciertas mentalidades de que lo que nos presenta el cine en el terreno de los afectos tiene que ser lo verdadero, las empuja a poner en práctica lo que la pantalla les aconseja. Aceptan como correcto que una pareja, apenas de conocerse, se entregue a los abrazos y a los besos que muchas veces denuncian escandalosas fruiciones espasmódicas que aprovechan para buscar en los teatros, lugares estratégicos, en los que, al amparo de la penumbra, se entregan a toda clase de intimidades con perjuicio, tal vez de inocentes y crédulas víctimas, que consideran ser ciertas las halagüeñas promesas de un sátiro aventurero.

Difícil es evitar la exhibición de películas que de manera inconveniente ejemplariza la vida íntima de la sociedad porque casi todas ellas adolecen de esto que nosotros estimamos ser la causa de tanta depravación y miseria. Sin embargo, una censura efectiva por personas suficientemente capaces de apreciar, más que el argumento, la parte puramente representativa y la estricta vigilancia de autoridades en los referidos cines, tal vez lograrían aminorar el curso que va tomando, entre nosotros, la falta de pudor.

¿POR QUÉ NO NOS HEMOS UNIDO?

"Sólo el desinterés, el amor y
la comprensión une a los pueblos".

Desde hace algún tiempo, voceros de la prensa centroamericana vienen hablando de la necesidad o conveniencia de que estos países hermanos, haciendo a un lado sus diferencias, unan sus esfuerzos para dar vida a una entidad que sea común a todos ellos; hermosa idealidad que en el terreno de las letras y con la fuerza de las armas sustentó nuestro héroe máximo Francisco Morazán.

Grandes fueron los sacrificios de aquel ilustre varón por formar de las cinco parcelas del Istmo una patria grande que él esperaba llegaría a ser, por el desinteresado y patriótico esfuerzo de sus hijos, honra y prez del continente; más por desgracia, todos sabemos cuál Fue el resultado y pago a tan noble idealidad.

No basta desear una cosa para creer que con facilidad se pueda obtener; se entiende, una cosa grande, de valor y complicada dentro de su propia estructura, como es o puede ser el deseo de vincular en uno solo los intereses de cinco países.

Es indudable que la unidad centroamericana reportaría grandes beneficios a todos los que, hoy separados, debatimos por suspicacias o amenazas, cuyo origen no es más que la falta de una inteligencia sincera en el trato mutuo que, por especial conveniencia, debe concretarse al mantenimiento de las mejores relaciones, si queremos lograr la tan deseada unificación.

La posición geográfica de la América Central, con inclusión de Panamá, es de una enorme importancia por el hecho de que sus partes laterales, bañadas por las aguas de dos océanos, se prestan para el asentamiento de grandes y seguros puertos hacia los que, en corriente continua, convergiría para su exportación la riqueza nacional.

Si estos seis países unificaran sus intereses con el respaldo de la sinceridad y el patriotismo, podría verse en no lejano día el surgimiento de una gran nación. La riqueza natural del suelo y subsuelo del territorio centroamericano —que todavía no hemos alcanzado a calcular— es más que suficiente para sustentar la vida de 40 a 50 millones de habitantes.

La unidad de los diferentes Estados llevada a cabo en ese inmenso territorio del norte de América, dio por resultado el aparecimiento de esa portentosa nación que hoy va a la cabeza del mundo: Estados Unidos.

Morazán tuvo la misma visión que Washington y Bolívar, y su talento y valor para desarrollar la idea y ponerla en práctica no era menor que la de aquellos dos grandes visionarios; pero el campo de acción, la idiosincrasia de los sujetos interventores e intervenidos en la lucha, no correspondían con la magnitud del esfuerzo. Morazán estaba rodeado de traidores que fueron los causantes del rompimiento de la unidad nacional y de la tragedia del 15 de septiembre de 1842.

Los pueblos centroamericanos son pueblos mansos y fáciles de manejar. La sencillez de sus costumbres y el poco conocimiento que tienen de lo que atañe a los grandes problemas de la nación ha sido de lo que se han valido y aprovechado los políticos de oficio, que sin mirajes de alta trascendencia los empujan con halagüeñas promesas hacia finalidades que nada tienen que ver con la tranquilidad y prosperidad de la patria; y esta. especulación ingrata sólo ha dejado lágrimas y miseria.

El ideal de la unión centroamericana, en varias ocasiones, no ha sido más que una trampa en que han caído los crédulos de estas cinco secciones del Caribe. Los hechos así lo demuestran. Llegará indudablemente el día en que, compenetrados los centroamericanos de la conveniencia de hacer una patria común, ofrezcan su concurso para que se haga efectiva.

LIBERALES Y CONSERVADORES

"Seremos lo que seamos,
no lo que pretendamos ser".

Hemos sostenido en diferentes ocasiones que en Honduras no ha existido el conservatismo, nombre que se le da indebidamente a un partido que se tilda de reaccionario y de fanático. El diccionario de la lengua define claramente el significado de la palabra conservador, así: "Guardar algo con esmero y cuidado, conservar las costumbres y virtudes, etc., continuando la práctica de ellas". De la palabra cachureco, no conocemos definición por no haber sido agregada aún a la nomenclatura de voces de la lengua. De liberal o liberalismo, dice: "Doctrina política que presume tener por fin y objeto libertar de trabas a los individuos y a las sociedades".

Sin admitir la existencia del conservatismo en el espíritu de nuestro pueblo, tal como se juzga por parte de los adversarios a un bando político adverso a otro bando, debemos decir que, de acuerdo con la autorizada definición dada a esas voces, las dos contienen significación muy digna de ser respetada, pues tan importante es guardar con esmero y cuidado el crédito, la soberanía, costumbres y virtudes de una colectividad, como ejercer una acción que tienda a liberar sucesos en los cuales pueda comprobarse que fueron ejecutados sin una causa justa.

Las leyes amoldan sus disposiciones sobre bases de conservación y liberalidad. Tienden a conservar la moral y la virtud y a liberar de penitencia a presuntos criminales caídos en desgracia por la maledicencia o por la envidia.

Pero volvamos al asunto de liberales y conservadores, viejas divisas de propaganda partidarista en nuestro país:

Será liberal todo individuo que, sin más garantía que su deseo o conveniencia, pertenezca a ese bando, venga de donde venga y sean cuales fueren las condiciones físicas, morales e intelectuales de que esté revestido, y será conservador o cachureco todo el que se coloque en el plano de oposición, porque no hay otra disyuntiva: si no somos liberales tenemos que ser conservadores y si no somos conservadores, tenemos que ser liberales.

Todo esto, más parece ser un juego de niños al que se pretende dar el carácter de algo muy serio, sin tomar en cuenta que estamos obligados a conocernos y a conocer las andanzas del pasado.

Si no estamos equivocados, Fue Marco Aurelio Soto el que, conociendo la psicología de nuestro pueblo, ajena a diferencias de idealidades que pudieran estar en pugna, concibió la idea de organizar un partido que con el tiempo fuera común a todos los hondureños, naciendo así el llamado Partido Nacional. Este gobernante no hizo exclusividades para la escogencia de los hombres que debían laborar en su administración, y si las hubo, sólo fue por la capacidad, la honradez y la hombría de bien. La idea de descentralizar aunando todas las actividades que pudieran poner en movimiento el engranaje político y administrativo de la nación no podía ser en verdad más laudable; pero todo ello era ilusorio porque, en el fondo, seguían prevaleciendo intereses de grupo que sólo esperaban oportunidad para lanzarse a la lucha para la obtención del poder.

Teatro de fatales controversias armadas ha sido el suelo de nuestra patria, en su mayor parte sólo por el deseo de alcanzar el poder; no se ha luchado por distintas idealidades, porque todos los dirigentes protagonistas de esos pugilatos sostuvieron y propagaron idénticos sentimientos.

Domingo Vásquez, tildado de gran conservador o cachureco, fue tan liberal como Policarpo Bonilla, su contendor. Vásquez era un hombre muy ilustrado y de gran valor; viajó por las principales ciudades del mundo y Fue gran masón. En su efímero gobierno Fue duro por circunstancias que a ello lo obligaron.

Con Policarpo Bonilla, gran liberal, lucharon codo a codo Manuel Bonilla, Terencio Sierra, José María Reina, Dionisio Gutiérrez, Calixto Carías, Miguel R. Dávila, Miguel Oquelí Bustillo, Tiburcio Carías y tantos otros más. Al lado de Vásquez estaban: Juan Ángel Arias, José María Ochoa V., Ezequiel Ferrera, Antonio Villela, Alfonso Villela, Francisco Figueroa, Salvador Aguirre, Leopoldo Córdova, Ramón Xatruch, Maximiliano Ferrari, Alberto Zúñiga, Manuel Emigdio Vásquez, Francisco J. Mejía y muchos más, tan liberales como sus contrincantes.

Esta es una pequeña muestra de que las luchas políticas de nuestro ambiente se han verificado dentro de la misma familia, por razones muy distintas a idealidades que, oponiéndose entre sí, se violentan y conducen a la guerra, de donde se deduce que no hay razón para llamar conservadores a los que ayer fueron liberales ni liberales a los que ayer se les llamó conservadores.

I

Decíamos que el conservatismo, tal cual lo califican algunos miembros del llamado partido liberal, no existe en Honduras, por las siguientes razones:

De 1894 para acá, los hombres que han dirigido la política del país y que han tomado parte directa, tanto en las campañas electorales como en las refriegas armadas de cerro a cerro han salido de las filas del partido liberal. De ese partido surgieron los que, desde aquella fecha hasta el presente, han ocupado la presidencia de la República; todos ellos, en una u otra forma, colaboraron con Policarpo Bonilla para derrocar el régimen de fuerza impuesto por Domingo Vásquez.

La división o alejamiento de relaciones políticas entre los miembros de ese partido lo ha ocasionado la formación de grupos simpatizadores de este o de aquel candidato a la más alta magistratura de la nación y no porque ese candidato y sus partidarios hayan renegado de sus principios para optar por otros de mayor o menor valor.

El General Manuel Bonilla, comprendiendo y aceptando los mirajes del Dr. Soto, encaminados a encontrar la manera de hacer que el pueblo hondureño fundiera en uno su sentimiento partidarista diferenciado solamente por la natural simpatía de hombres a hombres, adoptó aquella idea dando a la agrupación que lo postulaba el hermoso y significativo nombre de Partido Nacional. ¿Sería este paso, de tan generosas intenciones lo que hizo que sus nacientes adversarios lo catalogaran en el número de los conservadores o cachurecos? ¿No fue con ellos que actuó en su primera administración? ¿No fueron ellos los que provocaron una situación difícil dentro de la armonía que debía existir y que dio por resultado la consumación impremeditada de un lamentable suceso?

¿A qué partido pertenecen todos ellos? ¿O es que el hecho de buscar y adoptar un distintivo para una agrupación política impone la obligación de cambiar la ideología? ¿Cuál sería esa ideología? ¿Con qué Constitución han gobernado azules y colorados?

Declaremos con entereza de que en Honduras no hay esa clase de individuos a los cuales se les pueda dar el calificativo de cachurecos, y de que, si ello obedece a errores cometidos en el ejercicio del poder, esos errores corresponden a unos y otros, a "tirios y troyanos", como decía Paulino Valladares.

Los que estamos en la llanura no podemos darnos cuenta de lo que significa y representa la presidencia de la República para el ciudadano que la ejerce; y nos aventuramos a pensar, que ni él mismo pudo haber llegado a comprenderlo, sino hasta que tuvo en sus manos el complicado engranaje que mueve el destino de la nación.

El gobernante, quien quiera que sea, inicia sus labores con la mejor intención de hacer bien a su patria y sólo sucesos imprevistos de carácter alarmante pueden cambiar en parte, tales deseos. Muchas veces también desvían esos propósitos los falsos amigos que al no encontrar terreno fácil para el logro de sus ambiciones acuden a la intriga o a la delación, colocando al gobernante en un plano propicio para los ataques de sus adversarios siempre a caza de oportunidades para desacreditarlo.

Volviendo al asunto de los partidos, diremos que los hechos comprueban de que lo que ha existido y existe en nuestro medio, es el personalismo; gusta un hombre y se le sigue, no porque sea rojo, azul, amarillo o verde; se le sigue por él mismo y si no, veamos: en todas nuestras luchas políticas el pueblo de preferencia, dice: Vazquistas, Policarpistas, Manuelistas, etc. Cariístas y los simpatizadores surgen de todos los ámbitos sin preocupación de si vienen de éste o de aquel lado.

Un ejemplo típico es el caso del General Tiburcio Carías Andino. Nadie ignora que el General Carías ha sido y es un gran liberal que desde muy joven actuó en esas filas con Policarpo Bonilla, Miguel R. Dávila, etc. Retirado de la política en su residencia de Zambrano, dedicaba su vida y su esfuerzo al cultivo de la tierra, completamente ajeno a los vaivenes de partido y fue allá en la soledad de su retiro a donde fueron azules y colorados a ofrecerle y pedirle que aceptara la postulación de su candidatura para la presidencia de la República, en la que él ni siquiera había pensado.

¿Cuál Fue el motivo de esta escogencia? ¿Sería por liberal…? ¿Y entonces los conservadores? ¿Sería por conservador? ¿y entonces los liberales? ¿Para dónde iban? Claro está que se le buscó por Tiburcio Carías y no porque fuera de éste o de aquel partido.

Nuestro pueblo podría, con poco esfuerzo, hacer de Honduras una República ideal si llegáramos a sofocar dentro de nosotros mismos la pasión, el egoísmo y el odio que gratuitamente nos propinamos; y si llegáramos a convencernos de que sólo la armonía con el disimulo de nuestros defectos trae la paz material y la paz del espíritu que es el mayor bien que se le puede dar a la ciudadanía. Si nos esforzáramos por inculcar en el corazón de esa juventud que se levanta, los mejores sentimientos de nobleza, sería la mejor heredad que ellos recibirían y que podrían ellos dejar a sus hijos para honra de su patria.

LO QUE PUEDE LA VOLUNTAD DE UN HOMBRE

"Si te propones, puedes hacer de ti lo que quieras".

Problema grande ha sido para el hombre, desde los comienzos de su existencia, poder sincerar los actos de su naturaleza siempre expuesta a toda clase de impresiones. Dos fuerzas opuestas imperan en el alma del individuo cuyas tendencias se manifiestan hacia el bien o hacia el mal.

El hombre civilizado vive en constante lucha consigo mismo, tratando de destruir o aminorar una de esas fuerzas, la que sin darle tiempo a meditar lo impulsa a cometer actos de violencia cuyos resultados en más de una ocasión llegan a ser fatales.

En el ser ordinario, en el poco cultivado, no existe el deseo de superación; no mide la consecuencia de sus actos dando rienda suelta a sus instintos que no siendo de los mejores, fatalmente lo conducen o a la cárcel o al patíbulo.

Un buen amigo nuestro, ausente desde hace muchos años, ocurrente y jovial, nos decía con toda la seriedad del caso, que en el hombre hay dos personalidades perfectamente definidas: una, fina, culta y bondadosa, y otra, grosera, ruin y egoísta. Quizá por esta creencia, que bien puede ser fundada en razón, nuestro amigo siempre que encontraba una persona a la que debía saludar, lo hacía en esta forma: "señores, muy buenos días".

Sólo la voluntad, fuera del espíritu mantenida por la poderosa acción de la mente, puede llegar a los grandes prodigios. Hombres rudos en sus costumbres y en su aspecto, por obra de una voluntad sometida a la más dura prueba, se han convertido en caballeros sin tacha.

Para muchas personas el valor intrínseco de la palabra voluntad les es desconocido, considerándolo como algo superfluo, al alcance de todos y que todos practican, lo que es un error, porque realmente no es así. Tener voluntad es algo más que superior si ese sentimiento está lleno de firmeza y va encaminado a que produzca un efecto que a la vez que nos beneficie, beneficie a los demás. Por voluntad firme y sostenida puede el individuo cambiar la condición de su1 carácter, hacer desaparecer un vicio o una tendencia criminal y también puede hacerse amable y bondadoso si estas cualidades no son ingénitas en él.

Leyendo los comentarios sobre la vida del Rey Hescham en la época de la dominación musulmana en España allá por el año 801de nuestra era, llegamos a darnos cuenta de cómo aquel gobernante a fuerza de una voluntad inquebrantable llegó a poseer las más grandes virtudes que fueron motivo para que su pueblo le rindiera toda clase de homenajes, tributo y respeto.

Es algo sorprendente que un gobernante, poderoso no sólo por sus conquistas y la riqueza de su reino y cuya religión pareciera eximirlo de toda responsabilidad, haya llegado a tener el concepto de la bondad a la vez que de la firmeza como la más alta expresión del sentimiento humano.

Sintiéndose morir el Rey Hescham, hace llamar a su hijo El Hakem que le sucederá en el trono y le dice:

"Penetren hasta el fondo de tu corazón y queden allí grabadas mis últimas palabras: son los consejos de un padre que te ama. Los reinos son de Dios, que según su voluntad los da y los quita. Démosle gracias eternas por habernos colocado en el trono de España; y para conformarnos con su santa voluntad, hagamos bien a los hombres, único fin para qué ha depositado en nuestras manos el poder supremo. Tu justicia, siempre uniforme, proteja sin distinción al rico y al pobre; no consientas que tus ministros sean injustos a la sombra de tu nombre. Muéstrate benigno y elocuente respecto de los súbditos, pues Dios es nuestro común padre; escoge, para gobernar tus provincias varones prudentes e ilustrados; castiga sin compasión a los agentes prevaricadores que esquilman al pueblo con exacciones arbitrarias.

Trata con bondad a los soldados, aunque sin manifestarles dulzura, a fin de que no abusen de las armas que la necesidad te obligue a confiarles; sean los defensores del país y no sus tiranos. Ten entendido que el amor de los pueblos constituye la gloria y la seguridad de los reyes; que el poder de un príncipe que se hace temer es transitorio, y cierta la ruina de un Estado, cuyo soberano se hace odioso. Protege a los labradores, que nos alimentan con su trabajo; vela por sus campos y sus cosechas; en suma, condúcete de manera que el pueblo viva feliz a la sombra de tu trono, y disfrute en seguridad de los bienes y de los placeres de la vida. En esto, hijo mío, consiste el buen gobierno".

Qué hermosas y qué sublimes las últimas palabras de ese grande hombre que pudo comprender hace 1,147 años que sólo el mutuo respeto y consideraciones da la felicidad a los pueblos.

PUNTOS DE VISTA SOBRE POLÍTICA HOGAREÑA

"Y mi corazón sufre al pensar que pueda equivocarme".

Nuestro artículo de ayer: Lo que puede la Voluntad en el Hombre, intercalado entre el presente y Liberales y Conservadores, tuvo una finalidad preconcebida con relación al medio —VOLUNTAD— indispensable para desarrollar virtudes como: bondad, energía, amabilidad y complacencia, tan necesarias especialmente para los que pretenden o llegan a dirigir los destinos de una nación.

Voluntad para hacer el bien dentro de los cánones de la justicia y la moral, sin distinción de clases; Voluntad para señalar rutas que conduzcan a inculcar en la mente de la ciudadanía, el respeto que merece la patria representada por un ciudadano al que se le da el título de Presidente de la República, y Voluntad para provocar e incrementar el progreso a base de trabajo intenso, principio fundamental sobre el cual descansa la tranquilidad y bienestar de la colectividad.

Los hombres que en nuestra tierra han llegado al poder, llámeseles colorados o azules, han encontrado en su camino enormes obstáculos, que si no han paralizado del todo, sí han reducido el desarrollo de programas, muchos de ellos, altamente beneficiosos para la prosperidad de la nación; y esos obstáculos promovidos por la inconsecuencia de diferentes factores, entre los que descuella el de falsear el andamiaje que sostiene al poder público, no siempre han dado los resultados apetecidos para quienes los han puesto en práctica.

Algunos gobiernos débiles en apoyo de opinión ciudadana, han sucumbido o han fracasado por esa clase de maniobras; otros, en cambio, contra viento y marea han llegado a puerto seguro salvando así su propia dignidad y la de sus representados.

Nosotros, que no creemos en diferenciaciones de ideologías políticas dentro del seno de la colectividad hondureña, consideramos tan digna de respeto la agrupación nacionalista que se ha querido sea de todos y para todos, como la liberal en el verdadero sentido de su significación porque ambas están obligadas a velar por los sagrados intereses de la patria; mas, para que esas fuerzas cumplan su destino se hace necesario, por los medios más convincentes y civilizados, trabajar porque los sistemas de antaño establecidos para combatir un régimen de gobierno, se amolden a lo que reclama la caballerosidad y la decencia que en mucho, no cabe duda, habrá de enaltecer fuera de nuestro ambiente, la educación y cultura de que estemos poseídos.

Ningún gobernante se inicia con propósitos de hacer daño a su adversario si éste se mantiene dentro de los límites que le señala la prudencia, y no es que se pretenda hacer de esa prudencia un estado de pasividad rayano con la indiferencia, porque ello sería tan perjudicial como perjudicial es valerse de actos injustificados que amenacen la tranquilidad social. Hemos dicho que los gobiernos necesitan censura para la mejor orientación de los negocios públicos; pero esa censura no debe convertirse en arma que ponga en peligro el orden constituido como ya lo dijimos, porque de ser así, obligará, con razón, a sensibles procedimientos de defensa que afectarán hondamente a sus promotores rompiéndose con ello la tan apetecida armonía que debiera existir entre gobernantes y gobernados.

Erróneamente se ha creído que cuanto más duro se ataque un adversario, más cercano estará su fin; y nosotros pensamos que el resultado es reafirmarlo haciéndolo más visible. Conocemos las preocupaciones que tuvo un gran político (hoy muerto), porque la prensa de oposición a su grupo no lo mencionaba con el calor de la pasión y la injuria: "me están olvidando", decía paseándose a lo largo de una habitación y agregaba: "político que arrincona el olvido, está terminado", ordenando a sus propios amigos que escribieran y publicaran contra él las mayores tropelías y su nombre volvió a sonar con más fuerza por todos los ámbitos del país. (Histórico).

Los hombres que intervienen en loa destinos de los pueblos no pueden ser juzgados en un ambiente en el que, por encima de toda razón y justicia prevalezca el rencor o et odio; juicios establecidos bajo el imperio de una pasión cuyo origen sea la pérdida de una esperanza o un deseo que bien pudo no ser correspondido, no pueden prosperar en la conciencia humana, que tarde o temprano comprueba la veracidad de los hechos atribuidos.

Nosotros hemos permanecido al margen de los sucesos políticos de nuestro país por muchos años en cuyo lapso hemos meditado sobre las razones que pudieran existir para que la familia hondureña no aúne sus esfuerzos para el logro de generosas aspiraciones que redunden en provecho de todos, llegando a la conclusión de que ello obedece a la no conformidad con los hechos que establecen como ley fatal de que de dos que juegan, si el uno gana, el otro pierde; cuando lo patriótico y honrado sería decir como aún se acostumbra en varios países del mundo: "ha muerto el Rey, viva el Rey". Nuestro grano de arena al servicio de una causa que consideramos debería ser común a todos, no encierra prejuicio y mucho menos pasión, y si estamos equivocados en las apreciaciones que exponemos, más se deberá a la falta de comprensión que a otro motivo.

NUESTRA SEÑORA DEL ROSARIO DE FÁTIMA

"Gloria a Dios en las alturas y paz en la tierra a los hombres de buena voluntad".

El día 8 de enero de 1950 es un día escogido y privilegiado; todo en él impone admiración y respeto a la vez que una inmensa alegría; en el espíritu del pueblo hay inquietud; presiéntase que los corazones palpitan fuertemente, dentro de los pechos henchidos de grandes emociones; en los labios de los que esperan, se dibujan sonrisas de bondad, y hay ojos que buscan en el cielo algo que pareciera poderse ocultar tras las nubes. Un sentimiento de dulzura se trasluce en todos los rostros como anunciándose la Buena Nueva: La Misericordia de Dios viene hacia nosotros.

El alma del pueblo se ha fundido dentro de una sola alma que llena de fe, eleva hacia él infinito, las más hermosas plegarias, como un homenaje de gratitud al Padre de todos los seres: el Divino Creador.

Las dos de la tarde es la hora señalada para que se verifique un gran acontecimiento que es el que tiene en gran nerviosidad a las masas que van y vienen empujadas por esa poderosa fuerza espiritual que es fe, arraigada en lo más profundo de las entrañas de las excitadas multitudes; y ese acontecimiento tan esperado y tan grandioso, no es otro, que el arribo al aeropuerto de Toncontín, de la Bella y Milagrosa Imagen de Nuestra Señora del Rosario de Fátima.

No hay precedente de historia de la fe católica de Honduras de una manifestación, cual la que se pudo contemplar en la tarde del referido ocho de enero del mes en curso. Millares de millares de personas de todas las clases y condición, embriagadas en una dulce felicidad, irrumpieron gozosas por la ancha vía que conduce a la explanada de Toncontín, formando una cadena interminable.

Hombres, mujeres, niños y ancianos, sanos y enfermos valiéndose de todos los medios de locomoción, incluyendo la pedestre, en copiosa promiscuidad llegan al campo a esperar el ansiado momento en que la Madre del Redentor descienda del avión que es para ellas, como si descendiera de los mismos cielos, y la Virgen llega, blanca como el lirio esparciendo a las multitudes, hálito de esperanza y de consuelo.

No hay manera de patentizar la espontánea manifestación de júbilo, de amor y de respeto ofrecidos como un galardón a la más Santa y a la más Pura de las Mujeres. Cánticos de fe, plegarias de misericordia, sonrisas, llantos y ruegos se perciben como un murmullo que se va perdiendo en el espacio; es el alma creyente del pueblo formando una sola alma que eleva al Creador el más grande y más puro sentimiento de su humana naturaleza y nosotros que somos partícipes de todas estas emociones, pensamos en la parte de un Salmo que dice: "Dios tenga misericordia de nosotros y nos bendiga; haga resplandecer sobre nosotros la luz de su rostro y nos mire compasivo, para que conozcamos, ¡Oh Señor!, en la tierra tu camino, y en todas las naciones tu salvación. Alábente, Dios mío los pueblos; publiquen todos los pueblos tus alabanzas. Regocíjense, salten de gozo las naciones porque Tú juzgas a los pueblos con justicia y dirige a las naciones sobre la tierra".

Mientras tanto, aquella multitud entre la cual estamos nosotros, fija sus miradas suplicantes en la Santa Madre de Dios como reclamando algo, algo muy hondo quizá imposible de poder expresar. ¿Qué le pedirían, qué le contarían entre sonrisas y sollozos, con balbuciente voz a la Divina Redentora de la humanidad? Cuántos dolores, cuántas miserias y cuántas dificultades soporta el alma como expiación de sus propias culpas y pensar que la humanidad, a sabiendas de lo que le espera no rectifica su camino.

El alma se contrista ante la perspectiva de la hecatombe que el hombre ensoberbecido por vanos espejismos pretende de nuevo provocar. La ambición desenfrenada por la dominación del mundo y la falta de fe sobre lo que es o puede ser la Justicia Divina ha segado los ojos de los que sin piedad empujan a los pueblos a los abismos de la desgracia.

El presente y los venideros, serán años de dura prueba para el mundo, pues todo indica que las naciones se preparan para la lucha que, de llevarse a cabo, si no media la Providencia Divina, acabará con nuestra civilización. Mas debemos tener confianza, fe y conformidad, porque los hombres que, ante el Poder Divino, nada valen, no son más que instrumentos de sus Altos Juicios.

Hagamos autos de fe y de penitencia para aplacar el enojo del Santísimo, procurando convencernos de que la vida, con todos sus halagos, no es más que un ligero sueño cuyo "despertar es la muerte" en donde encontraremos el justo premio o el castigo justo por nuestras acciones en el paso por este bien llamado valle de lágrimas.

TEMA CORTADO: PUNTOS DE VISTA SOBRE POLITICA HOGAREÑA

Si los hombres que dedican sus energías a la formación de grupos partidaristas —que se supone sea con el objeto de preparar elementos que en alguna forma puedan mañana cooperar en el adelanto de la nación— hicieran uso de su poder mental para estudiar, libres de todo apasionamiento, las diferentes rutas por donde se puede llegar al éxito, considerando siempre el pro y el contra, es. muy posible que las probabilidades de un fracaso llegarían a sumar cero.

Esas agrupaciones, que se entrenan en diversas actividades que por múltiples razones requieren un plan perfectamente determinado, deberían adoptar, como punto de partida, condiciones que no sólo sean una garantía para ellas, sino aun, para sus adversarios. Indispensable es principiar por la disciplina y el orden, distribuyendo atribuciones entre aquellos que se consideren con más capacidad para hacerlas efectivas sin menoscabar el crédito de la misma agrupación; debe considerarse, además, que las atribuciones pertinentes a determinado grupo o persona, no deben ser invadidas por grupo o persona de diferente jurisdicción, porque, de ser así, se establece la anarquía que trae el desorden y la desconfianza.

Hay dos factores a los que toda asociación de carácter político debe poner sumo cuidado, si quiere echar su máquina a rodar sobre firmes rieles, y estos factores son, por un lado, la seriedad y la capacidad de su prensa, que es el vehículo de su propaganda y su garantía, y por el otro, la escogencia del hombre que, en un momento dado, convenga por meditadas razones elevarlo a la categoría de candidato de esos intereses creados. Una y otra cosa tienen una formidable repercusión en el alma del pueblo, porque en ese pugilato cívico en que ese mismo pueblo define quién habrá de ser el que rija su destino, uno de los contendientes que habrá de perder, no se llenará de pavor y de miedo al efectuarse el consecuente cambio en el poder.

De esa confianza, que debe ser mutua, dependerá que la lucha se verifique dentro de una norma más o menos justa, más o menos civilizada. La calidad de la prensa y la calidad de los candidatos son prenda de garantía para la comunidad nacional, que sólo verá en ellos los orientadores de su vida y de su propio progreso.

Sabido es que en las cruzadas eleccionarias del pasado no se quiso sujetar o encauzar a los métodos de propaganda y si alguno ha habido que lo haya pretendido, como efectivamente ha sucedido, éste, por natural espíritu de defensa, se ha visto obligado a corresponder en la misma forma que se le ha tratado y, una lucha en que prevalezcan los insultos y las calumnias, sólo rencor y odio engendran, de donde resulta que los vencidos, considerándose inseguros con el triunfo de sus adversarios, apelan al exilio, abandonando familia e intereses.

Por este sistema de lucha reñido con el sentido común y con el amor a que es acreedora nuestra patria, es que con dolor hemos visto desfilar en todas las ocasiones, desde 1890, caravanas de hondureños que con el deseo de tomar revancha justificada o injustificada, han ido a tierras extrañas a solicitar el puñal para venir a sacrificar su propia tierra, la tierra que los vio nacer. Luchas estériles han sido éstas, que sólo han dejado saldo de sangre, de miseria y de dolor, estancando el progreso constructivo, tan necesario a la vida de la comunidad internacional. Millares de hondureños han sacrificado sus vidas en esas revueltas, cuya justificación, en cualquiera de sus aspectos, puede hacerse dudosa. Millares de ellos han abandonado su tierra optando por una ilusoria ciudadanía en la que ofrecieron y dejaron todo su esfuerzo de hombres y sin poder evitar el ser considerados como puros extranjeros; y pensar que, todo esto, no ha sido más que el resultado de un mal entendimiento, de un orgullo o de una ciega pasión.

Buscar derroteros más amplios, más honestos y más sinceros, es lo que reclaman los presentes tiempos; arrojar el taparrabo que llevamos oculto bajo la levita o el frac, que es símbolo de barbarie, es lo que aconseja la prudencia y la hombría de bien, si no queremos que se cumplan las profecías de un hombre honrado (Miguel R. Dávila), que siendo Presidente de la República, dijo, en una ocasión, con motivo de un alboroto callejero: "Mientras en Honduras haya pencos de levita que griten y vociferen, como los pencos en faldas de camisa, nada habremos conseguido en bien de nuestra patria". Verdades dolorosas, pero verdades ciertas.

Sólo la armonía y la tranquilidad producen la paz y sólo la paz da bienestar y confianza a los pueblos.

LA AMISTAD

"Quien es amigo VERDADERO, lo es en todo tiempo; y el hermano se conoce en los trances apurados". —Prov. Cap. XVII.

La amistad es un afecto natural que nace de la manera más espontánea entre dos o más personas al primer cambio de algunas impresiones; ese afecto es instantáneo e inesperado en muchas ocasiones; una mirada, un saludo o un apretón de manos puede provocarla; es como si una corriente magnética pusiera en contacto esas espiritualidades que inconscientemente se buscan para darse sinceridad y amor.

La amistad, cuando es verdadera, no reconoce límites ni hace distingos entre los caracteres, que bien pueden ser de tendencias u opiniones opuestas, y este es, precisamente, el caso más sorprendente que se observa en esas amistades, de que, no obstante, tales condiciones, que parecieran ser óbice para su mantenimiento, sostienen el nivel que las une; y podrán separarse o alejarse a causa de las imprevistas incidencias de la vida, sin que sufra mengua la corriente de simpatía establecida.

Esta clase de amistades, también puede surgir en uno de los momentos más críticos de la existencia del hombre, para perdurar hasta el último momento. Un accidente o peligro visible puede unir a dos almas que jamás se han visto y menos tratado, llegándose hasta el caso de exponer sus propias vidas, la una por la defensa de la otra.

En la última guerra mundial, se registraron casos superlativos entre soldados de un frente de combate. El siguiente relato, que puede ser uno entre millares, es muy significativo: "Un soldado que en el fragor de la pelea avanza sobre el enemigo, encuentra en el camino a otro soldado mortalmente herido, el que, en la desesperación de su grave estado, clama por un poco de agua; detiénese el combatiente para retirar del alcance de las balas al moribundo, con gran peligro de su vida, y después de hacerlo beber en su cantimplora, carga con él, logrando ponerlo a salvo del peligro. Ya en el Hospital, el herido recobra su salud, pidiendo que le hagan llegar a su salvador, que allí mismo se encuentra, también herido. Verse y abrazarse una vez que pudieron hacerlo, todo fue uno, y de ahí para adelante, establecida la más sincera amistad. Terminada la guerra, regresaron a sus hogares, distantes el uno del otro, y el resultado Fue que, siendo jóvenes los dos, afianzaron su amistad casándose con las dos hermanas que cada uno de ellos tenía".

La verdadera amistad tiene que ser así, de sacrificio y de bondad; en la que no haya reticencias, suspicacias ni malos entendidos; en la que el hombre sepa a qué atenerse, en cuanto a lo que respecte a su amigo del cual habrá de estar siempre garante. Esta es la que en el verdadero sentido de la palabra podemos llamar amistad personal.

La amistad política es otra. Esta clase de afecto se cultiva, se busca por mil medios entre los que, no todos, son dignos de ser tenidos como honorables, ya que media un especial interés en obtenerla. Algunas, sin embargo, llegan a ser sinceras por efecto de la condición moral y espiritual del individuo que la ha solicitado.

Los gobernantes, los altos empleados y en general todos aquellos que están en condiciones de poder dar algo, son asediados por esta clase de amigos, nacidos de la oportunidad, algunos de los cuales, a fuerza de adulaciones, chismes, etc., logran hacerse acreedores a estimaciones y confianzas que están muy lejos de merecer.

La amistad política, con muy raras excepciones, dura lo que dura el poder o la riqueza, pues apagada esta luz, será otra luz la que haya de buscarse y, para aquéllos: si te he visto, no me acuerdo.

Una señora honorable, bondadosa y de conducta intachable, fue objeto de las más grandes y solícitas atenciones por parte de esta clase de amistades de oportunidad. Su marido, que ocupaba muy importante puesto en el gobierno de la nación, tenía muy buenas perspectivas de llegar a mayor altura, que era lo que constituía y provocaba el incentivo para esta clase de constantes atenciones de apariencia tan sincera; más el destino, que oculta siempre sus designios, cortó el hilo de la vida al estimable ciudadano, esposo de la honorable matrona, rompiéndose el espejismo y llegando la realidad. Se acabaron las atenciones, se acabaron las caricias y aun las visitas, que poco a poco fueron desapareciendo también. (Histórico).

SOLO EL AMOR PUEDE UNIR A LOS PUEBLOS

"Si nos equivocamos con intención estaremos sujetos a la censura".

Nuestro punto de vista, al tratar de los partidos políticos que hasta hoy han terciado en las luchas cívicas de nuestro país, no ha tenido otro móvil que hacer pública una idea que, si no media la ofuscación, tiene que ser reconocida y aceptada por la generalidad de los hondureños, y esta idea es, la de que no hay cachurecos en nuestro ambiente.

Las luchas de partido dividen las tendencias de los hombres, sin mirajes especiales que en alguna forma se diferencien la una de la otra. Se procede a base de sentimientos personales más que de sentimientos que tiendan a establecer rutas de garantía y de progreso para el conglomerado nacional. Se va tras un propósito que más encierra una ambición que una idealidad constructiva y patriótica, la que, una vez lograda, lo mismo puede resultar beneficiosa que perjudicial, dependiendo ello, de la clase de hombres que asuman las responsabilidades que son inherentes a las alturas que hayan escalado. Los partidos políticos considerados en su forma colectiva, son masas susceptibles a vivir en paz si no hay quien las empuje al desorden o a la matanza; masas sometidas al criterio o voluntad de los que de una u otra manera, se han convertido en diligentes orientadores de su destino.

Hemos dicho que, de Domingo Vásquez para acá, los partidos políticos han desarrollado sus actividades en campos de acción más o menos similares en cuanto a sus tendencias, diferenciándose únicamente por la clase de hombres que han integrado esas agrupaciones, derivadas de una misma raíz; agregando, que tanto en uno como en otro grupo, por razones justificadas o injustificadas se ha llegado a la implantación de regímenes de fuerza.

Hemos dicho que la pasión partidarista es la que en muchas ocasiones nos ha llevado a la matanza de hermanos contra hermanos. No ha sido ni es nuestro propósito colocarnos en una plataforma en la que prive un especial interés que beneficie a determinado grupo porque si algún ideal perseguimos no habrá de ser otro que el de desear la mejor armonía y entendimiento entre las diferentes capacidades de la República, porque es en ellas en donde puede estar cifrada toda esperanza de grandeza y prosperidad. Tampoco ha sido la de erigirnos en defensores de causas que todavía no han sido llevadas a los altos tribunales de la opinión pública, único tribunal que por mayoría puede establecer, si hay o no lugar a formación de causa, y, en cuanto a que nosotros pretendemos "reacondicionar una doncellez perdida", por el hecho de haber declarado que un hombre público ha sido y es un gran liberal, idea que nos sugiere el hecho incontrovertible de que ese hombre, desde su juventud, mantuvo y sostuvo idealidades, que por sí solas caracterizan los postulados en que está enmarcado el liberalismo, puede encontrar justificación.

Pero, nuestra plataforma es otra; sustenta una idealidad que podría llamársela quijotesca, mas no "alcahuetería", y esa idealidad es la de procurar, en la medida de nuestro escaso alcance, patentizar que no hay razón que justifique una actitud hostil, de grupo a grupo, entre nosotros los hondureños, por el solo hecho de pretender a toda costa, hacer prevalecer ideas que en buena armonía podrían, con provecho, ser común a todos.

Nosotros, ya lo dijimos, hemos estado al margen de la política, y de los puestos públicos en la administración pasada, lo que consideramos nos exima de la creencia de que pueda existir un interés especial, que bien pudo manifestarse con anterioridad para gozar de sus frutos; si nos manifestamos en la forma en que lo hacemos, es por el deseo de poner nuestro grano de arena, porque los hondureños, haciendo a un lado rencores e intereses de partido, que son los mismos, estrechemos nuestro esfuerzo por dar a Honduras lo que ella merece.

El presente no podrá juzgar los hechos del presente; es al futuro al que corresponde, con la calma e imparcialidad tan necesarias, para emitir juicios y establecer de manera palpable, si los hechos verificados fueron o no, en beneficio de la nación. No es la pasión desenfrenada la que cultiva con eficacia el sentimiento humano, ni es esa misma pasión la que puede destruir la bondad de una obra emprendida y realizada, con propósitos sanos y por lo que toca a nosotros, nada tendremos que decir, por alusiones directas o indirectas, porque consideramos que llenas de pasión, nada edifican.

LA PROSTITUCIÓN ES UNA AMENAZA

¡Oh, cuán bella es la generación casta con esclarecida virtud! —
La Sabiduría, Cap. IV.

De la ciudad de La Esperanza telegrafían a "La Época" que la prostitución está tomando raigambre en aquella pacífica localidad, solicitando la urgencia de que las autoridades de policía tomen "enérgicas medidas para combatir este mal que afecta seriamente la moral y la salud de los habitantes, etc."

Como puede verse por el telegrama preinserto, este mal, origen de los mayores desastres sociales, está propagándose hasta en nuestros apartados departamentos donde la vida y costumbres de sus habitantes han sido ejemplo de honestidad. Los grandes vicios, especialmente aquéllos que traspasan los linderos de la moral, se han desarrollado en las grandes urbes o por lo menos en ciudades que, aunque pequeñas, son centros de toda clase de actividades que van creando ambiciones y deseos de superación, aunque sea a costo de la misma dignidad.

No son tantos los años que han transcurrido cuando con orgullo oíamos decir que de Centroamérica era Honduras el país más sano en costumbres y moralidad. Los casos de prostitución carnal eran contados y, según el decir de personas de aquellos tiempos, el logro de esas satisfacciones o necesidades fisiológicas, no se conseguía sin previa manifestación de un simulado interés amoroso.

Hoy, la situación en orden a lo que significa moralidad, ha tomado caracteres verdaderamente alarmantes. Nuestra capital ha sido invadida por centros en los que se practica, sin ningún reparo, toda clase de vicios, a cual más funestos para la juventud. Con el pretexto de inofensivos lugares de recreo se está corrompiendo el cuerpo y el alma de los que por una u otra razón se convierten en sus asiduos visitantes. El estudiante abandona sus clases, el obrero a su trabajo y viejos hay que, procurando la incógnita, furtivos se deslizan en busca de los placeres que ofrece la no muy púdica Venus.

No entra en nuestro propósito levantar cátedra de honestidad conventual, o cosa por el estilo, porque ello nos haría caer en el peor de los ridículos, ya que sabido es que la naturaleza humana, en grado mayor o menor, tiene sus necesidades que son ingénitas en el hombre y la mujer; el mal está en que de esas necesidades se esté creando un sistema de comercio, penado en todas partes del mundo por sucio e inmoral, cual es la trata de blancas o de cualquier otro color.

Varios establecimientos que en apariencia dedican sus actividades a negocios lícitos, a tras mano comercian también con la carne humana, estando divididos en dos categorías: unos, destinados a citas, y otros, a solapados burdeles. La habilidad de esta clase de comerciantes consiste en darle a su establecimiento un aspecto de seguridad y confianza, de tal manera que las autoridades sólo puedan darse cuenta de una de las caras de la medalla, teniendo muy buen cuidado de ocultar la otra. Los dueños de esta clase de negocios, que en su mayoría pertenecen a extranjeros, han llevado su abuso a tal grado, que muchos de esos centros se encuentran funcionando en los lugares más céntricos de las dos ciudades del Distrito, con detrimento de las consideraciones y respeto que merecen honrados y honorables vecinos.

La prostitución no es un mal nuevo; existe desde que el mundo es mundo. Las autoridades romanas del tiempo del Imperio señalaban en las ciudades zonas especiales en lugares apartados donde las hetairas podían ejercer su comercio, pero siempre bajo estricta vigilancia. Se les obligaba a llevar un traje especial como significativo del oficio que desempeñaban y les era prohibido transitar por las calles. Cada prostíbulo tenía que inscribir el número de las recluidas con sus nombres, edad y demás características, siendo obligatorio, además, que en la puerta de su celda estuviera escrito su apelativo e indicado el precio de la entrada. La falta de cumplimiento de cualesquiera de estas disposiciones era penada con fuertes multas a los propietarios del negocio y si esa falta correspondía a una de las indiciadas, su castigo consistía en recibir azotes en presencia de sus compañeras.

Entre nosotros, los que vivíamos en el siglo de las luces, los asuntos de la naturaleza que venimos anotando han tomado o alcanzado proporciones tales, que si aquellos romanos, desde el fondo de sus tumbas milenarias levantaran la cabeza para apreciar la diferencia que media entre la prostitución de aquellos tiempos y la del presente, volverían a ellas, a sus tumbas, llenos de pavor.

Deberían seguirse averiguaciones sobre tan delicado como importante asunto para castigar a los que, valiéndose de la benevolencia de las autoridades, no paran mientes para conseguir el dinero, aun cuando sea con el infame tráfico del honor de la mujer, que obligada tal vez por la miseria se entrega a manos de tan despreciables rufianes.

El porcentaje de enfermedades venéreas, según estadística de las oficinas de Sanidad, es más que alarmante. ¿Qué será de nuestros descendientes, saturados de tanta sangre impura? Entendemos que vale la pena preocuparse por encontrar algún medio para detener, siquiera en parte, esa corriente que tiende a invadirlo todo.

¿COMUNISMO EN AMERICA?
"Sólo la demencia puede buscar la esclavitud".

La noticia que Londres da a la prensa mundial de que Rusia ha enviado a Guatemala grandes sumas de dinero y de que sus agentes están trabajando con asistencia de ciertos funcionarios guatemaltecos poseyendo una base para submarinos a la vez que un poderoso transmisor de onda corta para dar a Moscú informes secretos, es algo que, de ser cierto, tiene que preocupar no solamente a los países de Centro América sino que también a la América continental.

Se hace duro pensar que un gobierno de uno de estos pequeños países del Istmo pueda prestarse como instrumento a las diabólicas maquinaciones de una nación que por todos los medios pretende implantar en el mundo un sistema de gobierno a todas luces nefasto para la humanidad, pretensión que puede llevarnos al más grande de los desastres. Una nueva hecatombe, dada la magnitud que han alcanzado los medios de destrucción de que se dispone, conduciría irremediablemente a la ruina total de la presente civilización y no podemos creer que exista en América país o países que estén dispuestos a ser copartícipes de semejante crimen.

Es de suponerse que en una supuesta aventura Rusia puede jugarse su propia vida sin dejar de reconocer los enormes daños que ella pueda ocasionar, pero que a la postre sucumbirá como sucumbe todo lo que no tiene por base la justicia y el derecho.

Consecuencia de una imprevisión es la causa de ese temor o desconfianza que se nota en el alma de los pueblos y que se trasluce por los grandes preparativos para hacerle frente a algo que se presiente pueda llegar hoy o mañana.

No era dudosa la situación en que quedaría el mundo desde el momento en que los aliados en la guerra última aceptaron la cooperación de Rusia para derrotar a Alemania. De sobra se sabía que el Soviet no podría entrar jamás en un entendimiento sincero con las democracias y especialmente con la norteamericana y la británica, que por su enorme poder tendría que ser un obstáculo a sus pretensiones por comunizar al mundo.

Cuando los acontecimientos se han verificado y entra la mente a hacer análisis de los pasos que se dieron para lograr un fin, es posible que queden al descubierto errores que de haberse previsto y evitado se simplificarían asegurando el triunfo del ideal apetecido.

Los grandes gestores de la última gran guerra fueron Alemania y Rusia. Si Alemania provocaba esa guerra con miras a hacer que prevaleciera su ideología política —nacismo—valiéndose de toda su fuerza para someter a grandes naciones por medio de las armas; Rusia, por medió de otra clase de poder —la propaganda— había, antes que Alemania, declarado la guerra al mundo. Las dos tendencias estaban contra las democracias y si eran rivales, lo eran no por diferencia de ideología, sino por su deseo de superación; una de ellas debería gobernar al mundo.

Se presentó la oportunidad de que esas dos tremendas fuerzas se destruyeran o debilitaran entre sí, pero no se supo o no se quiso aprovechar tan halagüeña circunstancia. Sin el apoyo de Estados Unidos e Inglaterra dado a Rusia, Alemania, no cabe duda, habría salido vencedora; pero su triunfo habría significado su muerte. El Soviet no era para comérselo de una sola dentada; Stalingrado comprobó este aserto; había que luchar duro y tenazmente para llegar a la victoria, victoria que Alemania habría alcanzado con el aniquilamiento de las dos terceras partes de su grande poder.

No somos partidarios de los consejos de Maquiavelo a su príncipe porque esos consejos se dieron con un carácter muy personal; pero como la vida de un hombre no es la vida de un pueblo ni la vida de una nación, es la vida del mundo, los consideramos muy dignos de haberse aprovechado en aquella lucha. El caso de Alemania y Rusia estaba perfectamente definido; uno y otro podían considerarse como el cáncer que invade un órgano, cáncer que debe atacarse a tiempo para evitar una muerte segura.

"El fin justifica los medios", decía el gran italiano; y nosotros, en relación con la guerra mundial, aceptamos tal idea, no por tratarse de un pueblo, sino que de la humanidad. Fomentar la lucha entre esas dos naciones consideradas como enemigas número uno, dejándolas hacer uso de sus propios elementos, debería haber sido el interés y conveniencia de las grandes democracias y esperar el fin para dar el último toque con el que quedaría resuelto el gran problema de la paz mundial.

El arte de la política, como el arte de la guerra, aconseja astucia, prudencia y decisión, pues no siempre es la fuerza bruta la que triunfa; saber aprovechar el momento en que se debe entrar en acción sin mayores compromisos y dificultades es lo que ha dado en llamarse buena estrategia. Vencida Rusia por Alemania, está ya aniquilada, se habría sometido sin dificultad; más por desgracia, el panorama de los acontecimientos verificados Fue otro, Fue al revés; Rusia, ayudada por los aliados, vence a Alemania y es allí, precisamente donde el comunismo enseña los dientes a los que le han salvado la vida. Es allí, donde aprovechándose de mal supuesta ventaja, impone la conveniencia de ser ellos, los rusos, los que deben entrar primero a Berlín. ¿Se perdió con esto otra oportunidad para resolver el gran problema? La historia lo dirá.

Lo que sí podemos ver hoy con claridad, porque lo estamos viviendo, es que Rusia, envalentonada por las condescendencias que se le dispensan, ha seguido y sigue avanzando en su tarea de imponer su credo a punta de bayoneta y de cañón; ha seguido y sigue, por medio de su propaganda, buscando satélites a quienes someter a sus más crueles designios; pero no será la América la que se preste a tan fatales propósitos; no será esta América en donde tantos próceres sucumbieron por su libertad la que con sus propias manos se ponga al cuello el lazo que la ha de estrangular.

Franklin Delano Roosevelt, que tal vez no pudo enderezar la nave hacia puerto seguro, tuvo la visión del porvenir, cuando dijo: "Es más fácil ganar la guerra que ganar la paz".

LOS CACOS EN ACCIÓN

"Comerás con el sudor de tu frente en trabajo honrado"

Nuestro Distrito Central está preocupado por la actividad que están desarrollando algunos amigos de lo ajeno. Tegucigalpa y Comayagüela han sido en estos últimos días, campo propicio para efectuar asaltos, no en despoblado sino en el verdadero corazón de las dos ciudades. Parece que existe una banda de forajidos perfectamente organizada, cuyos miembros ejecutan su oficio tomando todas las precauciones para no dejar huellas que comprometan su seguridad.

Según datos recogidos, esos malhechores cuentan hasta con automóviles para trasladar sus rapiñas a lugar seguro, tal es el caso del robo cometido en el establecimiento comercial de los señores Walter Brothers, frente al parque "Herrera", de donde extrajeron una pesada caja de hierro que afortunadamente —según el decir de los empleados de la referida firma— no contenía más que una pequeña suma de dinero.

Los que efectuaron este robo previeron todas las circunstancias que podían serles favorables para la impunidad de su asquerosa acción, pues se dice que llevaban guantes y calzaban calcetines para evitar comprobaciones digitales, teniendo además, a la puerta de la tienda, un carro preparado para cargar su deseado botín y siendo posible que ellos mismos desconectaran el swicht del alumbrado de la calle porque a ciertas horas de esa noche la sección correspondiente a ese barrio se encontraba a obscuras.

En Comayagüela, la Fábrica de Hilados y Tejidos del español, señor Fondevilla, también fue campo de acción para los cacos; pero allí, las cosas alcanzaron proporciones mayores porque, además del robo, golpearon al propietario y a un empleado, dejándolos por muertos. El Casino Hondureño y otras casas de honrados y honorables vecinos recibieron también esta tan poco agradable visita que rindióles, como en los primeros, muy buenos frutos.

Razón hay para que la sociedad se sienta oprimida y temerosa. El ladrón es el ser más peligroso que existe, porque una vez resuelto a llevar a cabo una hazaña, va preparado para hacer desaparecer obstáculos que pudieran identificarlo ante la justicia. Varios son los lamentables sucesos de esta naturaleza, cuyo epílogo ha sido el asesinato que más de alguno, como el verificado en el Banco de Honduras hace largos años, permanece aún en el misterio.

La idea del robo puede nacer de varias circunstancias anexas a un estado o condición del individuo. La miseria y el hambre pueden ser sus progenitores por la necesidad de existir. La vagancia y el lujo engendran también el deseo de apoderarse de lo ajeno. Tener dinero sin trabajar es la gran preocupación de los vagos, ya sean de uno o de otro sexo, habiéndolos de muchas y variadas categorías, de donde resulta que cuando de aplicar la sanción se trata, habrá de estimarse la clase de categoría a que pertenece el indiciado.

Hay otra especie de ladrones que nlo roban por necesidad; estos padecen una enfermedad llamada cleptomanía. El individuo, que bien puede ser un rico, siente en un momento dado un impulsivo deseo, que le es imposible dominar, de apoderarse de algo que no le pertenece.

Hace muchos años vivió en Tegucigalpa un hombre muy ilustrado y con medios suficientes para satisfacer sus necesidades y sus lujos; no era hondureño, tenía gran pasión por los libros, que obtenía, tomándolos furtivamente de una librería. Los dependientes tenían orden del propietario de hacerse los disimulados cuando llegaba este cliente, quien era vigilado por algún empleado desde un lugar oculto; el individuo aprovechaba el instante que creía oportuno para esconderse un libro bajo su levita o saco, abandonando el establecimiento con entera naturalidad. La casa que conocía de la clase de obra desaparecida, pasábale el recibo a fin de mes y el enfermo, sin discutirlo, pagaba su importe.

El robo, también es un arte en el que se entrenan los que aspiran a ser maestros del oficio. Algunos países —al decir de algunas revistas— tienen escuelas en las que se especializan los que han alcanzado algún adelanto, siendo posible que reciban hasta un diploma.

Gil Blas de Santillana refiere que en su tiempo no era extraño que un viajero en la soledad de un camino se topara con un sombrero colocado boca arriba, conteniendo dentro de su copa un rosario y que se oyera una doliente voz que decía: "Ave María Purísima", a la que había que contestar: "Gracia concebida", a lo que agregaba la misma voz: "Una limosnita por el amor de Dios"; el viajero tenía que vaciar su bolsa, hecho lo cual la misma voz toda doliente expresaba su agradecimiento con un "Dios se lo pague, hermano" y era, que el bondadoso y cristiano mendigo apuntaba con su arcabuz al pecho del asustado caminante.

¡Cuánta cortesía la de aquellos tiempos! ¡Cuánta hidalguía! Hoy en cambio, todo es atropello, no lo despiertan a usted para pedirle, sombrero en mano, les permita tomar de su casa lo que ellos consideran más importante o de más valor, llegando a tal grado la falta de educación que si se descuida le perforan o tasajean el pellejo, pudiendo también dejarlo convertido en un finado.

Hay necesidad de que se busquen las causas de este grave mal, averiguándose si los asociados a esta clase de pillaje son de nuestra casa o vienen de casas vecinas, porque, según la prensa de hace algún tiempo, varios grupos de criminales traspasaron nuestras fronteras viniendo de un país hermano.

LO QUE DESEAMOS ES JUSTO

Hemos lamentado no haber leído antes el editorial del diario "El Pueblo", correspondiente al jueves 19 del mes en curso, acontecido por motivos ajenos a nuestra mejor voluntad. Como el contenido de esta pieza nos atañe en forma directa, creemos estar en la obligación de agradecer la parte en que, inmerecidamente, se estima que nuestros escritos puedan tener algún mérito; y en cuanto a otras apreciaciones que consideramos fuera de la pauta en que estamos colocados, las dejamos con respeto en el archivo de nuestro silencio.

Hemos declarado en escritos anteriores, que en esta tarea que voluntariamente nos hemos impuesto, no priva interés alguno por hacer aparecer lo blanco como negro o viceversa, en defensa de causa alguna, por la sencilla razón de que no hay juicio basado en competencia tribunalicia que lo provoque, y aun en tal caso, tampoco seríamos nosotros los llamados a convertirnos en jueces, porque esto, de hecho y de derecho, correspondería al más alto Tribunal, representado por la mayoría de la opinión pública.

Hay que apreciar que nosotros al hablar de los partidos políticos sólo hemos pretendido probar que ellos se derivan de una sola raíz, de la que surgieron grupos cuyo antagonismo Fue y ha sido puramente personal. No hemos tratado de revolver y entresacar hechos verificados a través de nuestra vida política para justificarlos o condenarlos, conociendo que, como humanos que somos, siempre nos exponemos a errores que la pasión agrava.

Repitiendo, manifestamos que el ideal que perseguimos es la armonía de la familia hondureña, cuyo distanciamiento por razones políticas no tiene razón de ser si tomamos en cuenta que todos, familiar y socialmente, estamos más o menos vinculados por alguna amistad obligada y necesaria por la pequeña cantidad numérica que compone el núcleo de la sociedad de que formamos parte.

No hemos estado haciendo historia sobre hechos o sucesos que correspondan a las dos agrupaciones que han gobernado el país, porque al hacerlo, nos veríamos en el caso de señalar defectos en los procedimientos ejecutivos a los que, en buena lógica, habría que buscarles las causas que los provocaron; pero esto no conduciría más que a empeorar una situación que de por sí deja mucho que desear.

A nuestro entender, la labor de todo buen ciudadano que esté en capacidad de aportar algo en bien de la República, habrá de ser la de cooperar por los medios a su alcance, a efecto de que se establezca esa armonía tan necesaria para la paz y tranquilidad social.

Estamos en el principio de un período gubernativo que reclama de los hondureños en general, si no ayuda, por lo menos buena voluntad; hacer facilidades evitando discusiones que siembren la desconfianza y el temor, para que así en esa templanza se pueda hacer efectivo el desarrollo de un programa que, por pequeño que sea, dejará margen de ganancia a la nación.

No es este momento propicio para increpar lo que ayer Fue en uno u otro partido, y honradamente, tampoco lo será mañana; nosotros ya lo dijimos; hasta tanto no estemos en capacidad de apreciar los actos que fueron y los que son a base de perfecta imparcialidad, nada habremos conseguido para establecer legal y honradamente el lugar que en la historia corresponde a esos actos. El momento sí puede ser oportuno para una cruzada en la que campee la hidalguía y sobre todo la generosidad; hacer confianza para que entre gobernante y gobernados no haya dudas para el porvenir.

El apreciable abogado don Darío Montes, director del diario "El Pueblo", de quien tenemos un alto concepto por su cultura y bien comentadas capacidades, podría perfectamente ser el abanderado de una cruzada en la que, aislando toda idea de rencor y odio, se buscara el mejor camino para dirimir los asuntos pertinentes a la colectividad nacional, sin rozamientos y sin injurias.

Quizás por el hecho de que nosotros encabezamos nuestros escritos con un pequeño epígrafe, se ha dado en suponer que somos hombres de sotana, y nada más incierto que tal suposición; si sotana lleváramos, la respetaríamos honrándola cual es debido entre quienes tienen cabal concepto de lo que vale un juramento ofrecido frente a los altares y en la presencia de Dios; jamás seríamos de los que, sin importarles lo que vale la honorabilidad, puedan llegar a renegar hasta de su misma patria. Nosotros tampoco hemos disfrutado de esas "tajaditas" de. que habla don Darío, ni hemos puesto de lejos postalitas para justificar deseadas correspondencias.

Sentados a la vera del camino, con más dosis de decepción que de otra cosa, hemos visto en más de 40 años, pasar a las multitudes entusiasmadas o frenéticas siguiendo a los apóstoles de la verdad que en muchas ocasiones han resultado falsos profetas, y es que los pueblos, esa masa humana que se mueve al impulso de una voluntad preparada, en su gran mayoría tienen toda la característica de los niños; hacen lo que ven hacer sin preocuparse si ello redunda en bien o en mal de su propio beneficio; es por esto que cualquiera que sea el motivo que obligue a inculcar en el alma del pueblo una idea, de antemano debe ser estudiada y meditada, si no queremos exponernos a ser blanco de nuestro propio juego. Las masas son ciegas cuando llegan a amar, son ciegas también para escoger el objeto de sus amores, porque no tienen ojos para ver, por lo que es al hombre preparado a quien corresponde con todo cuidado escoger el ídolo para esas multitudes.

Si esas dos fuerzas antagónicas llegaran a darse mutua confianza, no estaría lejos el día en que se contemplaría un espectáculo conmovedor, cuál sería la resolución de nuestros problemas dentro de la más cordial como justa contribución por parte de todos los hondureños.

Ojalá que algún día este sueño sea una realidad, para bien de nuestra Patria.

CRISIS QUE SE AGUDIZA

Las crisis, de cualquiera naturaleza que sean, ocasionan trastornos de mayor o menor magnitud. En la actualidad, habrá pocos países que no hayan sido afectados por esta clase de trastornos, cuyas consecuencias —según el lugar en que toman asiento— adquieren diferentes modalidades.

Estados Unidos de Norte América, no obstante, su gran poder económico, está atravesando en estos momentos por un período de grandes dificultades y aún de amenazas. La falta de numerario o la desvalorización del dólar, ha obligado a las grandes empresas, si no a clausurar sus trabajos, por lo menos a reducir el número de sus empleados; y este desempleo, que allá alcanza gigantescas proporciones, crea una situación tan peligrosa como peligrosas son las constantes huelgas, cuya finalidad, aunque todavía no se ha hecho visible, puede suponerse.

Según noticias de la prensa, son muchas las casas declaradas en quiebra, y estas casas, como es natural, arrastran otras y otros intereses. El Soviet no quita los ojos de sobre el Tío Sam, porque sabe que es allí donde está la "madre del cordero", a la que por cualquier medio hay que debilitar y uno de estos medios son las huelgas, que se sostienen con dineros —en parte— venidos de Moscú.

Estados Unidos está recibiendo pago por los grandes servicios que prestó a Rusia en la pasada gran guerra, de cuyo importe, por nuestra solidaridad con esa gran nación, habrá de tocarnos algo, que de ninguna manera serán dólares. Pero allá en el Norte, por difíciles que sean las circunstancias porque atraviesa el pueblo, dado lo enorme de su riqueza, el pueblo vive; en donde esta clase de situaciones asume características muy graves, es en estos pequeños países, en que la balanza de valores está representada por el Presupuesto General de Gastos; si las cajas nacionales cierran las puertas de su ahorro, quitándole movimiento al numerario, de hecho paralizan toda actividad, y el desempleo cunde.

En estos últimos días, la United ha dejado sin trabajo a millares de trabajadores en la Costa Norte, lo que significa que esa gente, que forzosamente tiene que vivir, buscará los medios, sean cuales fueren, para no sucumbir frente a los horrores del hambre.

El cortejo de calamidades y peligros en que tal situación coloca al país, puede apreciarse sin mayor dificultad: hordas hambrientas asaltarán en despoblado en un principio; más, después, a medida que la necesidad arrecie, las mismas ciudades estarán expuestas al peligro. Hasta hoy, se han cometido, en este Distrito, asaltos, que pudiéramos llamar esporádicos; pero, mañana que agudice —como ya dijimos— la necesidad, estos asaltos pueden convertirse en verdaderas saturnales, en que la misma vida no esté a salvo de perderse.

La falta de trabajo empuja a la vagancia y la vagancia, hermanada con la necesidad, conduce al crimen. Son ya varios los casos de asesinatos efectuados en forma misteriosa, descubiertos en este Distrito Central; otros, se han llevado a cabo a presencia y por sobre de las mismas autoridades policíacas, como el de hace pocos días en la ciudad de Comayagüela, hecho verdaderamente típico en audacia y en maldad. ¿Hacia dónde vamos, si no se pone remedio a semejante mal?

Se ha notado que varios sectores de la capital, a ciertas horas de la noche, están abandonados a su propia suerte; la policía "brilla por su ausencia" y, aun cuando en alguno u otro lugar pernocte una de estas autoridades de policía, su interés se revela en la preferencia de insinuaciones amorosas. Parece que el uniforme, que ha reemplazado a la humilde camisa, da valor y concede derecho, para que algunos de estos individuos, que la nación paga para guardar el orden, sin hacer distingos, se atrevan a lanzar piropos a personas que por mil razones deberían ser tratadas con el mayor respeto, y, naturalmente, esto empeora una situación, porque por un lado tenemos a los ladrones con oportunidades para convertirse en asesinos, y por el otro, a los agentes del orden público, que burlando las disposiciones o mandamientos de la Ley, se ocupan en cometer actos que sus mismas leyes penan severamente.

Por fortuna, el señor Ministro de Gobernación, poseído de la necesidad de orientar un estado de cosas cuya ambigüedad es manifiesta, ha empezado a dar disposiciones muy oportunas, que, si se cumplen, ofrecerán muy buenos frutos.

Ya se hacía necesaria la intervención de una de las más altas autoridades, con jurisdicción en los asuntos que atañen a la policía, y esa autoridad, representada por un hombre serio, poseído de los mejores deseos de salvaguardar a nuestra sociedad, hará efectivas, no cabe duda, todas las medidas que puedan remediar el mal que nos aflige.

EL PATRIOTISMO EXIGE SACRIFICIOS

La administración de los negocios del Estado tiene, en cierto modo, similitud con la de cualquier grande empresa de comercio 0de industria. El engranaje que pone en movimiento la complicada maquinaria de estas empresas debe corresponder por la capacidad y ajuste de sus piezas a un movimiento cuyo ritmo no sufra alteración en el desempeño de sus diferentes funciones. En los negocios públicos, los de la nación, ese engranaje en su parte activa directa se compone de los elementos que desempeñan las muy variadas ramas que integran la gran empresa y en su parte activa indirecta, por los que sin tomar participación en el funcionamiento, están, o deberían estar muy interesados en el sentido de que no se pongan estorbos que puedan romper o debilitar los eslabones que empujan su rotativo movimiento.

En las actuales circunstancias, el negocio del Estado o sea su administración pública, empieza a desarrollar su programa y como en cualquier empresa, todo principio es difícil. La orientación de un asunto tan complicado cual es el que se refiere a los intereses de la nación cuya raigambre forma variadísimos aspectos en deseos, capacidades, intrigas y tendencias, requiere un estudio meditativo para no caer en probables errores que quizá mañana sería muy difícil enmendar, y para todo esto, y aun para mucho más, se hace necesario dar al gobernante la seguridad y la confianza que es indispensable para escoger y encauzar en una sola corriente esas diferentes tendencias y capacidades que formando un todo deben beneficiar a la colectividad sin mayores discrepancias.

Nuestro actual mandatario, Dr. Juan Manuel Gálvez, ha hecho, oficial y particularmente, declaraciones terminantes en el sentido de hacer un gobierno del pueblo y para el pueblo; ha dicho que su mayor satisfacción sería la de ver a la familia hondureña estrecharse en un abrazo de sincera conciliación echando al olvido o por lo menos suavizando esos resentimientos o rencores que de fomentarlos conducen a lamentables extremos.

Recopilación 6

Ha dado a entender que en el ejercicio de sus altas funciones gubernativas está libre de prejuicios, privando en él como uno de sus principales deseos, el de hacer bien a su patria, que es la única por la que, si somos verdaderos patriotas, estamos obligados a sacrificarnos todos.

Noble es la idea y honrado es el propósito; más, para que esas idealidades se hagan efectivas, se necesita no sólo el mejor deseo del gobernante, sino, además, la cooperación sincera de los diferentes elementos de que está compuesta nuestra entidad nacional. Hemos dicho que no puede haber ciudadano que vaya al poder con el deliberado propósito de hacerle daño a su pueblo; que las dificultades que suelen surgir entre gobernante y gobernados en su mayor parte, no son más que consecuencias de un mal entendimiento en el uno y los otros y que para conservar ese equilibrio o nivel que da confianza al convivir público, deben hacerse mutuas concesiones a efecto de restablecer la tranquilidad y esa confianza, si por desgracia se ha perdido.

Estamos en el principio del segundo año de un período administrativo que terminará el 1° de enero de 1955; quiere decir que son cuatro años y medio los que faltan para emprender —de acuerdo con la ley— una campaña en la que los dos partidos políticos o más si se quiere, habrán de disputarse el poder. Estos cuatro años y medio, justo es convenir que los empleemos en hacer facilidades al gobierno para que, como antes dijimos, desarrolle su programa que por modesto que sea, si disfrutamos de paz, habrá de dejar grandes beneficios a la República; pero esa paz sólo se consigue amainando, si es que no se puede destruir, la acción de ese virus que engendra la pasión y el odio, odio y pasión que envenena la sangre, ofusca la mente y endurece el corazón.

Si desde hoy empezamos a hacer campaña de descrédito, sacando del pasado lo que el pasado debe guardar en lo más profundo de su seno, ¿a dónde vamos a dar? Cuando lleguemos a la hora en que se tenga que discutir los programas que cada agrupación ofrezca al pueblo, ¿qué podremos decirnos? ¿No habremos en los cuatro años y medio agotado todo el léxico de que pudiéramos hacer uso? Y habremos con eso ganado la voluntad de los electores? ¿Habremos hecho un bien o habremos hecho un mal a nuestra patria? Y el gobernante que tiene sobre sus espaldas la enorme responsabilidad del puesto que desempeña, en tales condiciones, ¿habrá hecho algo que justifique su presencia en el poder que ese pueblo le ha confiado?... No, señores, es otro el camino que hay que seguir si queremos hacer de Honduras un país nuevo, un país que se pueda hermanar con otros países mañana en que las voluntades lleguen a convencerse de la necesidad de hacer una patria grande y digna de que se le tome en cuenta en el concierto de las naciones civilizadas. Empecemos por unir nuestros propios intereses salvando con prudencia y consideración las barreras que el egoísmo y la pasión interpone para que la felicidad sea una e indivisible para todos.

HAY QUIEN SIEMBRA Y NO COSECHA

El agradecimiento es una virtud a la que la humanidad —en su mayor parte— no rinde el tributo y respeto que ella merece; se la considera en más de alguna ocasión como algo que no vale la pena de tomarse en cuenta una vez que pasa el momento en que deba hacerse manifiesta. Consecuencialmente, la gratitud no es más que el resultado de un acto que se traduce en atención, cariño, agasajo, etc., recibido con motivo de grandes alegrías o de grandes pesares: en el pináculo de la grandeza o en el momento más triste de la desgracia, en los minutos de placidez o en aquellos en que de manera inesperada nos sorprenda algún apuro o percance.

La gratitud en el corazón de un hombre honrado debe ser imperecedera aun cuando ella no derive más que de un simple apretón de manos, si este apretón de manos nos hace sentir que ha sido dado al calor de un impulso que lleva en sí, la manifestación de un afecto que no entra en los círculos de una hipócrita conveniencia.

El agradecimiento a la vez que eleva, ennoblece, produciendo en lo más recóndito del alma una extraña sensación de placer y bienestar. Por desgracia, no todos saben o quieren agradecer en la creencia de que tanto el aprecio como las bondades que se nos dispensan nos deben ser dadas por nuestros propios merecimientos y, esta errónea idea, las más de las veces, nace de cierta presunción arraigada en la mente de algunos individuos que, considerándose aptos para el desempeño de toda clase de actividades, de preferencia esperan ellos ser los escogidos.

Los gobernantes y los hombres de negocio van a la cabeza de los que, a la larga o a la corta, cosechan más duros desengaños como recompensa de los afectos o favores dispensados a personas que supieron, con el arte de su labia, conquistar no sólo inmerecidas posiciones, sino que también grandes confianzas.

Los amigos se multiplican en la prosperidad y se restan en la adversidad. De nada servirán los favores recibidos si quien los hizo perdió su ascendiente o los medios para seguir otorgando lo que sus favorecidos o por favorecer consideran como indispensable para mantener un afecto.

Un caso que patentizó la ingratitud, desagradecimiento y cobardía de ese ejército de oportunistas aduladores, pudo verse hace muchos años en uno de estos países del Caribe con motivo de un movimiento revolucionario tendiente a derrocar un gobierno legalmente constituido. El jefe de la nación vivía día y noche rodeado de admiradores; de incondicionales amigos siempre listos a protestar adhesión y cariño hacia el mandatario. De entre ellos, los más constantes en hacerse presentes eran los que más distinciones y favores recibían y que por su condición de civiles, estaban exentos de tomar las armas en la mano.

La noticia de una derrota a las tropas del gobierno pone pánico en el corazón de aquellos serviles, quienes, olvidando que es en los momentos más críticos en que debe manifestarse la gratitud y el cariño, ponen pies en polvorosa, abandonando al amigo y protector a las eventualidades de su propia suerte. Esta historieta Fue referida por uno de los pocos amigos que en aquellos trágicos momentos encontró al mandatario rodeado apenas de unos pocos oficiales que le eran verdaderamente adictos.

El desagradecimiento ha cundido en toda época de la vida del hombre; es innato en ciertos corazones enfermos de envidia o llenos de maldad, siempre a caza de una oportunidad para pagar mal el bien que han recibido. Para ellos, el benefactor no es más que un instrumento al que rendirán culto y pleitesía mientras esté en condiciones de poder sonar y lo mismo será para ellos estar con él que contra él.

¡Cuántas decepciones no habrán sufrido los hombres que creyendo en estos falsos afectos entregan su corazón a quienes en el momento menos pensado serán capaces de apuñalearlo!

Y pensar que cuanto más grandes sean los favores recibidos, más grande habrá de ser la ingratitud con que se paguen esos favores. Escrito está, la historia lo comprueba.

El Emperador Napoleón I, vencido en Fontenebleau más que por el poder de las armas, por la traición e ingratitud de algunos de sus mariscales, todavía armado de poderoso ejército, prefirió la abdicación a una lucha en la que sus peores enemigos eran aquellos a los que él había encumbrado a las más altas dignidades del Imperio.

Si el agradecimiento no es virtud que esté al alcance de todos, ello no quiere decir que no existan seres capaces de poder agradecer, porque los hay tan nobles hasta de llegar al sacrificio, si ello fuere menester, pero desde luego, se pueden contar con los dedos de la mano.

Quien no agradece no puede ser digno de consideración alguna.

EL PARTIDO NACIONAL NO HA TRAIDO YANKEES INTERVENCIONISTAS

Aclarar hechos, no significa pretender entrar en polémica para rebatir asuntos relacionados con las luchas de partido cuyo teatro ha sido el suelo de nuestro pobre país. Hemos dicho que, en todo ese pasado, si se han cometido errores o actos de violencia, deben buscarse las causas que en alguna forma pudieran haberlas originado. Creemos de buena fe que no hay razón ni legítima base para establecer científicamente la diferencia que pueda existir en nuestra familia, de grupo a grupo. Colorados y azules han tenido y tienen la misma ideología; dentro de sus filas, como en todo lo que produce la naturaleza, se encuentra lo bueno y se encuentra lo malo; hay inteligencia y hay ignorancia, fuerzas que son necesarias para que la humanidad luche por alcanzar su propia perfección.

Si en el individuo, personal y aisladamente, actúan esas tendencias al bien y al mal, razón de sobra habrá para que en grupos colectivos aparezcan con más o menos intensidad: lógica resultante de la cantidad numérica. Ridículo sería pensar que todos seamos buenos, como estúpido sería considerar que todos fuéramos malos.

En política, hemos actuado los hondureños alrededor de una justa aspiración, cual es la de alcanzar el poder en el que se nos presente la ocasión de hacer algo que beneficie en crédito y progreso no sólo a la ciudadanía, sino, de preferencia, a la tierra en que hemos nacido, lícita aspiración que ha hecho dividirse a la familia en grupos de contextura heterogénea para la consecución del ideal soñado, y si decimos grupos heterogéneos es porque en realidad, para llegar a ellos, no se ha tomado en cuenta color alguno, porque los mismos o algunos que hoy se escudan tras bandera roja, si la conveniencia lo exige, mañana se escudarán tras bandera azul; tal es el pasado al alcance de todos los que hemos vivido un poco.

Entre hermanos se puede y se debe hacer luz sobre puntos cuya claridad no sea perfecta, pero desde luego, con la moderación y gentileza propias de persona cuyos mirajes no entrañen pasión alguna y sí un ideal para todos. Establecer prejuicio sobre hechos cuyo fondo desconocemos, daría margen para dudar de la sinceridad de nuestros propios actos a sabiendas de que los hemos efectuado; y como todos, o la mayor parte, creemos estar en el camino de la verdad, la consecuencia tendría que ser una gran confusión, aun para nosotros mismos. Aclarar, no es rebatir, ya se trate de lo que nos afecta malamente o de lo que nos beneficia si al ponerlo en evidencia nos desprendemos de ese velo que en ocasiones ofusca la mente empañando la vista.

Con el permiso de nuestro estimado compatriota Lic. don Darío Montes, vamos a tocar un punto relativo a un hecho que él atribuye como laurel conquistado por el Partido Nacional en el gobierno del General Manuel Bonilla. Adjudica el estimado amigo Montes a aquella administración la llegada de soldados yankees al suelo de nuestra patria, por el hecho de haber visto, siendo niño, en la ciudad de Comayagua, al General Emiliano Chamorro y a un norteamericano al servicio del régimen del Partido Nacional. Ese norteamericano, que lo mismo pudo ser inglés, francés o chino, no era otro que el General Lee Cristmas, quien, nacionalizado en Honduras, prestó servicios dentro del ramo militar, llegando a ocupar el puesto de Director General de Policía. El General Cristmas llegó a Honduras como un simple ciudadano extranjero y no como miembro del ejército de los Estados Unidos de Norte América, y aun cuando así hubiera sido, no habría él solo formado lo que en el Código Militar se denomina con el nombre de legión o batallón de soldados.

Extranjeros que han venido a prestar servicios en el ramo militar los hemos tenido, desde muy lejanas épocas: Luis Bográn, tuvo dos: el Coronel Bequer y el Coronel Meyer, siendo el primero Director de Policía; Domingo Vásquez, al General Jeffries; Terencio Sierra y Juan Ángel Arias, a don Francisco Altschul y al Coronel Labbró; Miguel R. Dávila, al Coronel Oyarzún, y así sucesivamente, como instructores para escuelas o academias militares. En América han sido muchos los países que han importado esta clase de instructores, haciéndolos venir hasta de Europa, y no se ha sabido que la presencia de tales instructores haya sido considerada como intervención de países extranjeros en los asuntos internos, correspondientes a esos pueblos, y esos individuos al servicio de los gobiernos, de hecho, están obligados en caso de guerra a participar en tales eventos por su calidad de militares en servicio activo.

Nosotros que siempre estuvimos al lado del General Manuel Bonilla, no sólo podemos asegurar que él no trajo soldados yankees a Honduras, sino aún más, porque en nuestra presencia increpó duramente al Capitán del vapor de guerra "Tacoma" cuando en 1911, en la Isla de Roatán, este norteamericano, valiéndose de su poder, decomisó el pequeño barco "Hornet", que el General Bonilla había comprado en New Orleans, exigiéndole además el americano que disolviera su gente y que abandonara el país. Honra a este hondureño, jefe de un movimiento revolucionario entonces, la actitud que asumió ante las absurdas pretensiones del poderoso yankee, cuando dijo al intérprete, con el rostro encendido en furor: "Diga Ud. a ese señor, que por la fuerza de su poder se habrá de quedar con el "Hornet", pero que jamás podrá evitar que nosotros los hondureños resolvamos nuestros asuntos, si no es libres de la odiosa intromisión de un poder extraño". Dicho esto, el General Bonilla, sin siquiera volver a ver al Capitán del "Tacoma", atraviesa la sala de la Comandancia por en medio de una valla de marinos armados, dirigiéndose al muelle, en donde embarca con sus amigos, rumbo al puerto de Trujillo.

Nosotros hemos visto en Tegucigalpa deambular por las calles y parques a pelotones de soldados yankees cuyo cuartel estaba constituido por los altos del edificio que hoy ocupa la Farmacia Unión, al noreste del Parque Central, y esto, en las postrimerías de la administración del General don Rafael López Gutiérrez y quizá después de muerto este gobernante, cuando culminó la dictadura acuerpada por el General José María Fonseca y otro; tenemos este presentimiento porque, como amigos, conocimos al General López Gutiérrez, hombre honrado, humilde y muy digno de todo aprecio y el que en sus últimos momentos se vio rodeado de esa caterva de oportunistas ambiciosos, que con su muerte creyeron llegado el momento de acaparar para ellos el tan deseado poder.

DE NOSOTROS DEPENDE EL PORVENIR

Cuando el pensamiento enfoca el curso que van tomando los acontecimientos en el mundo, llenos de pavor, ¿nos preguntamos...Qué irá a ser de nosotros? Se dice que Alemania puede determinar que en el futuro estalle la guerra o prevalezca la paz; paz que no prevalece en el ánimo de las naciones, porque todas están desarrollando una guerra de precauciones y de temores, tan perjudicial —dentro de su propia relatividad—como la guerra de las armas.

Las cancillerías de los grandes pueblos no descansan un momento en el intercambio de comunicaciones, todas ellas relativas a sucesos o denuncias de actos muy significativos de que la hecatombe mundial puede estar más cerca de lo que haya dado en imaginarse, y mientras la Francia discute una posible ruptura con el Soviet, los Estados Unidos de Norte América se preparan para llevar a cabo la fabricación de la más temida arma que el genio del hombre haya podido inventar, cual es, la bomba de hidrógeno, que, al decir de los cronistas, tendrá una capacidad de destrucción mil veces mayor que la de la bomba atómica; y, allá en la lejanía, Rusia, cabeza del comunismo, monstruoso pulpo cuyos tentáculos amenazan con ahogar todo lo que signifique democracia, avanza y avanza, confiada en el poder de su fuerza y en el temor y desconfianza de sus adversarios.

La América Latina, que desde su independencia ha resuelto sus asuntos sin la intromisión de poderes extraños, y que, cuando por la fatalidad de ciertas circunstancias, esa intromisión quiso hacerse efectiva para crear un Imperio en México, bien sabemos cómo aquellos patriotas, con Benito Juárez a la cabeza, rompieron el sortilegio del que Fue víctima Maximiliano, empujado por la ambición de Napoleón III.

Los pueblos de América hemos vivido nuestra propia vida; mas hoy, estamos sujetos a vivir la vida de los demás en proporciones muy desventajosas, porque siempre nos toca la de perder, y para colmo de dificultades, no queremos convencernos de que por conveniencia propia debemos procurar, a toda costa, armonizar nuestros propios intereses, a efecto de que en ese probable debatir que se vislumbra no quedemos convertidos en pavesa por la resultante de la miseria y el hambre.

Nosotros los hondureños no escaparemos a las consecuencias de nuestros actos, si esos actos no van encaminados a solucionar los problemas que nos atañen, dentro de una cabal cordura. Debemos convencernos de que los momentos .no son para jugar con nuestra propia suerte, porque en ello va la vida de la nación, que estamos obligados a mantener y sostener si queremos con derecho llamarnos buenos patriotas.

Debemos principiar por reconocer que las libertades que se dan a los pueblos no pueden ser libertades de libertinaje, porque, de ser así, caerán forzosamente bajo el imperio de la ley. Debemos convencernos de que la responsabilidad de un gobernante por mantener la paz es ineludible y de que si al franquear esas libertades se ve obligado a reprimirlas cuando se salen de la pauta que señala la cordura o la buena intención, no hay derecho alguno para estamparle el calificativo de tirano, porque de tales desagradables actitudes no somos más que nosotros los responsables.

Los momentos son para meditar hondamente sobre el porvenir que se nos avecina y no para echar leña a la hoguera que podría consumirnos a todos. Estrecharnos en un fuerte abrazo para hacerle frente a ese porvenir es lo que aconseja la prudencia y, sobre todo, el patriotismo. Si por encima de todas las calamidades que revolotean amenazantes en el ambiente mundial, acaparamos odio y rencor dentro de nosotros mismos... ¿Cuál será el resultado de nuestro proceder?... ¿Qué es lo que vamos a ofrecer en desagravio de los males que lleguemos a causarle a la patria?

Patriotas hondureños: quitémonos esta asquerosa roña que envenena nuestra sangre, buscando la única vía que puede salvarnos si queremos escapar de la justa maldición de futuras generaciones. Hagamos patria fortaleciéndonos en ideas en que, en todo y sobre todo, prive un solo anhelo que sea de superación para ella y de honra para nosotros.

POR LA VERDAD Y LA JUSTICIA

No dudamos de la sinceridad de los hombres que al calor de su juventud proclaman con todo entusiasmo ese hermoso sentimiento que con orgullo denominan patriotismo, sentimiento que muchos viejos también sienten en lo más profundo de su alma; mas no es la idea del patriotismo la que hace al patriota, porque patriota será el que, fuera de palabras, lo demuestre con hechos.

Puede ser fácil para mentalidades preparadas establecer discrepancias entre lo que Fue y lo que es, por razón de que la fantasía tiene un amplio campo en el que poder divagar. Construir los más hermosos castillos o el hipotético andamiaje en cuya plataforma se discutan y resuelvan los más intrincados problemas; levantar el entusiasmo de las masas alentando sus esperanzas con las más halagadoras promesas, todo está dentro del camino de lo conveniente, sin que nos quepa el derecho de poder decir, de lo justo o legal porque ello depende de los procedimientos que se empleen; pero la verdad, lo estrictamente real, podrá verse y apreciarse cuando esos conductores en ideas, una vez en sus manos la varita mágica que da el poder, plasmen su actitud en hechos tangibles; que no resulte que el panorama de tan bellos y claros contornos, no fue más que un sueño, una vaga ilusión que el despertar desvaneció.

El defecto de la gran mayoría de los hombres consiste en que prefieren ser endulzados por las más gratas sensaciones de la mentira, que estimulados por las más duras razones de la verdad; anomalía que acarrea males y desengaños de los cuales hemos sido víctimas y lo han sido también esas miríadas de inocentes que respiran y ven por los pulmones y ojos de sus apasionados conductores.

El hombre debe tener el valor de respaldar sus actos reconociendo errores o aplaudiendo beneficios, vengan de donde vengan; eso es lo honrado y lo caballeroso. Nosotros hemos dicho que el pasado, antes de juzgarlo, debe estudiarse en todos sus aspectos para no caer en apreciaciones que en alguna forma puedan ser perjudiciales a nosotros mismos. Los acontecimientos de cualquier naturaleza que sean tienen una causa que bien podrá ser justa o injusta, pues ello depende del miraje de quienes la provocan.

En nuestro programa no están incluidas las recriminaciones y menos los prejuicios por anticipado; estimamos que la franca aceptación de nuestros errores, sería la puerta de entrada al templo en donde se encuentra el altar de la Verdad, de esa Verdad que, por ser Verdad, es a veces dolorosa. Si en vez de pretender desorientar se buscara el camino por el cual llegáramos a la finalidad de nuestros deseos, con más o menos algo de una consciente armonía, otra sería la plataforma sobre que estuviéramos colocados y otra la situación de nuestra patria que siempre ha resultado víctima de las aventuras que hemos corrido; llegaríamos a crear una nueva conciencia en el alma de ese pueblo que como ya dijimos, sólo ve a través del cristal que le presentamos, con lo cual se lograría "dar al César lo que es del César y a Dios lo que es de Dios".

La prensa de oposición, en su afán de hacer responsabilidades, toca un punto que nada tiene de escabroso, ya que su limpidez es más que absoluta, y ese punto es el que se relaciona con nuestro asunto de límites con Nicaragua. Las responsabilidades sobre el fracaso de hacer efectivo el Laudo del Rey Alfonso XIII, no cabe, ni podrá caber jamás al Partido Nacional. Sabido es que este asunto de frontera viene preocupándonos desde el año de 1858, desde cuyas fechas, en diferentes administraciones, se trató de ver la manera de resolverlo sin que se llegara a conclusiones favorables, debido quizá a nuestras constantes montoneras.

Fue en la primera administración del General Manuel Bonilla que se llegó a un acuerdo con el Presidente de Nicaragua, General José Santos Zelaya, para nombrar un tercer árbitro "quien debería decidir de modo definitivo y absoluto, la cuestión suscitada entre ambas Repúblicas, sobre la línea divisoria en la sección en que disintieron las respectivas comisiones"; disentimiento provocado por los miembros de la comisión nicaragüense, según documentos oficiales. Dos años duró este asunto en la Corte de Madrid, tiempo en el cual, las dos repúblicas hicieron uso de los mejores comprobantes para sostener su derecho, cabiendo a Honduras la satisfacción de hacer prevalecer el suyo, por lo cual, el día 23 de diciembre de 1906, el Rey Soberano dicta fallo favorable a los intereses de nuestro país.

Con el Laudo del Rey, la situación fronteriza de ambos países hermanos queda definitivamente resuelta, apreciándolo así el propio

Presidente Zelaya, cuando en un telegrama dirigido desde Managua al Presidente Bonilla, le dice: "Señor Presidente. —Por cable de hoy he conocido Laudo del Rey de España en el asunto de límites, y según esa resolución, parece que usted ha ganado la partida, por lo cual le felicito. Nada vale una faja más o menos de tierra cuando se trata de la buena armonía de dos pueblos hermanos. Terminada la enojosa cuestión de límites, de modo tan satisfactorio como es el arbitraje amistoso, espero que en lo sucesivo no habrá nada entre nuestros respectivos pueblos que pueda obstaculizar nuestras buenas relaciones existentes. Su afmo. amigo. —J. Santos Zelaya".

Este telegrama es una prueba evidente de que el General Zelaya estaba en la mejor disposición —hasta ese momento— de que el Fallo Regio se hiciera efectivo. ¿Cuáles fueron las causas para que ese gobernante, meses después cambiara de manera de pensar? Hay que considerar que un año después, cuando el Ministro de Relaciones Exteriores, don José Dolores Gámez presentó su Memoria a la Asamblea Legislativa de aquella República, al tratar del Laudo, expresó una opinión que ya no armonizaba con la del presidente Zelaya, expuesta en el telegrama que ya dejamos transcrito, y que al hablar del fallo Real, dice tener "conceptos contradictorios que dificultan su aplicación práctica, etc., etc." ¿Qué pasó en este intermedio? ¿Qué fuerzas operaron para ese cambio de frente tan estupendamente visible?

El General Manuel Bonilla se había creado una situación interna bastante difícil con motivo del golpe de Estado que en un momento de imprevisión diera en 1904, disolviendo el Congreso Nacional. ¿Obró con razón o sin ella? Los que conozcan los sucesos de aquella época en relación con este asunto, podrán, PONIÉNDOME EN SU LUGAR, darse la mejor contestación, pues sólo teniendo la responsabilidad del gobierno de la nación, se pueden justipreciar muchos actos que a distancia parecen adquirir proporciones que realmente no tienen.

Los adversarios al Partido Nacional, con motivo del golpe de Estado, abandonaron el país para buscar la manera de conseguir un apoyo con qué poder derrocar a un gobierno que en esos precisos momentos está tratando de hacer efectiva la integridad nacional y ese apoyo lo encontraron precisamente en el gobierno del General Zelaya, a quien le vino de perlas la oportunidad de darlo porque ello significaba una puerta de escape para no cumplir lo ordenado en el Fallo Regio. Podrían tener razón para desear la caída de aquel gobernante valiéndose de otros medios en el que el patriotismo no sufriera mengua; acuerpar al gobierno en su afán de dar a Honduras lo que a Honduras corresponde, era lo indicado y después, medir sus armas deponiendo al que ellos llamaban un dictador; pero el General Bonilla sucumbió ante el poder de una ambición o de un rencor que ciegamente prevaleció por encima de los más caros intereses de la nación.

Doloroso es pensar en estas cosas y más doloroso aun haberlas sufrido. No creemos que sea necesario estigmatizar estos hechos; unos y otros; porque ellos son fruto de nuestra débil naturaleza expuesta siempre a errores que una vez cometidos pueden llenarnos hasta de vergüenza; lo que conviene es infiltrar en nuestra mente y en nuestros corazones, el convencimiento de que nosotros nada representamos ante la grandeza imponderable de la Patria que con justicia reclama sacrificio y más sacrificio que debemos darle a manos llenas, si en realidad queremos ser patriotas.

NO CONVIENE CREAR DIFICULTADES

Sólo el trabajo puede salvar a los pueblos de la miseria y. el hambre, pero, para que ese esfuerzo del hombre tenga el mejor rendimiento, se necesita que disfrute de tranquilidad y paz, condiciones que a la vez que reaniman el espíritu, dan vigor para la ejecución del noble esfuerzo.

La actual situación del mundo es de expectativa y de grandes preocupaciones para no llegar a empeorar un estado de cosas que ya amenaza con llevarnos a la ruina. Los grandes países se recogen en sí mismos para meditar sobre lo que pueda existir tras esa tupida cortina que encubre el porvenir, haciendo todo lo humanamente posible por descifrar la incógnita; que ese problema que tan obscuro se presenta, tenga una solución que salve a la humanidad y como nosotros somos parte integrante de lo que forma el todo en el concierto de esa humanidad, estamos obligados a poner de nuestra parte, lo poco que podamos aportar a efecto de que no se diga que propiciamos con nuestros actos la infame labor de los que, en la ceguedad de su empeño, pretenden lanzar al mundo en los abismos de su destrucción.

Para nosotros los hondureños no debe ser indiferente la situación que nos rodea; por el contrario, debemos estimarla como algo de una enorme trascendencia que voluntaria y patrióticamente nos haga aunar nuestros esfuerzos para que los problemas que nos conciernen encuentren la mejor solución posible. De sobra sabemos que todas las grandes o pequeñas calamidades que ha sufrido nuestro país, no ha sido más que el resultado de un perjudicial sistema que ha consistido en hacer por medio de la prensa propaganda de temor y desconfianza, y, en los actuales momentos ninguna razón existe para que no se reconozca tal inconveniencia, ya que el régimen que gobierna sólo puentes ha estado tendiendo para que sean ellos el medio que conduzca a un sincero acercamiento entre las diferentes capacidades de la República sin distinción de colores políticos.

Si en vez de dar aliento a los hombres que dirigen la nave de la cosa pública, ¿les ponemos obstáculo para que en ellos tropiecen qué derecho podremos tener para efectuar reclamos o convertirnos en censores acusándolos de ineptitud o de arbitrarios en el desempeño de sus obligaciones?, cuando lo patriótico sería, directa o indirectamente, colaborar con ellos haciendo insinuaciones u objeciones que por la seriedad y confianza que merezcan, previo estudio, no cabe duda, habrían de ser atendidas. Esto sería caminar sobre rieles, en estrecho abrazo hacia un mejor porvenir.

Nosotros hemos visitado en su despacho al señor Ministro encargado de la cartera de Fomento, Obras públicas y Trabajo, don Julio Lozano h. y por él hemos sabido de un vasto plan de labor que tiene entre manos y que hará efectivo mediante la cooperación de buenos y escogidos expertos. El señor Ministro está poniendo gran atención a todo aquellos en que pueda ser utilizado el esfuerzo del hombre para que tanto el obrero como el jornalero cubran necesidades con el valor de su trabajo, para lo cual ha empezado a organizar las oficinas de Obras Públicas que estarán constituidas por ocho o diez dependencias de los diferentes ramos de ingeniería.

Siendo las carreteras el punto vital para el desarrollo de las actividades, tanto agrícolas como comerciales e industriales, empezará en este mes la que partiendo de San Pedro Sula, pase por Santa Rosa de Copán hasta Ocotepeque, escogiéndose para estos trabajos, competentes Ingenieros que tendrán a su cargo partes especiales para el mejor desenvolvimiento de la obra. El jefe de ellos localizará los puntos convenientes y parte de los restantes se ocuparán en el estudio y trazo de niveles y cadenas, haciéndose cargo otros del mantenimiento y hechura de cunetas en la parte abierta hasta el lugar denominado La Entrada. Está en estudio la carretera de Talanga, Orica y Cedros; la de La Ceiba a Olanchito y continuación de la de Marcala a La Esperanza, y para todo esto se cuenta con equipos de primera calidad.

Preocupa al señor Ministro la conveniencia de dar a esas carreteras una consistencia que a la vez que sea duradera, presente un aspecto de belleza y de seguridad a más y de mejor economía en el desgaste de los vehículos de transportación, para lo cual estudia las posibilidades para llegar a un sistema de cómodo asfaltado.

Las carreteras del Norte y del Sur empezarán a revisarse a efecto de ponerlas en las mejores condiciones de servicio estableciéndose patrullas permanentes localizadas entre distancias que fácilmente puedan ser cubiertas en corto tiempo.

Quiere decir, que el gobierno cuenta con muy buenos colaboradores a los que no sólo hay que alentar estimulándolos cual es debido, sino que aun más, evitando esas inconvenientes propagandas de descrédito que fuera de que no tienen fundamento, son un obstáculo al desenvolvimiento de las actividades gubernativas.

LA VALENTÍA NO ESTÁ REÑIDA CON LA BONDAD

Hermosa es la edad juvenil en el hombre y en la mujer; edad de ensueños, de pasiones y de energía; todo en ellos es luz, esperanza y amor; los acontecimientos de la vida nada dicen a esos espíritus siempre llenos de optimismo y de entusiasmo; siempre dispuestos a las grandes aventuras; ajenos a la desconfianza y al temor por la sinceridad de sus determinaciones y de sus actos. La juventud no mide el peligro ni analiza el empuje de sus sentimientos, de donde resulta que, por esa bondad, de la que nace la creencia de que todo lo que se dice es bueno, está expuesta a ser influenciada por espejismos o por ídolos que más de alguno suele resultar de muy mal barro.

En los dos sexos el período que media entre los 16 y los 30 es el más peligroso. En ellas, porque en esa edad viven las más grandes ilusiones, pensando en la llegada de un príncipe que de un momento a otro habrá de venir a depositar a sus pies el homenaje de un sincero amor, amor que puede convertirse en desilusión y aun en dolor por la perfidia o el engaño... En ellos, porque la fuerza de su sangre y las visiones que revolotean en sus mentes, les hace concebir que nada habrá de ser obstáculo para la consecución de lo que consideran como sus más nobles ideales.

Es en esa edad en que la juventud, ávida de emociones, siente la necesidad de las mayores aventuras, gozando en medio de los más grandes peligros, y cuando su corazón y su mente, sanos de prejuicio y de maldad, cual molde sensibilizado para recibir la grabación de un suceso, asimila la influencia de otra mente o de otro corazón, puede llegar a ejecutar actos cuya responsabilidad, en cierta manera, no le corresponde.

Las juventudes hitlerianas, cuya mentalidad fue moldeada por los viejos caudillos desde la más tierna infancia, llegaron a convertirse en una sola masa, con un solo cerebro, con una sola idea y con un solo amor: Heil Hitler... Y esas juventudes embriagadas por las falsas ideas de sus conductores espirituales, no pudieron analizar las circunstancias o motivos que los empujaba a la matanza y allá fueron, ciegos, ignorando si eran ellos los que salvaban o los que perdían a su patria.

En 1904, parte de nuestra juventud fue influenciada por el grito de protesta de los que habían sido causantes de que se tomara una medida quizá en extremo dura, pero que, al decir del gobernante, era necesaria en aquellos momentos, y claro, pudo evitarse una crisis, quizá la inmediata caída del régimen; pero se abrió una brecha por la que en dos años consecutivos desfilaron los descontentos hacia tierras en las que pudiera haber esperanza de ayuda para una revancha, y era esa juventud la más entusiasmada, pero de ninguna manera la responsable de los acontecimientos que se verificaban; eran influenciados y enardecidos por la palabra de los viejos conductores y esa juventud, de haber sabido el epílogo de aquel drama que se preparaba, tenemos la creencia de que jamás se habría prestado a ser su protagonista.

Muchos fueron los jóvenes que al calor del entusiasmo participaron en aquella eventualidad, y si ahora mencionamos uno de ellos, es porque éste, con el correr de los tiempos, habría de ser blanco de los mayores ataques por parte de los que se consideraron sus adversarios; ataques a los cuales están sujetos todos los que en alguna forma intervienen en los asuntos del Estado. Entre esa juventud, en aquellos tiempos acalorada, se encontraba el joven Tiburcio Carías Andino, tan optimista como todos sus compañeros en edad, pues apenas contaba 27 años. Que para él aquella campaña no significaba un ideal, lo demuestra el hecho de que no veía en sus adversarios enemigos a quienes odiar.

Participó en esa aventura más que todo por la ofensa inferida a su hermano, quien en el seno del Congreso había hecho oposición a ciertos proyectos que por su carácter tendencioso perjudicaban la seriedad y patriotismo de los representantes, pero que al ver invadido el recinto legislativo, aceptó las responsabilidades, más por compañerismo que por complicidad en los debates, y ese joven que más tarde habría de regir los destinos de la nación, cumpliendo lo que él consideraba un deber, desempeñó su papel sin odios ni rencores para los combatientes, pues es histórico su comportamiento en la batalla que se dio el 23 de marzo de 1907 en los campos de Lizapa, en que, al ver caer herido al Doctor Sotero Barahona, corre a salvarlo del atropello de los soldados y tomándole la mano, le dice: "General Barahona: cuánto siento lo que ha pasado, el destino nos ha puesto frente a frente; qué helada tiene su mano, Doctor"... y el moribundo, estrechando la mano del joven Carías, le confía para que entregue a su esposa, entre otras cosas, su anillo matrimonial, recomendación que es cumplida con el sentimiento de que el hombre que sucumbe, es un gran hombre, —y nosotros decimos—quizá hasta un amigo. Barahona muere en los brazos de su adversario, quien haciendo honor a un sentimiento noble, lleno de emoción, con otros compañeros, lo deposita en el seno de la madre tierra, última morada donde el sueño es eterno y la tranquilidad completa.

La responsabilidad de los sucesos de 1907 no correspondió en forma alguna a la juventud; fueron otros los responsables, y esos otros cuyos nombres y recuerdo deben ser respetados, no merecen anatema; actuaron en un medio en que las pasiones se sobreponían a toda reflexión, medios que en estos tiempos, a todo trance debemos hacer desaparecer, para bien de la República y de nosotros mismos.

Los datos que arriba anotamos en cuanto a la actitud del joven Carías, parte de ellos fueron comprobados por nosotros y parte recogida de versiones hechas por personas que con él actuaron en aquellos difíciles momentos en que se jugaba el porvenir de la nación.

ALREDEDOR DE LO QUE SE DICE SER POLÍTICA

Si la política es fruto de la inteligencia, y por esto forma parte de la filosofía que la convierte en una ciencia", debemos convenir que lo que nosotros denominamos política, está muy lejos de llenar los principios que son básicos para considerarla como tal, o de otra manera, que la política que con tanto ardor sustentamos, en vez de nacer de la inteligencia, tiene su origen en las escabrosidades de una conveniencia o de la pasión.

Considerando la política como un sentimiento inteligente necesario a la vida de los pueblos y en el que entran combinaciones de carácter ideológico, justo es pensar que esa inteligencia debe estar, hasta donde sea posible, hermanada con la justicia, la moral y la razón.

Podrán los hombres disentir en cuanto a la manera de apreciar los sucesos o actos verificados o por verificarse en virtud del plano en que se coloquen para apreciarlos, sacando sus propias conclusiones para considerarlas favorables o desfavorables, y si esas facultades, inherentes a su mentalidad, enmarcan esos actos o sucesos dentro de la moral, la razón y la justicia, condenándolos o absolviéndolos, estarán haciendo política, de acuerdo con el orden por ella establecido.

Si la política, como definida está por los grandes pensadores y filósofos, es una ciencia, es natural y aun forzoso que para ponerla en práctica debe estudiarse en forma tal, que al aplicarla, sus efectos correspondan con nobleza a los propósitos que la determinan; pues nunca podrá ser política la diatriba, la calumnia o el rencor proveniente de impulsos en que impere una ciega pasión.

De la política se derivan varias acciones en que juega la mente un gran papel, cuales son: saber convencer, sin herir susceptibilidades; saber refutar, sin valerse de la soberbia; saber ganar, sin vanagloriarse de ello, y saber perder, sin llegar a la humillación.

Nosotros siempre hemos andado lejos de estas hermosas prácticas, tan fáciles y tan convenientes, y cuanto más necesarias, por el hecho de que nuestros distanciamientos tienen raíces muy superficiales, pues a pesar de nuestros pleitos en familia, nos asociamos, disimulando nuestras a veces casi feroces controversias.

Platón, hablando de la política, dice que: "es la aplicación de la moral a las instituciones sociales; que éstas deben dirigirse a elevar poco a poco a los hombres al culto de las ideas, al amor del bien propiamente dicho, y por este medio a conducir la multiplicidad a la unidad, destruyendo la influencia de las causas de división entre los hombres", definición que antecede al concepto de que "es fruto de la inteligencia y que por ello forma parte de la filosofía, convirtiéndose en una ciencia". El diccionario de la lengua, en su fondo acepta la idea de Platón al considerarla como "CIENCIA del gobierno", en la que debe haber "cortesía y buen modo"; la considera también como ARTE para hacer gobierno y dar leyes, etc.

Hay que convenir que la palabra gobierno no es exclusiva para grupo o grupos que dirijan los negocios del Estado, pues cada individuo, en el medio que desarrolla sus actividades, tiene que gobernarse a sí mismo, imponiéndose sus propias leyes, que son las que, bien o mal aplicadas, le darán el carácter con que sea reconocida su personalidad.

Nuestros periódicos, que dicen hacer política para beneficio de la patria, en su mayoría andan completamente desorientados, porque su labor no encaja dentro de los postulados que honrada y forzosamente exige esa ley, considerada como una ciencia; y nosotros creemos que con una pequeña dosis de buena voluntad podríamos resolver nuestros problemas sobre el terreno en que la caballerosidad condescendiente fuera una en bien de todos y para todos.

Recalcar apasionadamente sobre hechos pretéritos con el insano propósito de tener vivo el espíritu de protesta, no es lo que procede en una situación que abre sus puertas para que haya un entendimiento sano y amistoso entre las partes contendientes, pues de acuerdo con lo que la política bien entendida aconseja, son otros los medios de que hay que valerse para lograr que se rectifiquen —si es que los hay— errores o injusticias, quizá provenientes por un estado de inquietud o de desconfianza.

Si no llegamos a convencernos de la sinceridad que debe asistirnos, haciendo o procurando hacer que los gobernantes tengan la tranquilidad y seguridad que les son indispensables para cumplir los compromisos que han contraído con la nación, ¿cómo podremos esperar de ellos una pasividad que los coloque al borde de una catástrofe en la que vaya envuelta no solamente su estabilidad sino más aún, ¿los caros intereses que el pueblo les ha confiado? Recapacitemos en todo esto y seamos más elásticos; menos duros.

NI NORMALIDAD NI LOCURA

En las CARTAS DE NUEVA YORK, que se publican en este diario y en la que corresponde al 11 del mes actual, aparece una con el título "Examen Pre—Gubernamental" para políticos propone un psiquiatra". Dice don Alejandro Sux que con motivo de hablarse de "suicidios de gente oficial; de la cantidad creciente de chiflados, etc.", se interrogó al Dr. Manrrique, psicoanalista español que está "medio loco" de trabajo en su gabinete consultivo de Park Avenue y que éste manifestó estar de acuerdo con los trabajos de su colega el Dr. Logre, célebre especialista francés que se ha ocupado mucho de historia y posiblemente de lo relativo a causas que provocan fatales determinaciones.

Según el Dr. Manrrique, "La humanidad ha estado dirigida por locos... ni más ni menos. Todos los hombres que pasaron a la historia con el apodo de grandes, eran clínicamente anormales. Las excepciones que pueden mencionarse, confirman lo que se dice. Si los dirigentes de un pueblo están con la mente trastornada, lo menos que puede suceder es que trastornen a ese pueblo...Y a las multitudes se las enloquece con una facilidad loca".

La tesis del eminente psicoanalista español, presenta para su consideración muchos y muy variados aspectos, que conviene analizar.

Estamos de acuerdo en que las multitudes, que en su gran mayoría no están preparadas para comprender y apreciar el verdadero estado de una situación o de un suceso, sean influenciadas por la palabra de alguien cuya inteligencia y facilidad de expresión, le permitan aprovecharse de una oportunidad para sacar ventajas que sean conducentes a una finalidad determinada. La falta de comprensión de esas mayorías siempre ávidas a oír la voz de los que ellas llaman sus líderes; de actuar de conformidad con lo que sus directores proponen ser lo más conveniente, ya sea para su bienestar personal o para el bienestar de la nación, es lo que ha hecho en el transcurso de las edades, el implantamiento de estados favorables o desfavorables a la vida de los pueblos.

El concepto de una idea o de un suceso de poca significación, por el natural encadenamiento con otras ideas, puede llegar a alcanzar enormes proporciones que, al final, nada, absolutamente nada, tengan que ver con la idea matriz; de ahí, que cuando tal vez el propósito tuvo por mira encaminarse a hacer el bien, el resultado, fatalmente, condujo a hacer un mal.

Es indudable que los hombres que han sobresalido en los campos de la sabiduría o en los que corresponden a la dirección y manejo de los asuntos del Estado, han sido seres excepcionales cuya mentalidad ha puesto a prueba los más intrincados problemas que encierra la naturaleza, resolviéndolos de acuerdo con el medio en que esa mentalidad se haya desarrollado; más, las consecuencias de esos actos, pueden tener muy diversas causas, quizá impuestas por una sucesión de intereses cuyo límite, no pudiéndose prever, alcanzó proporciones que se hizo imposible detener.

Si Alejandro, Napoleón o el mismo Hitler, no hubieran formado ese encadenamiento de ideas, sustentadas y mantenidas por diversidad de mentalidades todas ellas tendientes a acrecentar los sucesos, según ellos, para hacerle bien a su patria, no habrían alcanzado el renombre de Grandes o de Tiranos con que la historia los ha significado y conste, que quizá ellos mismos no llegaron a imaginarse ni las alturas a que habrían de llegar, y menos aún, los abismos en que habrían de caer.

La predestinación de los hombres está probada. Leyes desconocidas, emanadas quizá de ese gran poder al que reverentemente llamamos DIOS, son las que actúan en determinados seres que han sido o son propicios para que esas leyes se cumplan. El hombre no es más que un instrumento cuya mentalidad debidamente preparada asimila la gran IDEA infiltrada por el Gran Poder, para que se haga efectiva en el campo de los hechos; y esos hechos, que resultaron en ocasiones, de crueldad y de destrucción, puede que hayan sido el abono que la tierra necesita para recibir la semilla que dé al mundo el verdadero significado de lo que es el bien y de lo que es el mal; que nos obligue a convencernos de que nadie en la superficie del planeta, por sabio y poderoso que sea, estará capacitado para crear de la nada un solo grano de arena.

La mentalidad, la percepción de las cosas y el sentimiento del hombre, está constituido por una escala de diferentes sensaciones que no tiene límite; de donde resulta que no puede existir esa normalidad que se pretende en ellos, siendo como efectivamente es, que cada sujeto o ser humano, constituye un ejemplar cuya idiosincrasia le es íntimamente peculiar. En nuestro próximo escrito, trataremos sobre este importante asunto.

¿QUE ES NORMALIDAD EN EL HOMBRE?

Si las condiciones del espíritu del hombre obedecen a muy diversas y variadas sensaciones que su mente recibe en el curso de su existencia, esa condición forzosamente tiene que ser muy personal. Sus actos, ya se verifiquen por su propio medio, o por medio de esos seres que llamamos masas, serán efecto de alguna de esas sensaciones que le son inherentes y que con la palabra plasmó su pensamiento. Las masas, no han pensado; ellas sólo actúan de acuerdo con la idea que se les impone, de donde resulta que la responsabilidad, buena o mala del suceso, por lógica razón, corresponde al autor del pensamiento.

Si la humanidad está compuesta de infinidad de seres distintos en raza, color, idiomas, y aun en su propia naturaleza, no puede existir esa normalidad que se considera como precepto para estimarla como dentro de un cánon que establezca condición de igualdad entre sus diferentes componentes. Ser normal: ¿qué significa ser normal? El diccionario de nuestra lengua dice que es hallarse en estado natural; en que se sirve de norma, tipo o regla, etc.

¿Cuál es ese estado natural?, ¿cómo podemos probarlo? En el idioma inglés, hay una palabra que indica norma, tipo o regla, de un sujeto o cosa que se puede aplicar a otra cosa o sujeto aun cuando derive de distinta naturaleza u origen y esta palabra es: "standard".

¿Cuál es el hombre normal? ¿Podrá el hombre amoldar su pensamiento, tipo o regla a otro pensamiento distinto del suyo? ¿Podrá sentir las mismas sensaciones o deseos y satisfacerlas en igual forma que los otros? Nosotros creemos que cada individuo dentro de su propia raza es un ejemplar único, y que sus ideas, buenas o malas, lo mismo que sus acciones, le incumben en forma estrictamente personal.

Se dice que es hombre normal el que obra o procede con cordura; el que ofrece a la vista de todos una conducta más o menos irreprochable; de lo primero, ¿cómo podremos comprobarlo?, pues es sabido que lo que para unos es bien hecho, para otros es todo lo contrario, y en cuanto a lo segundo, se ha podido colegir, que detrás de una buena presentación, o el amparo de ella, se oculta a más y mejor, quizá un espíritu perverso.

El hombre puede ser común, y esto, en algunos de sus aspectos, como en el comer, beber y dormir y aun en esto, existen diferencias por la forma de efectuarlo, como existen también en la estructura material de su propia naturaleza.

No hay, ni podrá existir jamás, igualdad entre los seres que pueblan el planeta, porque ello sería un contrasentido o una negación a los principios de la Divina Creación que nos demuestra de la manera más palpable en la propia naturaleza que la desigualdad se hace necesaria para que la belleza y fines de la vida, sean gratas al hombre.

Las Constituciones Políticas de los países democráticos establecen la igualdad ante la ley, y aun esto que bien podría ser factible de suceder, deja mucho que desear, precisamente por la falta de igualdad.

Para nosotros, el hombre puede ser común o normal en ciertos aspectos y de ahí, o está atrás de lo común con carácter de primitivismo, o está adelante, con el talento, la ilustración y el valor que son signos inequívocos de superación en la escala de valores en que el hombre desenvuelve la misión que le ha sido impuesta en su corta permanencia sobre la tierra.

Si el mundo estuviera en el caso de que habla el Dr. Logre de que "los elegidos a una función gubernamental" o a cualquier otra, "deben aceptar ser visitados cada seis meses por una comisión de psiquiatras, psicoanalistas y médicos, para vigilar su estado mental y la resistencia física, etc., etc.", querría decir que hemos llegado al fin de los fines, porque de ponerse en práctica tales recomendaciones, si ahora, como él supone, andamos manejados por dementes, con su receta no quedaría uno que no lo fuera en el mundo entero, y ahí sería la de San Quintín, queriendo desplazar a los locos, otros locos quizá más peligrosos y menos preparados. El mundo lo que necesita es cordura y menos ambición; que las sociedades que integran los diferentes pueblos de la tierra se compenetren de que sólo el amor y el respeto al derecho ajeno podrá dar una felicidad que sea estable por siglos de siglos; esto es lo que nosotros predicamos a nuestros hermanos hondureños que no quieren todavía entrar en el carril de esa hermosa conveniencia que pagaría nuestro esfuerzo, dándonos a manos llenas lo que jamás podremos alcanzar con ese distanciamiento que engendra el odio, el rencor y la pasión.

COMO BELEM DE JUDEA

"...y el Señor envía su mensajera en amor, para que haya tranquilidad en la tierra".

Allá en un humilde pueblo de Portugal, quizá el más humilde y el más pobre como Belem de Judea, dispuso la Santa Madre de Dios hacer una visita al mundo, escogiendo para sus entrevistas a tres inocentes niños ungidos por la Divina Gracia. Esta portentosa aparición tuvo lugar, precisamente, el año en que las fuerzas enemigas de la Iglesia se enseñoreaban en un Imperio, cuya tradición era de respeto y de temor a la Majestad del Dios Único.

El alma de aquellas pacíficas gentes Fue sacudida primero por la duda, y después, al comprobarse el imponderable suceso; por la más grande de las alegrías y por el más dulce recogimiento en fe y amor.

Poderoso sentimiento es el del creyente cuando ese sentimiento, limpio de las máculas que obscurecen la razón deprimiendo o negando el concepto de lo justo, endereza la proa de su mentalidad hacia esas alturas en las que el alma se siente confortada presintiendo la presencia de Dios; y es entonces, posiblemente, cuando esas criaturas que han logrado desprender de la materia el virus de sus fatales y crueles preocupaciones, se sienten adoloridas por los devaneos del mundo, siempre tras un engañoso ideal, tan pasajero, como pasajera es la propia existencia.

Hemos podido contemplar llenos de emoción, cómo el alma del pueblo expresa su amor y su fe frente a la Santa Virgen del Rosario de Fátima en el templo de Los Dolores, en esta capital. Cada semblante es una expresión, cada boca revela un movimiento que trasluce una súplica de apoyo o de misericordia; ojos que lloran lágrimas de dolor implorando piedad, quizá pidiendo perdón. Son los acongojados, los que tienen hambre de justicia, los que no son oídos, los que deambulan olvidados, los que claman porque se les dé algo de lo que a muchos hasta con ostentación les sobra.

¡Pobre pueblo!... ¡Pobre alma del pueblo!... ¿Qué queréis que se haga de vosotros? La vida, mientras exista, estará llena de dolores, de tristezas y desengaños, y de todo esto, os cabe por desgracia la mayor parte; podréis servir para mucho y para nada, según sea el punto desde el cual se os tome; pero esto ha sido así, es y será, hasta tanto elcriterio y el corazón humano entren en un grado de perfección que dé capacidad para comprender que no es poco lo que a vosotros corresponde en el repartir de lo que es dicha y felicidad.

Rusia tiene a millones de seres humanos sometidos a la más cruel esclavitud y con pretensiones de esclavizar al mundo entero Ese pobre pueblo, enfermo de odio contra la dictadura de los zares, creyó encontrar su liberación en los cantos de sirena que desde Suiza hacía oír el revolucionario Lenin, a quien se entregó en alma y corazón, soñando en una venturanza que luego habría de convertirse en cadenas y en muerte. Toda aquella promesa de libertades y bienestar ofrecidos en todos los tonos, Fue música celestial cuyas melodías se extinguieron al solo triunfar la revolución de 1917.

Si es cierto que el autocratismo de los zares tenía al pueblo ruso en un atraso lamentable, no puede dejarse de reconocer que disfrutaban de cierta independencia que les permitía valerse de lo suyo para hacerle frente a las necesidades de la vida; podían con entera libertad congregarse en sus templos para elevar sus plegarias a la más Alta Divinidad celestial, que es en Jesucristo, Dios, Trino y Único, en quien tenían puesto todo su amor y toda su esperanza.

El bolcheviquismo comunista rompió los templos, destruyó a sus pastores y a las ovejas de la fe cristiana, implantando un paganismo rayano en ferocidad y herejía. Para ellos, los comunistas, los únicos dioses a quienes bendecir y adorar, rindiéndoles toda clase de tributos, son Lenin como dios muerto y Stalin como dios vivo; pero la Providencia Divina no abandona a sus hijos oprimidos y por esto la Santísima Virgen del Rosario de Fátima, divina mensajera del único Dios que rige los destinos del mundo, pidió en una de sus apariciones, que se rogara por Rusia, porque, a despecho de todo, volvería al redil de los convertidos y creyentes.

No podrá prevalecer el espíritu del mal sobre el espíritu del bien, porque el sendero que la humanidad recorre es ascendente y no descendente; podrá pararse la rueda que gira hacia adelante, mas no retroceder. Satanás jamás podrá triunfar sobre los designios inescrutables del Altísimo.

Quizá pronto estemos presenciando el más tremendo suceso que registrará la historia; suceso en el que la humanidad habrá de encontrar o el camino de su salvación, o el enorme castigo por sus grandes culpas. Que la Virgen del Rosario de Fátima ruegue por nosotros.

DOS FUERZAS OPUESTAS IMPERAN EN LA MENTE

Las virtudes intelectuales, unidas entre sí, armoniosamente, son facultades que llegan a formar lo que en el hombre es considerado como talento. Sin la unidad y la armonía, puede existir talento, pero éste estará expuesto a fallas derivadas de esa falta de unidad armónica; las que crean un interés que por serle propio se opone a la virtud que debería limpiamente hacerse prevalecer.

En la apreciación de las cosas y al hacer su análisis, la mente se encuentra generalmente con dos opiniones de carácter interno: una que ve bien y otra que ve mal; y el resultado de la apreciación se inclinará por la más fuerte de esas dos fuerzas.

Si pensamos en el concepto de lo bello, lo sentimos y apreciamos, según el grado de cultura espiritual que hayamos adquirido en la contemplación de las cosas, juzgándolas mediante un análisis que debería ser desapasionado y en el que todas las virtudes intelectuales armonizándose, lo acepten a mutua satisfacción; pero si una de esas virtudes fallan por razones de un especial interés personal que incline a desear la posesión de lo bello, dejará de serlo instantáneamente si esa posesión no se alcanza.

En uno de nuestros escritos anteriores dijimos que el hombre está hermanado en dos personalidades espirituales y mentales en constante pugna entre el bien y el mal; dos personalidades en algunas ocasiones tan visibles que pueden apreciarse fácilmente sus propias diferencias. El más profano, si tiene un poco desarrollado el espíritu de observación, podrá distinguir la diferencia que existe entre dos fuerzas ocultas en la materia del ser humano, de las que el hombre quizá apenas se da cuenta.

Trataremos de algunos casos que, entre mil, pueden hacerse notar, ya que la gama de sensaciones mentales, como ya lo dijimos, no tiene límite: cualquier acto nacido de la mente con tendencia a plasmarse en realidad, es estudiado y meditado antes de someterlo al proceso de la acción. La mente analiza el pro y el contra del sujeto por establecer, buscando que la finalidad le sea propicia, y si esa finalidad le es propicia por encima y a despecho de consideraciones de carácter elevado, querrá decir que, de las dos fuerzas que terciaron en el análisis del proyecto, venció la que por ciego interés inclinó más al mal que al bien.

El hombre en cierta escala de superación, no puede evitar el dar a conocer esas dos personalidades que íntimamente le son comunes; y su estado es ampliamente visible en las variables circunstancias de la vida. Si ese hombre está. en condiciones de obedecer, será humilde, cariñoso, halagüeño y hasta sincero, todo por conveniencia; pero si está en condiciones de mandar, será todo lo contrario: fuerte, altivo, orgulloso e inconsecuente, también por conveniencia; pero, en este caso, con perjuicio propio.

No es una regla general que el equilibrio de esas dos fuerzas que imperan en la mente del hombre, se pierda por el suceso de un ascendente o de un descendente previsto o imprevisto, pues ha habido y hay individuos que, a mayor altura han mantenido y mantienen la elocuencia de su personalidad en perpetuo reposo, conservando inalterable, ese precioso don al que llamamos modestia o caballerosidad.

Francamente, no hay razón que justifique una actitud casi hostil por parte de quien elevado a mayor altura, pero no a mayor grandeza, más estaría obligado a ser atento hasta por propia conveniencia, pues esas son las oportunidades de ganarse cariño y distinción y tanto más, que el mañana, sólo Dios sabe lo que será. Todos llevamos en la vida una cruz, en el alma alegría y las más de las veces dolor, y nadie, por honrado, por valiente, por altivo o por modesto que sea, habrá de detener sus pasos para no caer en los abismos del olvido. ¿Y entonces...?

Nuestro país es demasiado pequeño para que no podamos conocernos todos, motivo por el cual, entendemos, son hasta ridículas esas poses engendradas por un cambio de suerte que, si hoy nos seduce con halagadores espejismos, mañana puede traernos tristeza y desconsuelo.

Quizá nuestros puntos de vista sean considerados como una quijotería o como una bobada, de lo cual pueden tener bastante en razón, más que todo, por la poca facilidad o competencia para poderlos explanar con claridad; pero lo que podemos asegurar con la enteresa que nos caracteriza, es que la idea del mejor entendímiento entre chicos y grandes, ocupados y desocupados, y especialmente entre los distintos factores que propulsan o tienden a propulsar la grandeza de nuestra patria, es en un todo perfectamente sincera, como sincera es la crítica que hacemos sobre la sinrazón de que los de arriba, sintiéndose en posiciones elevadas —por cierto transitorias— menosprecian o desatienden los reclamos o pedimentos que con derecho o sin él, haga la ciudadanía. Ser cortés cuesta muy poco y "tanto vale un sí como un no", si se da con esa cortesía, que si no satisface las necesidades de la vida, por lo menos no intranquiliza y deprime el corazón.

Hay demasiados abrojos en el ambiente de nuestro pueblo para que nosotros pretendamos aumentarlos con nuestra manera de actuar; grandes son los problemas que hay que resolver, quizá en un futuro no lejano, haciéndose necesaria una verdadera comprensión entre las fuerzas cuyo talento, antes que todo, y vengan de donde vengan, unificadas, deben ponerse al servicio de la causa común que es la Patria; más por desgracia, se ve que el sentido de apreciación, de amor y de benevolencia, no puede alcanzar un nivel de equidad tan necesario en estos momentos que son de prueba para la humanidad, de la cual formamos parte.

GOBERNAR ES UN PROBLEMA

Si no es fácil gobernar una familia, menos lo será gobernar un pueblo. Son tantos los accidentes que se presentan en el curso de una situación, que sólo la prudencia puede evitar que algunos de ellos no sean resueltos en forma poco satisfactoria.

Un ex—Presidente amigo nuestro que desde hace algunos años duerme el sueño de los justos para unos, y de los injustos para otros, nos decía en cierta ocasión, que no había oficio más difícil que el de la presidencia de la República; que sólo cuando se dejaba el poder podía apreciarse con cierta claridad y en el íntimo recogimiento de la mente, la clase de combates que hay que librar en el ejercicio de ese supremo mando:

"Desde el momento en que el electo toma posesión de su cargo —nos explicaba— se ve rodeado de toda clase de actividades tendientes al deseo de colaborar en la naciente administración; unas, capaces y bien intencionadas; otras, capaces, pero llenas de indolencia; y otras, la mayoría, incomprensivas e impreparadas para las más insignificantes labores".

Podrá el gobernante saber escoger los elementos que con él hayan de integrar el grupo principal que maneje los más delicados cargos, entre aquellos que además de su honorabilidad y competencia le sean más adictos; mas no podrá cubrir todo el engranaje de la maquinaria gubernativa con personal que le sea en alguna forma conocido, porque ello es, desde todo punto de vista, imposible; y es por esto, que el gobernante forzosamente tiene que oír y aceptar recomendaciones de amigos verdaderos y de esa otra clase de amigos incondicionales, nacidos de la oportunidad.

Lo más difícil para un jefe de Estado es poder conocer quiénes le sirven con interés y en bien de la República honrando su gobierno, y quiénes le sirven con el único propósito de hacerse bien a sí mismos con perjuicio del país, del gobernante y del partido; dificultades éstas de carácter general, provenientes de la imposibilidad material y mental que no puede prejuzgar o intuir actos que no han sido ejecutados, siendo tales condiciones, por desgracia, añejas en nuestro medio ambiente.

Son muchos los que por interés personal, sin tomar en cuenta lo que vale la reputación y buen nombre del Presidente de la República, que a toda costa debe hacerse prevalecer, sin meditarlo, se esmeran con sus actos a formarle una atmósfera que por ser mala, se presta a juicios poco favorables aun dentro de los propios amigos; juicios de los cuales se aprovechan los adversarios para efectuar ataques tendientes a desacreditar un gobierno que tal vez ignora tales procedimientos.

No se ha querido comprender que cuanto más honesta y sincera es la actitud de un servidor del Estado, tanto más se eleva y dignifica la personalidad del Jefe de la Nación. No se ha podido o no se ha querido comprender que todos los actos, buenos o malos que se hagan efectivos dentro del régimen que gobierna, es al supremo jefe, a quien con razón o sin razón, se le achacan responsabilidades.

Aislar al gobernante del contacto de personas que pudieran serle útil, ha sido otra práctica entre los que, dudando de sus propias capacidades, ven en cada otro sujeto que se acerca, a un aspirante a suplantarlo, lo que da lugar a abusos o injusticias amparadas en lo que comúnmente se ha dado en llamar "órdenes superiores", que tal vez no han sido recibidas y menos ordenadas. Tales procedimientos, además de ser arbitrarios, demuestran la poca estima y respeto que merece quien, con buena voluntad e hidalguía, depositó en ellos su confianza.

¿Cómo es posible la tranquilidad, el mejor propósito u orientación en un hombre que tiene problemas con los de adentro y con los de afuera?; los primeros, abusando de su bondad, y los segundos tirándole diariamente piedras al techo de su casa para que una vez roto, venga la tempestad y la arrase.

Hacer campañas sistemáticas con miras al derrotismo es lo que ha hecho que algunos gobiernos bien intencionados, dando vuelta en redondo, hayan dirigido la proa de su nave por rutas poco favorables a la tranquilidad de sus contendientes, y esto, además de sensible, en nada beneficia ni al país ni a sus propulsadores. Hemos vivido lo suficiente, alejados y en constante observación para decir que "tirios y troyanos" han usado las mismas armas con los mismos resultados siempre fatales para parte de la ciudadanía y de la patria, y que el ayer que atrás dejamos, no es el hoy presente en el que de sobra hay motivo para una honrada rectificación que reclama el derecho que da la experiencia de que sólo la paz podrá darnos la tan ansiada felicidad.

Ponerse en el camino de la verdad, limpiándolo de malezas que estorben el paso a una idealidad que sea común a todos nuestros hermanos; que refleje una actitud que por ser digna, propulse nuestro corazón y nuestra mente a un solo sentimiento y a una sola idea para exclamar... todo por Honduras... es lo que aconseja en estos momentos el patriotismo.

ORIGEN DE LAS REVOLUCIONES

Las revoluciones no podrán justificarse si no tienen por origen el deseo de hacer el bien, una vez comprobado que el estado político y administrativo de un pueblo, acuse de manera manifiesta, inhabilidad o falta de competencia para hacerlo efectivo. Tienen también por origen, la ambición proveniente del deseo de alcanzar el poder, sin más miras que la interesada perspectiva de una ventajosa posición que dé medios fáciles para resolver los intrincados problemas de la vida.

Las revoluciones presentan diferentes aspectos o maneras de llevarse a cabo según sea el medio de que se quiera disponer. Puede revolucionarse por medio de la palabra hablada o escrita en la que se expongan proyectos originales con tendencias saludables al bien común, señalando nuevas rutas que se considere puedan mejorar el desenvolvimiento político, administrativo y económico de una nación; o bien refutando acciones cuya improcedencia sea manifiestamente perjudicial a los intereses y buen nombre de la República.

Si esta clase de revoluciones que anotamos en el párrafo anterior se llevan a cabo con la prudencia y cordura indispensables para no crear fricciones entre las partes contendientes, podrá considerarse que su origen deriva del deseo libre de todo interés personal pero patriótico, de hacer el bien. Dentro de lo normal, es lícito el derecho de exponer ideas propiciatorias al mejoramiento de la colectividad o a señalar errores que se estime no estén de acuerdo con la moral, la justicia y la razón.

La dificultad que se ha presentado y se presenta en esta clase de controversias, es, saber estimar o intuir cuándo es que ellas van ciertamente encaminadas a hacer el bien, pues no obstante que la apariencia pretende demostrarlo, al llegar a las finalidades, en muchas ocasiones, ha podido comprobarse que tan hermosos propósitos estaban muy lejos de ser lo que en principio parecían representar.

Por otro lado, existe el peligro de que una campaña de prensa mal ordenada y peor dirigida, o bien lo contrario, bien dirigida y ordenada con propósitos de rebeldía, provoque en el alma del pueblo sentimientos que se presten a ser utilizados para poner en práctica ciertos actos, que, saliéndose de la ley, engendren revueltas o revoluciones de armas que tanta sangre y tantas vidas han costado a la pobre humanidad.

La revolución francesa tuvo por origen la fogosidad de la prensa. La pluma enormemente satírica de Voltaire, Fue su precursora; abrió la brecha por la cual como un fiero torrente habría de desbordarse más tarde un pueblo, entusiasmado por los discursos y ataques de prensa de los patriotas demagogos que enarbolando la bandera de Libertad, Igualdad y Fraternidad, llegó a derrocar una vieja y carcomida monarquía para crear un sistema de gobierno en el que las pasiones, la ambición y el odio, rebotaron sobre los mismos que le dieron vida. La guillotina que Fue símbolo de purificación—según ellos—lo mismo sirvió para hacer rodar las cabezas de los reyes y los nobles, que para hacer rodar las de los que por caminos extraviados quisieron llegar a esa libertad, fraternidad e igualdad.

La revolución francesa, creyendo dar a Francia un gobierno en que la democracia fuera una e indivisible, en la ceguedad de su pasión, la empujó hacia un imperio en el que un solo hombre con el poder de su genio, de su valor, de su ambición y de su tiranía —según Víctor Hugo— habría de llevarla a la más grande altura para luego caer con él en las llanuras de Waterloo; y si es cierto que aquella revolución puso la primera piedra para que se establecieran los tan deseados derechos del hombre, cierto es también que esos derechos en cierta manera han sido muy ilusorios, pues la humanidad, mientras no respete lo que corresponde al derecho ajeno, no podrá disfrutar de lo que corresponda a su propio derecho.

Aristóteles en su "Teoría de las Revoluciones", dice que para evitarlas "es menester combinar la igualdad, según el número, con la desigualdad, según el mérito: —que—la democracia es más estable y se halla menos sujeta a revueltas que la oligarquía, porque el pueblo rara vez se levanta contra sí mismo, o a lo menos, movimientos de esta clase, no tienen importancia—que—la República en que domina la clase media y que se acerca a la democracia más que a la oligarquía, es el gobierno más estable".

Nosotros podemos evitar la oligarquía distribuyendo obligaciones enmarcadas dentro de la ley, cuya jurisdicción no traspase los límites que a ella correspondan. En nuestro ambiente no existe nobleza que ponga barreras de separatismo entre los unos y los otros. Todos somos hijos del pueblo, amamantados en la humildad de nuestro origen. Nuestros más grandes hombres han salido de las filas de los desheredados de la fortuna, lo que no ha sido obstáculo para que hayan podido escalar las más altas posiciones en las que se han dignificado honrando a su patria. Somos por naturaleza demócratas y fervientes admiradores de la belleza de nuestro suelo, al que, unidos en fraternal abrazo, debemos engrandecer haciendo a un lado prejuicios y rencores de los que sólo lágrimas se puede cosechar.

Busquemos el camino que conduzca a un entendimiento sano desterrando toda idea que nos impulse a la violencia. Pongamos nuestro corazón y mente al servicio de la patria, dándole todo el esfuerzo en voluntad y energía de que seamos capaces para su propio bien y para el nuestro. Hagamos revoluciones de ideas dentro de los cánones que impone la decencia y la caballerosidad para que se diga, allende las fronteras, que somos cultos y muy dignos de ser apreciados.

GUERRA A LAS REVOLUCIONES ARMÁNDOSE PARA LA GUERRA

Siendo la lógica, producto del raciocinio, no puede estar al alcance de las multitudes o masas por muy variadas y diferentes razones, siendo la principal, la falta de cultivo de la inteligencia que es, la que más o menos preparada, nos pone en condiciones de poder apreciar las consecuencias de nuestros actos estimando la conveniencia o inconveniencia de ponerlos en acción.

La lógica, por consiguiente, es un atributo que se desenvuelve y afirma en mentalidades preparadas que son las que dan forma a una idea para luego someterla al proceso de la efectividad. En materia política, es a estas mentalidades a las que corresponde estudiar con mucho cuidado, cuáles sean los pasos a dar que más se avengan sin mayores perjuicios, para solucionar problemas que sean de vital importancia para la vida de la República y de los miembros que la integran.

Hay que convenir que una nación en el límite que demarca sus fronteras, asume la categoría de una gran familia sometida para su mejor vivir, a leyes y reglamentos que por delegación de poderes, emanan del gran soberano que es el pueblo; leyes y reglamentos que conviene respetar en honor de la República y para que el principio de autoridad no se pierda.

El respeto a esas leyes y a la autoridad constituida, garantiza la estabilidad del derecho de las instituciones y de los hombres; y sólo cuando esas leyes y esa autoridad son menospreciadas, es cuando ese derecho pierde la fuerza que lo sustenta, pudiendo hasta desaparecer. Desgraciadamente, estas verdades comprobadas en lo que se refiere a la pérdida de ese derecho, de nada han servido a los capacitados para comprender lo que la ciencia denomina como lógica; Si me respetas, te respeto,

Nuestra familia, en continuos pleitos de hermanos contra hermanos, ha desoído las secretas voces de la madre común, que es la tierra que nos vio nacer, para entregarse a la codicia, a la pasión y hasta el odio, desamparando las puertas de la casa en que vivimos; las que descuidadas por esas infructuosas reyertas, ha dado lugar a la tentación de ser violadas.

No podemos negar que desde nuestra independencia nos hemos hecho responsables de muchos sucesos, de los cuales ha sido nuestro país el más perjudicado y todo ello, no por la falta de inteligencia ni de comprensión en los hombres que terciaron en tales sucesos, porque para honra y gloria de nuestra patria, los ha habido y los hay con suficientes capacidades para hacerla muy feliz. Lo que ha pasado, es que hemos cerrado los ojos para no ver la realidad y así ciegos, hemos ido, desde entonces, en persecución de un ideal que las más de las veces sólo tristezas, lágrimas y miseria ha dejado en el alma del pueblo.

Desterrar de la mente la idea de las revoluciones armadas es lo que conviene; romper con ese pasado tenebroso es lo que indica la razón y el patriotismo; pues esas revoluciones, por justas y bien intencionadas que hayan sido, jamás compensarán los males causados en crédito, vidas y haciendas. Por causa de esas constantes turbulencias nacidas en su mayor parte del egoísmo o de la ambición, nos hemos retardado en el camino del progreso, de las ciencias y de las industrias, más de cincuenta años; apreciación que se justifica, contemplando el grado de adelanto que en igual tiempo de vida independiente, han alcanzado otras naciones que no lo perdieron en luchas estériles y hasta deshonestas.

Los Estados Unidos de Norte América son un ejemplo vivo de lo que vale la unión en sentimientos y tendencias sólo encaminadas a dar grandeza y prosperidad a la nación. La vida libre de ese pueblo casi en nada hace diferencia con relación a la nuestra; pero ellos, como ya lo dijimos, sólo lucharon por la unión de sus propios intereses, por la grandeza de su patria y por el adelanto de sus instituciones, llegando hasta donde han llegado a ser el asombro del mundo a la vez que su propio respaldo en economía y en fuerza; y esa grandeza, cuyo poder alcanzar proporciones gigantescas, ha sido fruto de la paz, del trabajo y de la buena comprensión de los elementos que forman tan inmediata ciudadanía.

La paz, es el donde más precioso a que puede aspirar un pueblo que se precie de cuerdo y de humano. La paz lo da todo en la vida riquezas, tranquilidad, progreso y bienestar, que de una manera o de otra, se refleja en la ciudadanía, favoreciéndola. La paz es necesaria en todos los aspectos de la vida humana, y así como es necesaria a la nación, lo es en particular en los pequeños grupos que constituyen el hogar. ¡Desgraciado el padre de familia que no imponga la paz entre los suyos! y la patria, no es más que una gran familia a la que hay necesidad de convencer de que sólo la paz podrá darle felicidad.

Hacerles la guerra a las revoluciones armadas y prepararse para la guerra, es el santo y seña de las naciones libres que quieren vivir en paz. Alistarse para la defensa de sus instituciones, de la territorialidad y soberanía de las mismas, es la preocupación del momento, y esa debe ser también la nuestra porque bien sabemos, que hay fundadas razones para que nos incumba. Las fuerzas del mal se aprestan a romper los postulados que establece el derecho de ser libres y, en alguna forma, hasta impedir gozar la posesión de la tierra que con tanto sacrificio nos legaron nuestros antepasados.

Sólo la unión nos dará fuerza para defender lo que nos pertenece.

LOS PROPÓSITOS DEL PRESIDENTE GÁLVEZ

El gobierno actual tiene en su programa muy interesantes obras que desarrollar en el curso de su mandato; obras que de realizarse reportarán grandes beneficios a Honduras. Entre ellas, pueden considerarse como las de más importancia, las de la fundación del Banco Central del Estado y las de la prolongación del Ferrocarril Nacional, cuyo trabajo o estudio de planificación parece estar en manos de ingenieros competentes.

Sabido es que el Presidente Gálvez, tanto en su vida privada, de simple ciudadano, como en su carácter de funcionario público, ha mantenido siempre la reserva de sus actos por un natural dónde modestia ingénito en él. Ha rehuido a toda clase de ostentaciones que por derecho corresponden a la más alta autoridad de la nación, pudiéndose, sin temor, decir que es un hombre honrado.

En un estado de paz, cual es el que disfrutamos, perfectamente puede un hombre bien intencionado, hacer mucho por la salud y bienestar de su pueblo; y si este hombre cuenta con un personal competente que sepa responder a sus más nobles propósitos, evidente será que tales propósitos se conviertan en realidades tangibles.

Es un hecho demostrado que para que un gobierno desarrolle con éxito y sin tropiezos su labor, necesita de la colaboración no sólo de los elementos que integran la maquinaria gubernativa, sino que también, de la ciudadanía en general; colaboración que el pueblo da, si el gobernante se apresta a ganarse su confianza; y el Presidente Gálvez, tan perspicaz como prudente, debe saber muy bien, cuáles son los medios para lograrla.

El asunto de carreteras y obras públicas a cargo del señor Ministro Lozano h., resolverá otro problema de vital importancia para el país, ya que las vías de comunicación ramificándose por zonas que la naturaleza ya tiene preparadas para mejores rendimientos agrícolas, se prestarán al amparo de buenos caminos para que se efectúen trabajos que además de dar riqueza a quienes los emprendan, aliviarán las necesidades de familias que puedan aportar el contingente de su esfuerzo en el desarrollo de tales actividades.

En el caso de que durante su administración, el señor Presidente Gálvez no pudiera dejarle al país terminado más que uno de los proyectos indicados al principio de estas líneas, de los cuales uno parece ser cosa juzgada, esto sería suficiente para estimar, agradeciendo, los grandes beneficios que serán un hecho real y palpable.

El Banco Central del Estado llenará una de las más grandes necesidades del pueblo hondureño. Sin dinero no es posible trabajar, y este valioso elemento, no está al alcance de todos los que pudiendo emprender trabajos sea agrícola o de carácter industrial, se encuentran incapacitados por falta de numerario; personas que bien pueden tener los conocimientos necesarios, lo emplearían para desarrollar cualquier empresa que a la vez que rinda provecho a sus dirigentes, deje al tesoro público lo que por derecho y ley le corresponde.

Los altos intereses que se pagan en los Bancos particulares, sin mencionar la usura de algunos prestamistas, que sin conciencia esquilman al necesitado que a ellos acude; los plazos cortos y otros argumentos sobre tales inconvenientes, acreditan de manera formidable la idea que el señor Presidente ha tenido para organizar el Banco Central del Estado, que además de ser una garantía para el haber nacional, contribuirá a mayores actividades hoy estacionadas por falta de medios de que poder disponer.

La prolongación del Ferrocarril Nacional, tan discutida favorable y desfavorablemente, es otro asunto que asume una importancia enorme si tomamos en cuenta que todas las naciones del mundo lo han considerado como único para salvar barreras que impiden la seguridad y baratura de los transportes. Honduras fue la primera de las cinco repúblicas del centro de América que inició trabajos ferrocarrileros y ha sido, por desgracia, la única que se ha quedado hasta la fecha, esperando que en su capital se oiga la campana y el ruido de las locomotoras.

Tenemos ferrocarriles en nuestra Costa Norte, dedicados de preferencia al transporte de los productos que explotan las compañías extranjeras, ferrocarriles que de acuerdo con las concesiones y contratas deberían, desde hace años, haberse prolongado hacia el interior de la República, pero que en realidad de verdad se han expandido sólo y únicamente dentro de las zonas que por la importancia de su fertilidad, sean propicias a los cultivos, cuya riqueza es lo que aprecian y desean esas compañías.

Si el Presidente Gálvez logra hacer efectivos tan nobles como patrióticos deseos, habrá colocado su nombre en páginas de oro que corresponderán mañana a ser incluidas en los anales de la historia patria, y nosotros los hondureños de buena voluntad de cualquiera filiación política que seamos, estaremos obligados a acuerparlo para que tan magnas obras sean una realidad salvadora que nos ponga al nivel que exige el presente tiempo.

RELATIVIDAD EN LA APRECIACIÓN DE LAS COSAS. CAUSAS DESCONOCIDAS

Se dice que la crítica es el "arte de juzgar" los hechos o cosas a base de principios establecidos; definición que puede aceptarse, si se la considera desde el punto de vista de lo ambiguo, pues de acuerdo con la filosofía de las sensaciones, la percepción y apreciación de las cosas ya inertes o de actividad, tiene que estar valorizada, según la capacidad sensitiva del espíritu y de la educación perceptiva de la mente, para juzgar con más o menos claridad; por cuya razón, a nuestro entender, la crítica no puede estar sujeta a principios fijos, o especialmente determinados.

Cada ser humano está constituido por elementos materiales, espirituales y mentales que le son propios individualmente; sus sensaciones para percibir y apreciar tienen forzosamente que ser afines a estas condiciones de su personalidad única, de donde resulta, que sus sensaciones en uno o en otro sentido —buenas o malas— tienen que ser distintas aun cuando se trate del mismo caso que impresione a otras sensaciones por igual sujeto o cosa.

En nuestra vida de observación a que nos dedicamos desde muy jóvenes por razón de motivos relacionados con cierta clase de estudios que no hace al caso mencionar y que verificamos en la vieja Europa, pudimos constatar personalmente ciertos fenómenos derivados del sentido de la vista en cuanto a la apreciación de algo que corresponde a la naturaleza sin que hayamos encontrado hasta la fecha, tanto en la filosofía antigua como en la moderna, ningún dato que aclare o defina el fenómeno de nuestra personal observación.

Visitando un día la sala donde se daba una clase de colorido en la Academia de Bellas Artes de una de aquellas grandes ciudades, nos encontramos con un grupo de alumnos que pintaban, copiando del natural, el cuerpo desnudo de una bella joven como de 18 años de edad. Su pelo era rubio, sus ojos azules y su carne, de un rosado marfilino; tal Fue la impresión y apreciación nuestra al contemplarla tendida muellemente sobre un diván cubierto de castaños ropajes.

El relieve de aquella espléndida figura de mujer que se destacaba hábilmente iluminada por combinaciones de luz, estilo Rembrant, convidaba a un estudio de apreciación y valorización en todos sus detalles.

Satisfechos, o mejor dicho saciados de la contemplación de aquel desnudo, empezamos a recorrer el salón, examinando todos los trabajos que lo reproducían desde diferentes puntos de vista, y cuál no sería nuestra sorpresa al observar que ninguna de aquellas copias reproducía el color natural, que según nuestra percepción, tenía la modelo, y no solamente era esto, sino que también, cada copista había dado a los contornos de la figura un delineamiento tan irregular, que mientras en unas lo adelgazaba en extremo, en otras, por el contrario, la excedían en grosura.

Debemos hacer constar que esa clase representaba el último peldaño para optar al título de pintor, lo que significa que esos alumnos eran perfectamente conscientes de lo que estaban haciendo.

Intrigados nosotros por aquello que profanamente considerábamos como un defecto, solicitamos del profesor una explicación sobre el motivo de tanta diferencia en las copias por terminar, indicándole con temor el resultado de nuestra observación, a lo que el profesor nos dijo: "no hay dos personas que puedan ver los colores de la naturaleza en su verdadera magnitud de color; cada persona lo percibe y aprecia de conformidad con algo que le es muy particular y propio de la configuración del sentido de la vista, sucediendo lo mismo en cuanto respecta a la apreciación de altitud o amplitud de los sujetos, ya sean de materia viva o muerta; no sé en qué consista científica y fisiológicamente este fenómeno que me es familiar por los largos años de comprobarlo".

De estas observaciones que nos son propias, hemos deducido que la crítica no puede fundarse en hechos reales sino en los más o menos aparentes, porque la realidad en su esencia y pureza nos es desconocida. De las sensaciones espirituales, podemos decir que ellas dependen del estado de cultura mental de que esté poseído el individulo, sensaciones que suelen afectar en diferentes formas a los otros sentidos al ponerse en contacto con la materia, lo que nos hace deducir la imposibilidad de que un criterio en su totalidad pueda ser aceptado por la generalidad.

En el terreno de lo estrictamente material, desaparecen las apreciaciones del espíritu y del alma para dar cabida a las que son generadas por el egoísmo, la pasión o la envidia que generalmente conducen a crear situaciones difíciles para establecer la verdad.

La mente que recibe del alma impresiones puras tiene un gran poder sobre mentes y espíritus materializados; esto es lo que hace que algunos individuos hayan logrado con su verbo electrizar a las multitudes encauzándolas rumbo al bien; pero si esas impresiones no son puras, la finalidad habrá de ser fatalmente hacia el mal. Por eso el criterio de esas multitudes es tan variable; por su falta de comprensión les es imposible conocer la verdad, prestándose a ser instrumentos destructivos de la tranquilidad de los pueblos.

ORIGEN DE LA DEMOCRACIA

La situación del mundo, cientos de años antes de la era cristiana, estaba en manos de los que por herencia directa eran investidos de los más grandes poderes, o de aquellos que siendo aventureros, lo alcanzaban por medio del poder de las armas. Generalmente, estos regímenes estaban basados en el absolutismo; no existían garantías más que para los poderosos que hacían del medio y bajo pueblo, un rebaño de verdaderos esclavos. Para esta desgraciada ciudadanía estaba prohibido hasta el derecho de pensar relegándola a la más triste condición en que la conciencia no avizora lo que representa el espíritu y la inteligencia que como un don especial le ha sido otorgada.

La ignorancia de aquellos pueblos y sobre todo su salvajismo manejados por hombres que no podían tener el concepto de lo justo, hacía que las masas se entregaran a ellos empujados por el miedo y por los terribles efectos del hambre haciendo prevalecer en el mundo un estado de cosas provocativas de tribulación y dolor.

Grecia, cuna de la sabiduría, estaba predestinada a sentar los principios de orden, libertad y justicia. Ella, como las demás naciones, estaba sometida al imperialismo desmedido y brutal de la época, pero en el cual, a pesar de todo, el entendimiento e inteligencia humana, encontró manera de adquirir conocimientos que le permitieran distinguir y apreciar, las hasta entonces desconocidas fuerzas o facultades del espíritu y del alma...

La oligarquía se había apoderado no sólo del poder, sino que también de la riqueza y de la voluntad del pueblo, que deambulaba envuelto en la miseria y en el desprecio; pero llegó un momento en que ese pueblo pudo en lugares ocultos oír la palabra de los que también a escondidas, comieron el pan de la verdad, de la razón y de la justicia; de aquellos sabios atenienses que se levantaron de la nada para elevarse a las más grandes alturas en que tiene asiento el trono de la sabiduría, siendo ellos, los que organizaron a las multitudes sobre leyes de igualdad política para reclamar lo que por derecho divino y humano les correspondía.

Y fue en el siglo cuarto antes de Jesucristo que Atenas pudo resolver su situación en cuanto a los derechos que de la manera más grosera a su pueblo se negaba. Arístides, famoso General y Jefe de

Estado, que había sido hasta campeón de los nobles, pero cuya probidad le había dado el nombre de justo, comprendió en vista de la nueva situación que habían creado los filósofos en el alma de la ciudadanía, que sin ellos, les sería muy difícil salvar a la República constantemente invadida por los persas, proponiendo la "ley de que para todo ciudadano libre, sin distinción de clase, estuviese franca la entrada hasta para las supremas magistraturas", cuya ley al ser aprobada, instituyó de hecho y de derecho, lo que hoy se reconoce en el mundo con el nombre de DEMOCRACIA.

Las leyes que regulan esta Institución, no pueden ser más liberales; en ellas encuentra el ciudadano debidamente estipuladas todas las garantías y derechos que a él corresponden dentro de la sociedad en que vive; pero si es cierto que esas leyes le dan libertades y garantías, cierto es también que les exige respeto, prudencia, moderación y cultura en la realización de sus actos, y esto, porque no puede existir disposición de carácter legal dentro del orden social, jurídico y administrativo que sólo conceda privilegios y no reclame obligaciones que en principio legal, a las leyes corresponde.

La democracia sintetiza la más alta cualidad a que pueda aspirar un pueblo que tenga el justo y cabal concepto de lo que son las responsabilidades entre gobernante y gobernados, y es a ese fin, al que deben tender los esfuerzos de los que están en capacidad de orientar para que desaparezcan prejuicios, odios y rencores que por arraigados que están en el corazón de la ciudadanía, son un obstáculo para entrar sin desconfianza al camino que conduce a la armonía y al buen entendimiento.

Dolor nos causa que se crea que nuestra manera de pensar lleve visos de "fetichismo", suposición que gratuitamente nos quiere colocar como de rodillas frente a un ídolo que no existe para nosotros; pues el único ídolo ante el cual quemamos el incienso de nuestra esperanza y deseos, es aquel que representado por el GRANDE IDEAL de mutua conveniencia, en estrecho abrazo nos dignifique a todos, para que a nuestra vez, dignifiquemos a la patria; más tales suposiciones, no engendran en nuestra alma más que un sentimiento de duda, porque nos cabe la certeza de que quien así se expresa, a pesar de todo, es un caballero.

Y el estimado amigo editorialista de "El Pueblo", agrega que "a nadie se escapa que el estado político, económico y social de nuestro país, es de caracteres nada halagüeños", declaración que está completamente de acuerdo con nuestro modo de pensar, pero si tal es cierto, cierto será también que en todas esas desagradables situaciones, ha cabido responsabilidad a moros y cristianos y que si nos ponemos en el plano en que la ofuscación no empañe la claridad del entendimiento; habremos de llegar a la conclusión de que no viviendo del pasado, debemos enfrentarnos al presente para preparar el porvenir, y no es que dejemos de pensar en lo que fue, porque las enseñanzas y la experiencia, la dan los golpes que se sufren en el camino de la vida.

Pero no se enmiendan o mejoran situaciones, si al pensar en ellas, no hacemos el análisis de las causas que las originaron echando en la balanza de la apreciación justa, el peso de toda nuestra imparcialidad, porque ello es necesario hasta para la propia vida de la idealidad que se persiga y sólo así, podrá erigirse en base firme, el templo en que la Diosa Verdad, nos dé fuerzas para verla frente a frente.

LOS SACRIFICIOS DEL HOMBRE DIFÍCILMENTE SON RECONOCIDOS

Loco será el que piense que la humanidad le reconocerá en vida, virtudes, valor y talento. Los hombres que más han luchado por hacerle el bien, han sido los que más han soportado los horrores de la cruel maledicencia, resultante de la falta de comprensión de las mayorías y de la ambición y mala fe de algunas de las minorías. La veleidad en el sentimiento de algunos hombres ha existido siempre; cualquiera pequeña circunstancia puede hacerlo variar en sus opiniones y en sus actos, juzgando bien lo que ayer juzgaba mal y viceversa.

A Jesús, en quien creían encontrar un mesías de fuerza, capaz de levantar legiones armadas con las cuales someter al mundo o por lo menos librarse de la tiranía de los Césares, les hizo pensar y desear un Dios guerrero que, como aquel que partió las aguas del mar rojo para que sus ejércitos pasaran, viniera a ellos henchido de gloria y de poder terreno; y pensaron que Jesús sería ese Dios que, aunque humilde, por obra divina podría transformarse en un gran guerrero que diera al traste con el poder de Tiberio, por lo que a su llegada a Jerusalén, se le recibió con palmas y gritos de alabanza.

Y cuando esas multitudes comprobaron que ese mesías sólo venía armado de dulzura, de amor y de perdón; que su reino no era de este mundo y que no podía darles riqueza ni poder, se volvieron contra él, declarándolo demente y trastornador del orden público, con lo que lo implicaron en un delito sancionado con la pena de muerte de que fue víctima por los mismos que lo habían ensalzado.

Galileo descubre el movimiento de la tierra, teoría que destruye por completo la idea del reposo o inacción del planeta, y esto que es un bien para la humanidad, le cuesta el ser considerado hereje e impío, condenándolo a la prisión. Arquímedes, vilipendiado y herido en su amor propio por las burlas e insultos de sus compatriotas, que ven en él a un desequilibrado, en un momento de desesperación rebelde, les grita en una forma hiperbólica que ellos no entienden: "dadme un punto de apoyo y moveré el mundo".

En nuestro pequeño ambiente centroamericano ha sucedido lo mismo; cosa que es perfectamente natural, por el hecho de que somos parte de ese gran todo que forma la humanidad. Los hombres que gastaron su vida en la persecución de un ideal que le diera nombre y honor a su patria, han sido los más perseguidos por la calumnia, la diatriba y el odio; aun en el poder, si lo han tenido, no han escapado a ellas, y ya fuera de ese poder, los ha seguido ese rencor acompañándolos hasta el fondo de sus tumbas; pero si es cierto que la muerte es el aniquilamiento de la materia, cierto es también que el alma y las acciones del alma, no mueren ni podrán morir jamás.

Morazán fue una de esas víctimas. Sus enemigos no escatimaron a medios ni palabras para herirlo en lo más sensible de su alma y para mayor ironía, fue aquí en Honduras, en su patria, en donde para él rebasó la copa de la amargura. Se le llamó ladrón, tirano y asesino, cuando lo que perseguía era luchar por la formación de una patria grande que fuera digna de ser apreciada en el concierto de las naciones civilizadas. Que tuvo errores; que en algunas ocasiones fue drástico y hasta despótico, todo ello puede ser verdad; de lo primero nadie puede escapar porque la perfección del hombre es muy relativa, y de lo segundo, debe tomarse en cuenta que por razón del noble y patriótico fin que perseguía, estaba obligado a destruir, de cualquier manera, los obstáculos que se le interpusieron, a efecto de alcanzar el logro de sus bellas aspiraciones.

Cuando el esfuerzo humano se pone al servicio de una idea saludable y pura en sus principios y grande en los beneficios que reporte, puede aplicarse con razón la máxima de Maquiavelo a su príncipe, que aconsejaba que "el fin justifica los medios", y Morazán pudo haberse aprovechado de esta sentencia para mantener la paz de los Estados salvando así a la República, pero creyó en la sinceridad de los que consideraba sus amigos y en la fuerza de su espada y por esta equivocación cayó en el lazo que le tendiera la deslealtad y la traición. Convencido de la ingratitud de los hombres que lo habían adversado y de que sus actos sólo al bien se habían encaminado; en los momentos en que tenía próxima la muerte, pudo predecir que "la posteridad le haría justicia".

Los hombres que llevan en su conciencia la seguridad de que sus acciones han sido sanas y bien dirigidas, no deben preocuparse de la plataforma en que pretendían colocarlos sus adversarios; mas deben estar seguros de que no es la vida la que elevará el nivel de los sucesos de los cuales hayan sido partícipes o propulsadores; que tampoco serán los amigos los que puedan en alguna forma justificarlos, por más que en algunos de ellos exista la mejor voluntad, y esto, porque en la lucha de las pasiones contra las pasiones mismas, el efecto sólo desaparece cuando la materia se destruye, siendo entonces que la calma y meditación da lugar a que se esclarezca la verdad y surja a la vida en el recuerdo y admiración el nombre de esos mártires vilipendiados y aborrecidos.

Nosotros no solamente creemos en el destino de los hombres sino que también en el destino de las cosas. Todo en la vida está llamado desde su propio principio a desempeñar un papel en la comedia humana, papel que nadie podrá dejar 'de representar; y ese destino, al que inevitablemente estamos sujetos, nos empujará, a despecho de todas las meditaciones, a seguir el camino que se nos ha señalado.

Puede la lógica fundada en principios de sana moralidad suavizar la dureza del sendero, llevándonos, más o menos, felices al final de la jornada y puede también hacérnosla más dura si no está basada en justicia. A esto quizá obedezca aquella sentencia evangélica que dice: "ayúdate que yo te ayudaré".

RECAPACITEMOS PARA QUE SEA MENOS DURA LA PRUEBA

Está a la vista que la situación mundial es de una expectativa poco favorable en todos los órdenes de la vida de relación. Marchamos hacia derroteros que, aunque se vislumbran, por el momento se hace difícil precisar. Los Estados Unidos de Norte América, nación poderosa y única se puede decir, confronta problemas graves de cuya resolución depende la paz universal; y Europa, desangrada y en estado de postración debido a la última guerra, vuelve sus ojos hacia el gran país nórdico, confiando en el milagro de su poder no sólo para restañar sus viejas heridas sino que también para no sucumbir del todo.

La América Latina no puede considerarse al margen de todas las calamidades que se ciernen en la atmósfera de sus pueblos porque ella es parte integrante de la asociación de democracias unidas que luchan por detener el desenfreno de los cuatro jinetes del Apocalipsis, cuyas maldiciones se perciben llegándonos desde las frías estepas donde mora el oso cruel y vengativo; y esta América, amamantada por la leche de sus libertades conseguidas por el esfuerzo del más puro patriotismo, debe hacer honor a la memoria de sus próceres, manteniéndose unida en sus ideales de independencia para asegurar la estabilidad de sus instituciones.

Cabe pensar que lo conveniente —para no agravar desde ahora una crisis que más tarde podría alcanzar proporciones desesperadas— es mantenerse en un plano en que la cordura nos abra las puertas de la confianza y buena fe, tan necesarias para que el cuerpo no se debilite y pueda resistir la dura prueba que entre la niebla de las discusiones se entrevé para el porvenir.

A causa de esa incertidumbre estamos sintiendo los efectos del hambre y de la miseria en todas sus manifestaciones. Los países sufren el descontrol de su economía, que sus gobiernos no pueden equilibrar aun cuando estén poseídos de la mejor buena voluntad, y esa economía es la que da vida, respeto y alegría a los que, en el terreno de las actividades lícitas, desenvuelven y acrecientan intereses, de los cuales, directa e indirectamente, se beneficia el procomún.

Por razón de la desconfianza, el dinero tiende a esconderse y los trabajos y el comercio se paralizan causando en la economía del Estado una baja que no le permite atender, cual es debido, las necesidades y compromisos que le son propios, y como el Estado en su mayor parte vive de las entradas que ocasionan los impuestos, lógico será pensar que no pudiendo él, hacer el reparto de su haber en trabajos en que el esfuerzo del hombre esté representado, llegará a formarse una cadena de calamidades que afecten por igual todas las actividades y aún la propia vida.

El Estado vive de las Aduanas u oficinas que cobran los impuestos; los impuestos cubren los compromisos de la nación en pagos de empleados y en obreros que trabajan en obras públicas; éstos a su vez, llenan las necesidades de su existencia incrementando el comercio con sus compras, comercio que agota sus mercaderías recurriendo a nuevos pedidos para volver a pagar los impuestos, con lo que se forma una cadena de movimiento continuo que no debe interrumpirse para que haya estabilidad en el nivel que para su vida necesita la ciudadanía.

Estas condiciones no son exclusivas para país determinado; abarcan a la generalidad y especialmente a países que como el nuestro, no han llegado con sus industrias y con su agricultura, a crearse una situación más o menos independiente, siendo que aun en lo particular, vivimos los unos de los otros.

La cooperación patriótica y desinteresada para formar confianza en el espíritu del pueblo y en el de los hombres que rigen sus destinos, es lo único que puede salvarnos de una crisis que sería fatal en estos momentos en que el mundo está pendiente de amenazas que, de llevarse a cabo, nos colocarían en la terrible situación de llegar a exclamar: "sálvese el que pueda" y entonces, será "el llorar y el crujir de dientes".

LA ETICA TIENE QUE SER SIEMPRE UNA

La ética, considerada desde cualesquiera de los diferentes puntos relacionados con ella, asume condiciones aparentemente especiales como consecuencia natural del motivo que las obliga.

La ética religiosa establece principios fundamentales sobre un mismo sentimiento, completamente distinto a los de la ética política, pues la moral a la que está sujeto el que cree en la divinidad de un Ser inmaterial, aun cuando los caminos para llegar a Él sean diferentes, convergen a un mismo punto, cuyo origen los encauza a una sola finalidad que es la creencia en ese Gran Poder, que es Dios.

Los preceptos morales de todas las religiones, desde que el mundo es mundo, han descansado sobre la misma base; y si ha habido diferencia en cuanto a su aplicación, lo ha sido de forma; pero no de fondo. Los mandamientos y sanciones establecidos, quizá desde la creación del mundo, son leyes matrices de las cuales se derivan otras leyes que se aplican a las colectividades y al hombre, según sea la condición y tendencias de la sociedad en que viva.

La moral obliga en todas las acciones del ser humano; más lo difícil es que ese ser humano se compenetre razonable y justamente de que está obrando conforme lo demanda la ética que corresponde a su propia acción.

En nuestro medio ambiente, nadie, que nosotros sepamos, ha querido darse un paseo por los campos de la observación, para pesar hasta donde convenga, el uso que de la ética se haga, no solamente en lo que respecte a la política y religión, sino en las demás actividades de la vida del hombre en donde ella se hace muy necesaria por humanidad unas veces y por conveniencia otras.

Pero lo que ha traído al mundo más conmociones y desastres, ha sido la falta de penetración en el concepto de la ética religiosa y de la ética política, sin que para ello deba considerarse, por parte de quienes la practican, falta de conocimiento o de inteligencia en su aplicación, porque precisamente, hemos de lamentar que ellas han estado y están sujetas a obedecer las mejores y más escogidas inteligencias.

En el terreno de la política que por naturaleza es inherente al ser humano como medio para darle vida y estabilidad a las instituciones en que está enmarcada la nacionalidad, existen, por razón de orden lógico, dos fuerzas que propugnan en rivalidad a establecer sistemas que de acuerdo con sus propios intereses se consideran superiores los unos a los otros; actitudes que nadie, fundado en razón, puede criticar o juzgar fuera de la ley si esas actitudes se amoldan a sanos principios en que esos intereses que deben considerarse de todos y para todos no sufran mengua.

Platón, consideraba la moral bajo todo punto de vista, indispensable a la vida humana cuando aconsejó poner en práctica la siguiente máxima: "Obra de un modo conforme a la idea racional del bien y por sólo el amor a la razón", sin tener en consideración ningún otro interés fuera del que depende la realización del bien absoluto. Cualquiera que sea la inclinación de donde tomen origen las acciones, tan luego como el hombre las dirige, según dicha máxima, adquiere la perfección que debe poseer, con arreglo al objeto de su existencia y, por el contrario, cuanto más se aleja de ella, más se degrada.

Las consideraciones del sabio filósofo establecen en esencia los postulados de la ética en cualesquiera de sus manifestaciones y como una de las principales de que el hombre se vale para exteriorizarla es la letra de molde por medio de la prensa, debe tener sumo cuidado para que ella, la ética, no rompa el principio de razón, porque de efectuarse, genera en la mente y en el corazón aun de los medianamente preparados, otras ideas que van sucesivamente degenerando hasta llegar a provocar conflictos.

Hemos dicho que la prensa es la conductora del sentimiento de los pueblos, que ven en ella la luz, que les alumbra el camino; camino que tiene partes buenas y partes malas; y es precisamente por ese motivo que esa luz debe ser clara y pura en sus efectos, a fin de que se salven los abismos sin mayores dificultades y el viandante termine su jornada limpio de magullones o de temores. Hagamos honor a la razón en el presente y dejemos el pasado para la historia.

Del pasado cojamos la experiencia y si no podemos tirar la primera piedra, cantemos el "mea culpa".

LOS JEFES DE PARTIDO SON UNA NECESIDAD

Se ha hablado mucho sobre la conveniencia o inconveniencia de que los partidos políticos tengan un jefe que asuma la dirección, o sea consejero en los asuntos que atañen a la agrupación; y de los alegatos provocados en pro y en contra en diferentes épocas y países, se ha podido sacar en claro, la conveniencia de que esas agrupaciones estén bajo la dirección y vigilancia de un individuo que de entre ellas, goce por su experiencia, capacidad y pericia; de mayores simpatías y popularidad.

La razón para que exista tal jefatura, se explica fácilmente, pues una institución que no está sujeta a una cabeza directriz, se expone a crear dentro de ella misma, una anarquía que fatalmente la conducirá al fracaso. Sin la jefatura, la disciplina es un sueño, y sin disciplina y orden, no hay batalla que se pueda ganar.

Hay quien cree que los jefes de partido pueden sustituirse de acuerdo con exigencias que nazcan del interés de algunos de los asociados, o que ellos —los jefes de partido—por alguna razón que no les corresponde, deben dejarles el campo a otros que, novatos en el oficio, se proponen probar suerte; cosa por cierto muy peligrosa para la misma institución, por las siguientes razones:

El orden político, considerado bajo el aspecto de organización y orden, es lo mismo que el que corresponde al comercial, industrial, bancario, etc.

Al jefe de una casa de negocios que ha entrado en relación con millares de clientes, conociendo de cada uno las necesidades que habrá de llenar, le será fácil inclinarlos hacia determinadas compras u otra clase de negocios que beneficien a la sociedad que representa, y el público tendrá plena confianza en él.

La razón para que esto suceda es perfectamente natural y lógica, pues emana del viejo conocimiento, de la simpatía, y del provecho que para unos y para otros, haya reportado la relación comercial.

En política, es lo mismo. No se puede buscar un jefe de partido entre individuos que no gocen de gran confianza, popularidad y simpatía entre los asociados, y esa confianza, popularidad y simpatía no se adquieren de la noche a la mañana.

Poner los intereses de una comunidad en manos inexpertas, es exponer no sólo al fracaso sino a la muerte, la vida de una institución.

Hay que hacer la salvedad, de que por ciertos motivos, si se hace necesaria la sustitución de un jefe comercial o jefe de partido y estos motivos, no pueden ser otros que la incompetencia para dirigir los asuntos, o los fracasos que tal autoridad haya provocado, perjudicando los intereses o idealidades de la agrupación.

Cuando un jefe de partido mantiene la cohesión y disciplina de los asociados y los lleva al triunfo en sus intereses e ideales, locura sería pensar en sustituirlo, como locura sería, aferrarse a mantener en la dirección de un negocio o campo político a un hombre que por incompetencia hubiera repetidas veces hecho fracasar una operación.

Una institución comercial o un partido político, debe mantener su cohesión y su disciplina alrededor de quien le dé el triunfo o se lo haya dado en los negocios o en los comicios, y un jefe de una casa o de partido político, debe escoger de entre los suyos, al más idóneo, al más popular y más capacitado para ofrecerlo como candidato que, en un futuro, represente los intereses comerciales o nacionales.

No son pocos los países en donde los jefes de partido han sido vitalicios por razón de la popularidad y éxitos que han alcanzado en el desempeño de su misión. España tuvo a Segismundo Moret como jefe vitalicio del partido liberal y a Antonio Maura como jefe del partido conservador, y la muerte de estas dos cabezas de los partidos históricos en la península, fue la causa de que se originara en España una anarquía que fue la culpable de que el gobierno cayera en las garras de una dictadura que hizo sucumbir la monarquía constitucional y democrática amparada por un rey que en más de una ocasión declaró a su pueblo, que si alguna vez España se convertía en república, para él sería una gloria ser su primer presidente.

Nuestros partidos históricos sabrán lo que tienen que hacer en el presente y para el futuro: de ellos depende la tranquilidad, el progreso y el bienestar de la República, que es resultado de la buena orientación a que se encaminen sus actividades.

El Partido Nacional, hasta ahora, ha sabido colocarse en la línea que demarca su obligación y su conveniencia tendiente a establecer pautas de armonía no sólo entre sus propios elementos que a veces discrepan por injustificadas razones, sino aún, entre los adversarios a quienes se les invita para entendimientos honorables que nos alejen de controversias fuera de tono que sólo sirven para agriar más una situación, que de seguir así, puede llegar a hacerse muy pesada y nociva para el país.

TRANQUILIDAD ES LO QUE NECESITA EL PUEBLO

Los miembros del partido liberal saben que el Jefe del Estado, de acuerdo con sus colaboradores, ha declarado en todas las formas, su mejor propósito de orientar su política por derroteros que conduzcan a la amistad conciliadora de la familia hondureña. Tales propósitos, deberían ser tomados en cuenta para mantener dentro del distanciamiento que por desgracia existe entre los partidos, un estado de moderación, justo y conveniente.

El gobierno, poseído de su responsabilidad, no ante grupos colectivizados sino ante toda la República que proyecta esa responsabilidad hasta el exterior, ha procurado dar confianza a los elementos de los diferentes grupos políticos con el fin de que su programa pueda llevarse a cabo sin mayores preocupaciones o tropiezos.

Una campaña de prensa con tendencia a establecer desde ahora rutas que infiltren en el ánimo del pueblo ese natural nerviosismo que lo aleja del cumplimiento de sus más insignificantes deberes para cumplimentar exigencias que no son del instante, no cabe ni debe caber en un sentimiento que se encamine a mantener la tranquilidad y paz de que disfrutamos.

El partido que está en el poder no necesita, y menos le conviene, soliviantar el ánimo popular porque si con ello alguien tiene que ser afectado, ese alguien es ese mismo partido; y por otro lado, el jefe de la nación sufre las consecuencias en sus propósitos que con tan buena voluntad se encaminan a solucionar problemas que impulsen el progreso de la nación

El Presidente de la República, no es presidente de un partido; es el jefe, director y administrador de los intereses del pueblo confiados a él, por la mayoría de ciudadanos en el libre ejercicio de los derechos que para tal fin les confiere la GRAN LEY emanada del mismo pueblo que es, la CONSTITUCION POLITICA, y si el jefe de la nación vela por los intereses de ese pueblo que a todos por igual corresponden, claro está que él, será jefe de todos los hondureños, sin más distinción que la que resulte de los efectos de la ley.

Y si el Jefe del Estado responde ante la nación por la seguridad, bienestar e intereses que le han sido confiados, a la ciudadanía de hecho y de obligación, toca respaldar con su conducta, con su buena voluntad y hasta con sus luces, a esa autoridad ante la cual, esa ciudadanía, también es responsable.

La historia nos demuestra con hechos más que elocuentes, que los hombres en el desempeño de sus funciones como gobernantes, han sido lo que los pueblos han querido que sean. La fraternal convivencia entre unos y otros depende del respeto que a cada uno corresponde, según el plano en que está colocado; y bien puede apreciarse, sin mucho esfuerzo, que no es lo mismo la responsabilidad que asume el ciudadano que se pone al frente de los destinos e intereses de la patria en su calidad de gobernante, que, el que corresponde al individuo, en su calidad de simple ciudadano.

Para que la estabilidad de un sistema que ha levantado sus columnas sobre sólidas bases de tranquilidad y paz sea duradero, es necesario que cuente, si no con la colaboración de todos los que forman la ciudadanía, por lo menos con su buena voluntad para apreciar y distinguir los caminos que, o ennoblecen una situación, o la degradan.

Dentro de un orden constitucional los partidos políticos, —a nuestro juicio—, pueden desarrollar ideas de programación y aun de propaganda, si esas ideas y propaganda no encierran móviles que sean una amenaza para la tranquilidad social, y es en ese sentido en el que conviene permanecer, hasta tanto se llegue el momento previsto y señalado por las leyes, para entablar campañas tendientes a la sucesión de los poderes públicos.

Los italianos tienen una máxima que dice: "Chi vá piano, va lontano", y nosotros tenemos otra que reza: "no es el que madruga el que llega más temprano". Esperemos con paciencia el curso de los acontecimientos, que ellos llegarán en el correr del tiempo tan luego como sea necesario.

BUSCAMOS EL SENDERO SIN PRETENSIONES DOGMÁTICAS

El dogma es considerado como verdad absoluta e indiscutible porque no existe punto de apoyo en el terreno de lo material para basar la controversia. Es una verdad que se impone o se acepta según sea el grado en elevación de ciertas sensaciones propias en espíritus meditativos sedientos de interpretar las fuerzas o fenómenos misteriosos de la naturaleza.

En el plano de las ideas que se elevan hasta la Divinidad, o en aquellas en que los sabios profundizan sus estudios logrando enfocarlos hasta lo desconocido para desentrañar verdades, ocultas en el misterio de lo que se cree que es, que no es o puede ser, en ocasiones, han encontrado la luz de una verdad, que siendo absoluta, no ha podido o ha costado comprobarse por el solo hecho de que, siendo incorpórea, no afecta los sentidos de la materia. El ateísmo y el materialismo, que se niegan a la meditación pretendiendo por orgullo desconocer la existencia y atributos del alma, establecen estos falsos principios: "creer en lo que se pueda ver y se pueda tocar".

Antiguamente, el que pretendía traspasar los linderos de lo que el entendimiento y la vista abarcaban con la sensación de lo material, era considerado hereje o endemoniado, lo que daba lugar a que se le sometiera a los más crueles tormentos que terminaban con su vida. La capacidad captativa del entendimiento humano estaba limitada por razón de conveniencias de carácter político religioso.

En el presente, el mundo ha crecido en inteligencia, reduciendo su tamaño, para que el hombre en una mirada pueda abarcar lo todo; para que ese hombre, que posee un rayo de la Sabiduría Divina, que es DIOS, escudriñe y saque de la nada, verdades que la humanidad acepta agradecida sin poderlas comprender, es lo que en realidad constituye el dogma.

La segunda mitad de este siglo XX nos ha traído maravillas y catástrofes; grandezas y miserias que, en parte, han degenerado en prostitución; en él se ha llegado casi a la cumbre de la sabiduría y se han hecho los más grandes descubrimientos en las ciencias y en las artes; pero, como ya dijimos, también se ha descendido a las profundidades en donde el honor, la vergüenza y el pudor fracasaron en el poder de su virtud.

La Radio, la Televisión, el Aeroplano, la Bomba Atómica y quién sabe cuántas cosas más, son obras del poder mental del hombre sometido a la disciplina y concentración, para encontrar los efectos de provocadas causas, y, el fenómeno se ha producido, de lo abstracto a lo concreto.

El dogma de la Divinidad se impone por razón de las cosas y hechos que nos rodean, siendo unas visibles y otras invisibles; Dios es la Gran Causa cuyos efectos somos nosotros y todo lo que existe. A Dios no lo podemos ver con los ojos de la materia porque aún somos demasiado imperfectos materialmente, pero sentimos su existencia viéndolo con los ojos del alma, que es pura cuando rechaza las exigencias de la materia. La soberbia del hombre no es más que un exhibicionismo comediante cuando de creer se trata; el ateo y el materialista, son soberbios cuando "no les duele un dolor".

Nosotros no dogmatizamos cuando decimos que los Jefes de Partido son una necesidad; establecemos nuestros puntos de vista muy personales, en cuanto a esa idea, ejemplarizándola con hechos que están al alcance de todos; tampoco hablamos en singular para que se crea que hay interés en que determinado partido tenga o no tenga Jefe. Hemos dicho que las asociaciones, de cualquier naturaleza que sean, necesitan una cabeza directriz para que haya orden que permita establecer pautas para la mejor consecución de los fines que se persiga, y con ello, no decimos nada nuevo por el hecho de que las mismas asociaciones lo establecen.

El editorialista de "El Pueblo", que es un hombre muy preparado, sabe todas estas cosas mucho mejor que nosotros, porque son de derecho y entran desde luego en el terreno de las conveniencias civiles, no sólo aceptadas, sino que impuestas por la ley que las determina, y él sabe muy bien que, en materia civil, con base de juzgamiento legal, no pueden haber privilegios o excepciones que favorezcan a personas o cosas si no son aquellas que de manera expresa determina la ley por considerarlas verdad.

Las entidades sociales, políticas y económicas, constituidas y sostenidas por el voto de las mayorías no pueden ser esclavas de la voluntad de un jefe o director que no enfoque por buen rumbo el negociado, y esas mayorías están de hecho y de derecho capacitadas para deponer y substituir la cabeza que por inercia no cumpla lo establecido en el estatuto de la asociación.

Las organizaciones desorganizadas no pueden prosperar porque en ellas, cada miembro se considera muy apto para encauzar el movimiento de la maquinaria total, naciendo de este defecto la anarquía, que entorpece su buen funcionamiento. Donde no hay cabeza que reduzca y enfoque las actividades sobre un punto que se considere de vital importancia, será una ilusión pensar que no se naufrague antes de llegar al puerto.

Estas consideraciones son las que nos hacen pensar en la necesidad de los Jefes de Partido, sometidos desde luego a la reglamentación derivada del Estatuto o Constitución a que obedece el grupo, la que arreglada y votada por la mayoría de sus componentes, a base de un criterio libre y personal, debe prever todas sus consecuencias.

FALSAS SON LAS APARIENCIAS

"Si sumerjo en un líquido una caña y la veo quebrada desde afuera, digo entonces que la vista engaña, porque sé que la caña estaba entera". —Batres Montúfar.

Pepe Batres Montúfar, irónico en sus críticas y audaz en sus apreciaciones sociales, escribió bellísimos versos. Los del epígrafe encierran un pensamiento resultante de la meditación y de la lógica que comprueba que no todo lo que al hombre se presenta con visos de verdad, es cierto. El panorama de la vida encierra multitud de aspectos, atrayentes y reales unos, como atrayentes y efímeros otros, y la belleza de la realidad es uno de esos aspectos, o la tristeza del desencanto en los otros, dependerá de la inteligencia que nos asista para separar lo que efectivamente es, de lo que, a nuestro pesar, no puede ser.

Contestar a las voces de la verdad a base de un estudio sincero y desapasionado, antes de establecer un juicio que por lo precipitado puede resultar fallido, es lo que aconseja la prudencia, si queremos andar por el camino recto, pues de otra manera, sería enfrascarnos en un laberinto del que no podríamos sacar más que confusiones y desaciertos que en nada beneficiarían nuestros propósitos, y conste que, al decir nuestro, hablamos en términos generales, porque a todos conviene desenredar con sereno juicio los equivalentes de una idea que, profundizada en su verdadero contenido, pueda ser útil a todas las aspiraciones.

En el número del apreciable diario "El Pueblo", correspondiente al martes 14 y no 15, como indica su fecha, nos encontramos con apreciaciones justas e injustas sobre diferentes tópicos de actualidad en el ambiente de nuestra vida ciudadana; de unas, nos sentimos satisfechos y esperanzados; pero de otras, tristes y hasta resentidos con nosotros mismos por no haber podido aclarar, de mejor manera, el concepto de una idea que hemos hecho pública.

Al hablarse de la solicitud de permiso presentada al Congreso Nacional por el Presidente Gálvez, el simpático cotidiano, colocándose en honrosa plataforma de sinceridad y de mejor conveniencia, declara que no hay razón para que tal solicitud provoque alarma en el espíritu del pueblo, lo que realmente es verdad, dado que el motivo para hacer uso de ese permiso no tiene otra causa que el quebrantamiento de una salud que todo mortal está obligado a cuidar, sin tomar en cuenta circunstancias que de antemano posiblemente se haya estudiado y previsto, a efecto de que el movimiento administrativo y político del país no sufra alteración alguna.

Pero, como ya dijimos, hay una de cal y otra de arena; por un lado y en el pensar de unos, está expuesta una realidad, y por otro lado y en el pensar de otros, está palpable la nube que encubre una desconfianza y rencor que no rebaja su grado de altitud en cuanto se refiere a la historia de un pasado que por miles razones debería dejarse a que la calma y meditación lo analice y juzgue, porque un recuerdo arrastra otro recuerdo y el que no lo siente por uno, lo siente por el otro, formándose con ello una cadena interminable de recuerdos y de odios.

El estimado editorialista de "El Pueblo", en ese número a que hacemos alusión, dedica todo un artículo colocándonos en un plano en el que realmente no estamos. Tal artículo lo ha motivado el nuestro: "Los Jefes de Partido son una necesidad", con lo que, según él, propiciamos la tiranía, agregando que estamos en pugna con la democracia, que somos escritores tiranizantes y que tampoco somos hondureños, etc., etc.

Pensamos que el amigo Montes sacaría conclusiones favorables de nuestro artículo, pero desgraciadamente no ha sido así; lo leyó con los ojos de la pasión y esto nos hizo escribir el publicado el mismo 14 con el mote: "Buscamos el Sendero sin Pretensiones Dogmáticas". Posiblemente como en el primero, no encontrará o no querrá encontrar la idea, por más que en el segundo hemos querido expresarla de una manera más clara.

No nos afectan las bondadosas apreciaciones que de nosotros hace nuestro distinguido contendor, porque están muy lejos del camino que nosotros estamos siguiendo y ojalá que nuestro artículo del 14 lo haga pensar de otra manera, aunque sea allá en su fuero interno.

Hay cosas que se quisieran decir en parábolas, pero desgraciadamente ello es imposible, por aquello de que no hay peor sordo que el que no quiere oír, y en estas condiciones, lo mejor, a sabiendas de que no se pretende nada malo, es seguir el camino echando la semilla del bien, sin pensar si el terreno es o no propicio para ella.

Para terminar esta plática inofensiva, aclararemos unos puntos escondidos en los pliegues de la idea que tanto se nos combate: No somos enemigos de la juventud. Ella es la esperanza de la patria y en ella debemos poner toda nuestra confianza, ayudándola a conocer y a salvar los abrojos del sendero, y nuestro deseo debe ser que en esa juventud vaya unido el impulso que le es propio a la meditación y a la prudencia.

Si el Partido Liberal hubiera dirigido su esfuerzo hacia un punto al que convergieran sus diferentes actividades por desgracia siempre en pugna; si hubieran sometido su idea a la búsqueda de un medio que les hubiera permitido encontrar o reponer el vehículo que ya gastado se hacía inhábil para llegar a la jornada; en una palabra, si hubieran dejado de ser esclavos de esa esclavitud que tanto vituperan, otro habría sido su destino, y esa ilusión, ese deseo legítimamente fundado en un derecho que les otorga su calidad de ciudadanos y que la ley les respalda, quizá hace tiempo se hubiera convertido en una realidad que colmara tan justas como humanas aspiraciones.

Por lo que respecta a nosotros, somos hondureños nacidos en este que ha sido nuestro campo de Montiel; somos nacionalistas, conservadores o cachurecos, más que por convicción, por un fuerte cariño; y tan liberales como el más cachureco liberal. Jamás hemos cogido un arma para tirar contra un hermano.

Los liberales nos han sacado del país y nos han apresado en nuestra propia casa en algunas administraciones pasadas, y en nuestro partido, hemos tenido también adversarios gratuitos que nos han malquistado con los poderes públicos, sin más motivo que nuestra manera de ser que es leal y sincera, pero que rechaza toda adulación o intriga.

En los dos partidos tenemos muy buenos amigos a quienes apreciamos y queremos cual se lo merecen. Jamás nos ha cegado la pasión, y si predicamos la armonía de la familia hondureña, es porque creemos que es el único medio para llegar a ser felices. Hemos comido dentro de nuestra propia patria, con muy ligeras excepciones, el duro pan del ostracismo desde el año de 1919, por habernos armado caballeros; alta y delicada profesión que, al decir de don Alonso Quijano, sólo palos y mandobles produce.

UNA PLÁTICA CON EL SEÑOR MINISTRO DE GOBERNACIÓN, JUSTICIA Y SANIDAD

En los momentos que corre hoy el mundo, se hace necesario una comunidad de ideas entre los elementos que dirigen los intereses de la nación y la prensa, que es el vehículo por el cuál puede orientarse al público.

En los Estados Unidos y en Europa, es cosa establecida que la prensa recaba datos sobre asuntos que dentro del engranaje político y administrativo sean necesarios para hacerlos conocer a la ciudadanía: práctica que, además, siguen todas las naciones que se rigen por procedimientos democráticos. Es natural que los altos funcionarios de una nación se reserven algunas manifestaciones, cuando ellas pertenezcan al ramo de Guerra o de Relaciones Exteriores, por el hecho de que una publicación inconveniente, puede ser motivo para que la amistad de pueblos a pueblos, sufra alguna alteración, o en aquellas que se refieran a asuntos militares, que por delicados, sólo al servicio le corresponde saber.

Nosotros, que nos hemos dado cuenta de la nerviosidad que produjo, en el espíritu del pueblo en toda la República, la renuncia del señor Ministro de Gobernación y encargado del de Fomento, importante miembro en el gobierno del Doctor Juan Manuel Gálvez, pensamos, por nuestra propia cuenta, que para aclarar la incógnita de tal suceso, tal vez convendría entrevistar al señor Ministro Lozano h. y con el temor del paso que íbamos a dar, lo pusimos en práctica por considerarlo, más que todo, de interés público y, como ya dijimos, nos encaminamos a la residencia del señor Ministro.

El señor Lozano es un hombre culto y amable, pese o lo mucho que en contra de este aserto se ha tratado de divulgar; nos recibe en su casa de habitación con toda caballerosidad. Está solo y podemos abordar nuestro propósito, amparados en la buena acogida que nos dispensa. Después de las frases de estilo corriente y en las que nada tiene que ver el asunto que se persigue, entramos en materia comentando la nerviosidad causada en el público con motivo de las renuncias interpuestas en un momento en que nadie podía esperarlas, y el señor Lozano h., nos dijo:

"Precisamente, era el momento en que tenía que hacerlo. Hace tiempo que elementos de la oposición vienen haciendo toda clase de propaganda en contra de mi actuación al lado del gobierno, llegándose hasta los insultos y calumnias. No sé cuáles sean los motivos para actitud tan hostil, pues en el desempeño de mis funciones oficiales, he procedido siempre a base de justicia y razón dentro de la ley".

"Con el señor Presidente, Doctor Gálvez, estamos vinculados no sólo por la política de nuestro partido, sino, además, por una amistad personal que data de muchos años, tiempo en el cual, hemos podido conocernos más o menos íntimamente. Se ha pretendido que en el desempeño de mi cargo estoy influenciado por personas que en realidad de verdad nada tienen que ver con el manejo de la actual administración; personas que, por consideración y respeto al amigo y funcionario público, serían incapaces de hacer insinuaciones que pudieran poner en tela de un mal juicio, mi lealtad muy comprobada hacia el señor Presidente de la República".

"Con motivo de haberle sido otorgado el permiso que él solicitó del Honorable Congreso Nacional, quise darle oportunidad para que al separarse del Alto Cargo pudiera, con entera libertad, escoger de entre sus amigos, la persona más idónea y de su entera confianza para que lo representara en su ausencia, dentro de lo que la Constitución dispone en casos que, como el indicado en su solicitud, está ya previsto y, por otro lado, para desvanecer prejuicios que del todo son completamente infundados".

"El señor Presidente no ha querido aceptar mi renuncia, y en nota contestación a la mía y personalmente, me ha expuesto sus razones que como amigo y leal colaborador que soy de su gobierno, no puedo menos de considerar muy justas, obligándome a ellas, por la confianza y por el deber, a seguir prestando el contingente de mi esfuerzo en el difícil cargo que por encima de todo me impone el patriotismo para bien de la República".

Hasta aquí las palabras del señor Ministro Lozano h.; suficientes para reconocer que la armonía, confianza y buena voluntad existen, de manera perfecta, entre las dos más altas autoridades que rigen los destinos del país.

El señor Ministro nos ha autorizado para hacer públicas estas declaraciones.

SABIDURÍA POLÍTICA

En aquellos tiempos pretéritos antes de la era cristiana existían ciertas costumbres que habían adquirido el carácter de ley y que los políticos tomaban muy en cuenta para resolver los asuntos pertinentes a los grandes intereses de la nación.

Los partidos militares, antes de hacer la escogencia del ciudadano que habría de ser postulado como candidato a una alta magistratura, estudiaban a los hombres de más significación en forma muy privada, para cerciorarse no sólo de su valor que en aquellos tiempos se consideraba como una de las más grandes virtudes sino que, además, se pesaba el volumen de prestigio y simpatía de que pudiera estar rodeado por parte de la ciudadanía.

La disimulada observación a que estaban sujetos esos individuos era por lo general desconocida por ellos, lo que permitía que con entera confianza se entregaran a la vida de relación, ya política, ya privada, sin ocultar defectos o simular virtudes. Una Asamblea General, reunida en determinada época, hacía conocer los nombres de los escogidos, y en ella sus partidarios hacían derroche de elocuencia ponderando las cualidades que adornaban al deseado candidato de sus simpatías.

Los aspirantes y los escogidos eran objeto de una discusión en la que no faltaban apreciaciones poco dignas para muchos de los que estaban en juego, pero ello, no obstante, una vez hecha la votación y lograda la mayoría, la misma Asamblea se juramentaba en el sentido de poner toda su influencia y empeño, para que el candidato electo triunfara en los comicios generales o populares.

Como puede verse, aquellas gentes para designar una candidatura, tomaban en cuenta muchas circunstancias que debían favorecer al individuo propuesto; circunstancias que balanceándose, debían dejar un promedio efectivo que fuera favorable para determinar el voto. Otra circunstancia que se tomaba en cuenta era la que se refería a la popularidad, si ésta estaba más o menos acorde con la capacidad; pero para que todo esto entrara fácilmente en la conciencia de los asociados, tenía que ser indispensable una disciplina a toda prueba, de tal manera que, una vez resuelto un asunto de interés general para el partido, todos, absolutamente todos, con la mejor buena voluntad lo acuerpaban.

Los partidos políticos, dentro del período de mandato constitucional, pueden orientar discutiendo los problemas de carácter nacional que no afecten al gobierno en su seguridad y al país en su tranquilidad; pueden estudiar y hacer la escogencia de sus hombres entre los más populares y capacitados de su grupo para presentarlo al pueblo en la época que la ley señala como el más conveniente para regir los destinos de la patria.

En nuestras luchas de partido sometidas a la libre consideración de los pueblos, podemos encontrar individuos candidatos que, por sus condiciones de valor intrínseco, muy personal en ellos, elevaron los dones de su simpatía y popularidad a un nivel casi sorprendente; pudiendo estimarse como principales, entre otros, a Policarpo Bonilla en su campaña de 1894; a Manuel Bonilla en 1902 y a Tiburcio Carías Andino en la de 1932.

Los pueblos se enamoran de los hombres que ellos mismos levantan a las más grandes alturas, cuando esos hombres con la sabiduría de su política, con su sentido común y con la bondad de su corazón penetran en sus sentimientos con halagos y promesas que las más de las veces sólo forman una ilusión que desvanece la realidad. Las masas son el músculo del cuerpo que constituye el organismo de la nación, y los hombres de pensamiento son la cabeza que rige y dirige las acciones de ese cuerpo.

No es difícil ganarse la voluntad de las multitudes si el que lo pretende tiene la habilidad de tocarles lo más sensible de su alma, la que se satisface como la de los niños, con una pequeña caricia; lo difícil será recuperar su confianza y su fe, si por desgracia se dan motivos para que se pueda perder.

Por eso, los gobiernos que han logrado el cariño de sus pueblos, deben amarlos como el padre ama a sus hijos, ayudándolos en sus necesidades y consolándolos en sus aflicciones; deben comprender que esas masas de seres que a ellos se entregan sin reserva, casi nada piden en recompensa de sus sacrificios, estando siempre listos al llamado que de ellos se haga cuando las circunstancias lo exijan.

Debe pensarse, que, como todos, tienen corazón para sentir sus alegrías, lo mismo que sus tristezas que nosotros no comprendemos o no queremos apreciar, sin que de parte de ellos haya la menor protesta ni queja por tal abandono que efectivamente no merecen. Amemos a nuestro pueblo que es sangre de nuestra sangre; que vive humilde y desinteresado para darnos vida con su esfuerzo y su trabajo.

LA BOMBA ATÓMICA Y LOS PLATOS VOLADORES

El mundo puede precipitarse en el vacío o desintegrarse al impacto de fuerzas prepotentes que el hombre, en su loca fantasía de dominio pleno, está buscando para su propia destrucción. Alberto Einstein, sabio entre los sabios y autor de la Teoría de la Relatividad, ha declarado que si la Bomba de Hidrógeno es desarrollada, la destrucción de la vida terrestre sería un hecho porque la atmósfera, una vez que ella estallara, se llenaría de un veneno radioactivo. El sabio hace un llamamiento para que se haga campaña en favor de la PAZ, especialmente entre los Estados Unidos de Norte América y Rusia que son las naciones que, en estos difíciles momentos, tienen en sus manos no sólo vida de la humanidad, sino que también la del planeta sobre el cual vivimos.

El sueño de Arquímedes ha llegado a ser una realidad; el hombre ha encontrado el punto de apoyo y no sólo puede mover el mundo... podrá destruirlo. La inteligencia humana cuando traspasa los linderos de la moral, de la razón y de la justicia, invade los campos de la locura en donde no es posible la reflexión, y en esas condiciones, armado con la fuerza de su talento y de su ambición, pierde el control de sus ideas, creyendo, en medio de su grandeza, equipararse al Único Poder que establece en el misterio de lo desconocido, las grandes causas y los grandes efectos: poder que es DIOS.

Estados Unidos y Rusia tienen ya la Bomba de Uranio, cuya fuerza destructiva pudo apreciarse en el epílogo de la última guerra en las fértiles llanuras de un pueblo de lo que fue el Imperio Japonés, y hoy, la primera de estas naciones está en condición de producir otra arma mil veces más destructiva como es la Bomba de Hidrógeno.

La capacidad intelectual del ser humano no está circunscrita a determinada nación o raza, porque ello sería un contrasentido o una negación de los principios fundamentales que rigen a la creación para su mejor equilibrio; de donde se deduce, que lo mismo pueden fabricar el arma hidrógeno los sabios del poder norteamericano, que los sabios de carácter internacional con que cuentan los rusos; tanto más, cuanto que se está viendo el intercambio de infidelidades y traiciones como en el reciente caso del Dr. Claus Fuchs, considerado como el más grande experto en física y energía nuclear que jamás haya tenido el mundo.

Pero va más allá el desconcierto y preocupación de los pueblos y en particular de los hombres que dedican sus energías y su talento a descifrar los misterios de la naturaleza, y esa preocupación y desconcierto lo viene provocando, desde hace 175 años, el aparecimiento de los Platos Voladores en distintas regiones del planeta. Alejandro Sux, en sus "Cartas de New York", nos hace revelaciones que, si no están generadas por la fuerza de una gran fantasía, tendrán que tomarse en cuenta como visión de un inmenso peligro que amenace a la pobre humanidad.

Si los Platos Voladores son aparatos motomecanizados para fines de transportación o de inspección, en las proporciones de tamaño y velocidad que don Alejandro nos cuenta, habremos de aceptar que nuestros aeroplanos, comparados con ellos, son verdaderos juguetes. Estos cuerpos gigantescos que cortan el espacio en vertiginosa carrera elevándose verticalmente a las más grandes alturas en las que el hombre no puede vivir sin ayuda del oxígeno, deben ser una perfecta obra de la ingeniería constructiva. Setenta y cinco metros de diámetro de materia compacta combinada probablemente en pequeños compartimentos, es algo extraordinario para poderla calcular y definir.

La hipótesis de que se trata de un aparato interplanetario, tiene forzosamente que producir dudas en las mentes de los que estudian el insólito caso, a pesar de que las investigaciones por conocer su procedencia, han resultado fallidas. ¿No habrá equivocación en vincular las visiones del pasado con los detalles de estas máquinas más o menos apreciadas en el presente? Hay que considerar que las grandes naciones se preparan quizá para la última embestida en que la tierra habrá de sacudirse temblorosa si no es que se destruya como dice Einstein; y que la idea de sus fines y los elementos de que se disponga, permanezcan en el más profundo secreto.

México también ha dado cuenta de la aparición de estos Platos Voladores sobre el ambiente de su territorio, lo que quiere decir, que nosotros, muy dichosos seremos si escapamos del peligro. Nuestra posición geográfica y la solidaridad de nuestros países con la gran nación norteamericana, a lo que hay que agregar la importancia del

Canal de Panamá que es llave para unir los dos océanos, es algo que aumenta ese peligro.

Se dice que en los momentos más críticos es cuando el hombre debe buscar la ayuda del hombre. Sociedades que no aúnan su esfuerzo para el sostenimiento del bien común, están perdidas; y es esto en lo que nosotros los hondureños debemos pensar, para enfrentarnos en estrecho abrazo a todos esos grandes peligros que se ciernen sobre nuestras cabezas. Volvamos sobre nuestros pasos olvidando los errores del pasado, para que si mañana por la fatalidad del destino que, escrito esté en los libros de la Divina Justicia, podamos en la verdadera hermandad de nuestros corazones, cantar el hosamna en gratitud de nuestra dicha, o llorar juntos la desgracia de nuestra suerte si aun vivimos.

LAS NACIONES UNIDAS Y LAS PLÁTICAS DE LAKE SUCCESS

La primera guerra mundial tuvo al parecer su origen en el asesinato de los príncipes: Archiduque Francisco Fernando y la Archiduquesa Sofía de Hoenberg, herederos de la corona de Austria, Hungría, asesinato perpetrado en Sarajevo, capital de Bosnia, en Serbia, el 28 de junio de 1914. Francisco José, Emperador octogenario de Austria, venía desde tiempo atrás, desmembrando a la pobre e indefensa Serbia y sometiéndola a las más duras humillaciones, siendo la tragedia de Sarajevo un acto de violenta represalia de que fueron víctimas los referidos príncipes.

Rusia, en su ya manifiesto afán de dominio mundial, veía en la situación de Austria una oportunidad para desatar la guerra, y "Las Noticias", gaceta de Berlín, publicaba: "La guerra o la paz de Europa, depende hoy de San Petersburgo... y debe saberse que un ataque contra Austria significa la guerra con Alemania", guerra que Fue declarada inmediatamente después que Rusia movilizó sus ejércitos el 31 de julio del mismo año 14; y la complicación de todas las naciones europeas Fue inmediata.

Las cartas cruzadas en esos difíciles momentos entre Guillermo II y el Zar de las Rusias, demuestran que el Emperador alemán hizo lo que pudo —quizá aparentemente— por evitar la guerra, pero la desmedida ambición de Nicolás II desbarató tal intento, dando margen para que el afeminado de Hohenzóller se contagiara de ambición atacando a Francia sin declararle la guerra, con lo cual se provocó la participación de toda Europa en el terrible desastre.

Todos sabemos cuál Fue el final de esta primera hecatombe que dio al traste con dos de las principales testas coronadas; una de las cuales sobreviviendo al desastre, acabó sus días en una solariega casa de Holanda echando de menos la grandeza de su omnímodo poder; mientras que la otra, en las frías regiones de su caído imperio, fue más tarde con toda su familia, fusilada por las nacientes hordas de un sistema político que después de encadenar a su propio pueblo, habría de pretender el encadenamiento del mundo entero al grito de todo para todos.

La caída del imperio ruso abrió las puertas al comunismo que con Lenin a la cabeza, desde Suiza, predicaba la fatal doctrina; y el desaparecimiento del imperio alemán dejó a ese pueblo débil y anarquizado. La República que se implantó no pudo sostener sus gobiernos que estuvieron siempre amenazados por las fuerzas de los partidos que en toda forma se disputaban el poder, poder que día a día se debilitaba por la falta de energía de su anciano presidente Hindenburg que no pudo evitar que Hitler se adueñara del gobierno, sostenido y empujado por sus camisas negras.

En Alemania el nazismo y en Rusia el comunismo, eran campos propicios para que la semilla de una futura guerra germinara con todo vigor, y esa semilla exótica llena de veneno, fue cultivada con todo cuidado durante 22 años, hasta que alcanzando su madurez en 1939, dio su maldito fruto provocando muerte, postración y miseria. Y esa última guerra no tiene paralelo en la historia del mundo; en ella se cometieron las atrocidades más inimaginables, y si es cierto que al final se impuso la razón ganando la guerra, también es cierto que se impuso la guerra perdiendo la paz, paz que no hemos podido conseguir a pesar de los esfuerzos que, para lograrla, hacen las naciones libres.

Lake Success es el centro escogido para que las 51 naciones que forman su agrupación, deliberen sobre la manera de alcanzar el bien perdido, que es la paz; pero hasta ahora, no obstante, tanto esfuerzo, parece que nada se ha logrado que revele que esa paz puede llegar a ser una realidad. Entre los elementos que componen esa sociedad, se encuentran representantes de los regímenes de fuerza que amparados por el poder soviético sólo obstáculos presentan para la consecución del ideal que tanto ansía la humanidad.

La Rusia Soviética y sus satélites no omiten medios para imponer en las discusiones sus puntos de vista siempre tendientes a dar fuerza y engrandecer su sistema político que cual pulpo, ahoga las libertades de países indefensos. Por referencias que nos ha hecho persona que ha sido testigo de esas discusiones, sabemos que ella degenera, a veces, en insultos y amenazas por parte de los representantes del comunismo.

Los países democráticos que luchan por sus libertades y por la paz del mundo, tienen en frente un problema muy difícil de resolver, problema que no es otro que la tenacidad del Soviet por ejercer hegemonía y ganar terreno. De las discusiones de Lake Success sólo se saca en limpio que el mundo está a punto de estallar. Rusia se arma a toda carrera y lo mismo los Estados Unidos. Ya China ha caído en poder del comunismo a ciencia y paciencia de las naciones libres y después vendrá la India, Turquía, etc., y si nos descuidamos, la América también puede comunizarse.

Parece que los representantes de las naciones libres se llenan de paciencia ante los rudos ataques de los envalentonados moscovitas que creen que su juego puede darles muy buenos resultados, y estos procedimientos atentatorios a la soberanía de los pueblos, a la larga o a la corta, ocasionarán el derrumbamiento del oprobioso sistema.

LAS OLIMPIADAS DEBERIAN PATROCINAR LA UNION DE LOS PUEBLOS

Los juegos de atletismo, pelota, balompié, etc., se han practicado desde épocas muy remotas; los atenienses y los romanos se dedicaron a ellos con gran entusiasmo. Eran famosas las olimpíadas de aquellos tiempos, según la historia; a ellas se acudía desde muy largas distancias ofreciéndose hermosos galardones a los que salían triunfantes. Más tarde, algunos Césares las pervirtieron en su afán de gozar con los espasmos de la muerte, gozo del cual llegó a participar el pueblo pidiendo a gritos y con señas especiales, la muerte de los vencidos.

Se ha podido comprobar que nuestros antepasados los mayas, fueron muy adictos a esta clase de torneos, ya que, tanto en México como en Copán, se han descubierto indicios que revelan su dedicación al juego de pelota.

Por algunos siglos esta clase de entretenciones Fue echada al olvido; las guerras y las persecuciones por asuntos religiosos o de partido entibiaron el entusiasmo llegando a perderse por completo y parece que fue en este siglo que ha renacido ese entusiasmo alcanzando las proporciones que hoy tiene y en las cuales, no se mide la cantidad de dinero que haya de gastarse para la presentación de una buena partida.

Todos los países se preocupan por darle realce y comodidad a sus propios equipos; de tal manera, que antes se descuida cualquier otro asunto de gran importancia para el Estado, que aquello que de alguna manera tenga que ver con los deportes. Los públicos se sienten tan atraídos con estos juegos, que bien cabe el calificativo de fanáticos que con razón se les aplica.

Centroamérica no ha querido quedarse a la zaga en cuanto se refiere a los deportes, y así puede verse que todos sus países cuentan con magníficos estadios dotados de toda clase de comodidades para alojar y servir los diferentes equipos que lleguen de sus vecinos y hermanos y aún de países de más larga distancia, todo lo cual puede considerarse como bueno, supuesto que en ello, entra la cortesía y educación que son necesarias para saber atender a los que por invitación o propia espontaneidad se conviertan en agradables huéspedes.

Esta clase de juegos que han adquirido carácter internacional son un medio eficaz para que la relación de amistad de las naciones, se afiance y aumente, dado que sus eventos en interés y cariño, afectan el sentimiento de los fanáticos siempre atentos a su desarrollo y pureza con asistencia a ellos, o por medio de locuciones efectuadas por la radio.

Toda nación tiene cariño y gran estima por sus propios jugadores; cariño y estimación que se justifica porque en cierta manera representan el esfuerzo de nacionalidad hecho agilidad y músculo en cada uno de ellos. Por eso, y aún más, por la cultura y educación que debe prevalecer en el que invita o recibe huéspedes o amigos en su casa, es que a toda costa, se deben disimular inconveniencias que puedan surgir de una controversia deportiva.

No cabe ni puede caber en los cánones de la buena crianza que un anfitrión convide a su vecino ofreciéndole halagos y agradables pasatiempos para luego mantenerlo en ayunas y en vez de cariño y atenciones, propinarle lo que él, en forma alguna, no deseara recibir.

Nosotros creemos que debería formularse una ley auspiciada por un congreso internacional de deportistas en la que se estableciera de manera perentoria que el jugador o jugadores que provocaran disturbios en la cancha, serían descalificados y hasta sometidos a sanción penal; y esto, podría quizá ser un remedio eficaz para evitar resquemores y odios de grupo a grupo que bien pueden llevarnos hasta un conflicto armado de pueblo a pueblo.

Los juegos de deporte podrían ser el mejor medio de acercamiento espiritual entre los países del Centro de América, y las Olimpíadas con más razón porque ellas, de la manera más directa, son auspiciadas por los gobiernos cuyas relaciones alcanzarían mayor proporción al ser acuerpadas por la simpatía y cariño de sus habitantes; y es así cómo efectivamente se iría abriendo el camino que nos llevará sin prejuicios ni desconfianza a la unión de nuestros intereses políticos y económicos para hacer la tan soñada Patria Grande.

Pero sucede que los deportes, en vez de acercarnos en cariño y convivencia que es propia de hermanos que pueden o deberían llegar a unir sus destinos; por inconformidades o por abusos reñidos con la hidalguía tan necesaria en sus eventos, sólo dejan tristeza y desengaño en el alma de los ofendidos y rencores en el espíritu de sus pueblos.

La juventud que a estas manifestaciones de cultura se dedica, debería tomar en cuenta que su actitud en tales juegos debe estar en armonía con las buenas relaciones de amistad que existe entre sus respectivas nacionalidades, procurando no dar motivo para que estas relaciones se entibien o provoquen suspicacias lamentables.

FRATERNIDAD Y MAS FRATERNIDAD ES LO QUE PEDIMOS NOSOTROS

Se ha pretendido que nosotros propiciamos situaciones difíciles y que la expresión de nuestras ideas se encamina a fines de utilitarismo que por ser personal destruye la tesis que sustentamos, y nada más inexacto puede haber que está mal fundada suposición.

Estamos colocados en un plano de base firme y de imparcialidad completa. No especulamos con nuestro pensamiento, porque ello sería traicionarnos a nosotros mismos en un campo de acción que por limitado, apenas sí deja lugar a dudas. Establecemos puntos de vista con mente sana de prejuicios, y con el corazón henchido de esperanza sin negar nuestras simpatías y convicciones.

Hemos visto durante largos años correr el tiempo y tras él, el ciego empeño de una pasión de odios y amenazas que en ocasiones han culminado con la muerte de miles de inocentes ciudadanos absorbidos por idealidades que ellos no han podido comprender. Hemos visto y oído el llanto lastimero de la madre, de la esposa y del hijo frente a los restos del padre, del hijo o del esposo amado, muertos en luchas de hermanos contra hermanos, dejando en la miseria y desolación a seres que esperaban ser felices por derecho de justicia y de razón.

La responsabilidad de los hombres ante la magnitud de esos desastres provocadas por la soberbia, o la ambición es enorme, porque no solamente entorpece el curso progresivo de los intereses del país, tan necesario a la mejor vida de la ciudadanía, sino que siembra la ruina ocasionando además de miles de desgracias, el descrédito y deshonor de una pobre patria entregada al furor y desconcierto de sus hijos.

Por el escenario de la vida tumultuosa han pasado gran número de mentalidades que con sus luces hubieran hecho mucho bien a su patria; pero que las sacrificaron en aras de ideales ficticios de grupo a grupo que no entrañaba lo que la patria exige en determinados momentos; porque sublime es perder esa vida cuando la soberanía y naturales derechos que nos corresponden estén amenazados por fuerzas que sean extrañas a nosotros mismos.

Las tumbas se han abierto en los valles y en las serranías al perderse el eco de la voz atronadora del cañón que siembra la muerte entre los hijos de una misma madre, y los espíritus y almas atormentadas por el desengaño y quizá por el arrepentimiento, habrán volado pensando en sus más grandes amores, a ocupar el puesto que les corresponde en las misteriosas soledades del oriente eterno... y todo ello, ¿por qué?

¿Dónde están los beneficios que han ocasionado nuestras saturnales? ¿Dónde el provecho para todas esas madres viudas e hijos dejados en el mayor desamparo? Y la Patria, ¿qué ha ganado la Patria que justifique la actitud de sus hijos?

Sí, señores, no estamos haciendo escuela de sentimentalismo barato; estamos tocando la llaga sangrante y poniendo los puntos sobre las íes, porque honradamente lo consideramos justo y necesario y porque estamos viendo que en estos momentos se está intentando levantar el estandarte de la muerte para volver a empezar.

Lo más doloroso es que sean esas juventudes las primeras en caer en el lazo del engaño ofrecido por poderosos aventureros que queriendo tirar la piedra, esconden la mano y que cuando de cumplir se trata lo que tanto han ofrecido, abandonan a sus inexpertas víctimas, al esfuerzo del entusiasmo que los conduce a la muerte, lo que además de ser triste, es vituperable, porque en todo caso y a pesar de todo, se trata de hermanos.

Pero ese ambiente de inexperiencia que se agita al calor de falsas promesas está reducido a un medio al cual no han penetrado los hombres honrados y sensatos que con nosotros conviven, porque están obligados a reconocer, que no hay razón para que en estos momentos soplen vientos de tempestad y esto vale mucho, porque elevan en el mejor concepto un miraje sano con tendencias a lo justo y a lo honrado.

Y en esa plataforma de honestidad y de comprensión política es en la que nosotros queremos ver a los partidos, aunando sus esfuerzos, según sus propios mirajes para que la rueda del progreso, de la tranquilidad y de la paz no detenga su movimiento altamente beneficioso para todos, y luego, esperar con paciencia el momento en que justamente debamos desarrollar nuestras actividades ciudadanas, y escoger, de acuerdo con la Constitución, la planilla que debe regir los destinos de la nación. Adelantarse no es avanzar, pues hay quien va despacio y llega primero.

A VECES SOMOS VÍCTIMAS DE NUESTROS PROPIOS CAPRICHOS

En la filosofía china, en el Siao—Hio, o escuela de los niños, se encuentra este precepto: "Cuando la razón domina las pasiones, todo va bien; pero si las pasiones tienen predominio sobre la razón, todo camina de mal en peor". Esta máxima tiene la limpidez y claridad del cristal. Quizá muy pocos hayan escapado al predominio de la segunda condición, aunque sea por algunos momentos, volviendo sobre sí, para imponer la razón.

En el ajetreo de la vida, dura por cierto en la mayor parte de sus aspectos, se presentan situaciones muy variables, amenazadas unas del medio en que desenvolvemos nuestras actividades, y otras, de la falsa apreciación que nos impone un deseo o una aspiración que, aun siendo justa, no llegamos a modelar en todos sus contornos.

Se dice que la experiencia es madre de la sabiduría, y que son los golpes o los fracasos los que enseñan el camino de la verdad; pero esta sentencia tiene una aplicación muy relativa, por el hecho de que en la mente humana hay una multiplicidad de sensaciones que luchan por superarse las unas sobre las otras, resultando de aquí que la experiencia puede adquirirse en cuanto se refiere a una de esas sensaciones, pero no a todas, estando por consiguiente el hombre, sujeto siempre a adquirir experiencia.

Hemos visto que en el terreno de los negocios se planean proyectos que, considerados a grosso modo, y sólo al amparo del buen deseo, al ponerse en práctica, no responden a la idealidad que de ellos se esperaba, y es aquí en donde empieza la experiencia a hacerse sentir, obligando a que se busquen las causas que puedan originar tropiezos que no fueron: previstos. Quiere decir que la experiencia se impuso en un caso determinado, en el cual, si se ha sabido aplicar, dará frutos de enseñanza muy favorables.

Pero como la multiplicidad de sensaciones que originan deseos son propias de la naturaleza humana, débil y necesitada de encontrar los medios para su propia conservación, el hombre, no pudiendo abarcar más que un hilo de esas sensaciones, que es el que acusa su deseo, en él pone toda su atención, con el objeto de darle vida y hacerlo tangible, siendo, en este caso, único y exclusivo, en que entrará a hacerse sentir la experiencia.

La relatividad de la experiencia está conforme con la capacidad captativa del ser humano; la experiencia en todas las ramas del saber o en todas las necesidades del hombre, es imposible. El viejo habrá acumulado mayor número de experiencia porque ha vivido más y ha sufrido más, pero no podrá decirse de él que ha alcanzado sabiduría completa, por el hecho de ser viejo, y hay más, para que el viejo alcance experiencia que le dé esa relativa sabiduría, se necesita que entre en la categoría del ser pensante, porque la gran mayoría de viejos alcanzan esas edades con perfecto desconocimiento de lo que realmente es la experiencia.

Pasar por encima de lo que nos aconseja el rudo batallar de la existencia; no rectificar las equivocaciones que son inherentes a nuestra naturaleza humana; hacerlo por capricho, con tendencias a romper el muro de lo imposible, es lo que nos hace sufrir los mayores fracasos y decepciones, para después echarle la culpa a la suerte o al destino.

Y estas condiciones de tendencias en el ser pensante, abarcan todas las sugerencias que la mente hace en el campo de los deseos o ambiciones, ya lícitas, ya ilícitas, para alcanzar un fin premeditamente concebido. Lo será en los negocios, en la política, en el amor y aun en los afectos de familia. Se rompen las condiciones de la simpatía, de la política y del amor, cuando por capricho se siguen sendas que están reñidas con la buena fe, que es base de justicia y de razón.

Las consideraciones que el hombre haga con respecto a intereses divididos y subdivididos pertenecientes a las colectividades que actúan separadamente dentro de la nación, no son las consideraciones que el hombre debe apreciar cuando se trata de los intereses que corresponden a esa nación, porque éstas entrañan una responsabilidad que afecta su propia vida, que es la vida de todos los que la integran.

La distancia que separa lo justo de lo injusto, lo real de lo ficticio, puede ser muy corta si no media en su separación un capricho o una tendencia de sostener por encima de todos los argumentos lógicos, que la noche es día o viceversa, cuya resultante, forzosamente habrá de ser perjudicial para quien o quienes propugnen tales tendencias.

LA PRUDENCIA Y LA FIRMEZA, SALVAN MUCHAS DIFICULTADES

Todos los problemas que afectan a la sociedad o al hombre en particular, pueden resolverse a base de un entendimiento amistoso que aleje el roce que hiera susceptibilidades o provoque encono y odios. En materia civil encontramos esta clase de entendimientos para evitar demandas que, una vez establecidas, pueden durar años, con perjuicio siempre de los proponentes a establecerlas.

Se dice que más vale un mal entendimiento que un buen pleito, lo que parece ser verdad, porque lo que no se pierde por un lado, se pierde por el otro y el gananciso en ninguna forma habrá de ser ninguno de los afectados; y si esto sucede en el campo de las controversias judiciales, igual cosa pasa con las que se sostienen de palabra o por escrito en los diferentes campos de la actividad humana.

Dos individuos que por igual reclaman sus derechos que consideran afectados el uno por el otro, si al entrar en polémica no se saben entender por mediación o por amistad, acabarán por darse de palos o por llenarse de los peores improperios, y con esto no habrán mejorado la situación que los ha puesto frente a frente; por el contrario, la habrán agravado más.

Esta clase de situaciones puede corresponder a todo evento de carácter personal o colectivo, político o económico, en que las fuerzas de supremacía por encontrar la verdad se disputan el derecho que cada una cree que le corresponde, y sucede, las más de las veces, que en vez de aclarar la incógnita, la obscurecen más, llegando a ser imposible establecer la verdad.

La característica de estos desagradables asuntos en la mayor parte de los casos, no enmarca ni se amolda al verdadero sentimiento del que los propugna, y sólo una fuerza de índole muy exterior, dominada por el amor propio, es la que sostiene y da vida al criterio que por encima de toda razón se pretende hacer prevalecer.

Si nos pusiéramos a meditar con toda calma en el pro y el contra de nuestros desahogos inflamados por el inmediato deseo de rebatir pareceres o ideas que estén en desacuerdo con las nuestras, llegaríamos a la conclusión de que vale más un buen entendimiento que el gasto de energías mentales que bien pueden utilizarse para fines que propicien el bienestar común.

Nosotros creemos que en estos momentos, que son de paz y de tranquilidad nacional, nada se opone al desarrollo de ideas y tendencias que vayan encaminadas a dar vigor y fuerza al problema de estabilidad política que a todos en una u otra forma beneficia; porque hay que comprender que, perdida esa estabilidad, pueden surgir situaciones que además de entorpecer el curso de confianza establecido para disfrutar de él dentro del mejor orden, se caería de hecho en una anarquía que puede dar margen al desorden, que es causa de ciertas actitudes lamentables que a toda costa debemos evitar.

Si no se quiere creer en la sinceridad de un propósito que empuja su deseo hacia rutas de concordia, que son las que limpian el camino de tropiezos, no podremos llegar a la meta con la fuerza de una convicción fundada en derecho, derecho que de nosotros depende se mantenga incólume, para que sea baluarte de nuestra propia defensa sustentada sobre base de respeto y de prudencia.

La política no es una ciencia que circunscriba su acción a punto especialmente determinado, pues por el contrario, ella, conducida con la pericia y habilidad de quien la maneja, penetra en los más apartados rincones, convenciendo con la fineza de una argumentación sutilmente hilvanada para que surta el efecto apetecido.

El comerciante que pondera la bondad de un artículo, está haciendo política dentro de la esfera de su acción.

En la política militante debe jugarse sin mostrar las cartas al adversario, porque el que las enseña está perdido. Hay partidos que juegan a la descubierta, dando con ello lugar a que se conozcan todos sus movimientos, que la oposición está en derecho de hacer a un lado.

La indiferencia y el olvido aplicados contra el adversario en política, es el arma más formidable; político a quien se ve con indiferencia o se olvida, está terminado. Si se desea elevar a mayores alturas a un individuo, insultadlo todos los días. El buen político provoca el insulto y hasta lo paga; así lo dicen los que sobre tales asuntos han escrito.

Entre nosotros la campaña de buena propaganda y de elevación de valores, la hace el adversario, sin darse cuenta de ello porque, no encontrando el camino en el que pueda con sutileza y sagacidad esgrimir el arma de su acción, que ha de ser en toda forma preventiva, se lanza por los campos del insulto y hasta de la calumnia, creyendo conseguir con ello el derrumbe de una reputación que, a más insultos, más grandeza adquiere.

El hombre que sufra porque en el campo de la política se le vitupere llenándosele de los calificativos más infamantes, debe retirarse porque estará incapacitado para hacerle frente a todas las tormentas que sobre él, con furia se precipiten. Los arrecifes en las escabrosidades de las cuencas marinas soportan enhiestos la formidable embestida de las olas, manteniéndose firmes. Así debe ser el político.

ANTES QUE TODO ESTÁ LA PATRIA

La apreciación justa sobre lo que significa para el hombre el cariño y respeto que siente por la tierra en que ha nacido, sólo se manifiesta de suprema manera cuando el sujeto se encuentra lejos de ella.

A la distancia, todo lo que se relaciona con la patria, adquiere grandes proporciones que envuelven al espíritu y la mente en fantásticas ideas que encierran recuerdos llenos en su mayor parte de gran melancolía. Cualquiera impresión retrata un aspecto de la vida pasada entre los seres queridos; en lugares de grata recordación en los que se sintió el peso confortable de un afecto cultivado en el alma de los seres por quienes desde lejos suspiramos.

Cuanto más largo sea el espacio que separe al hombre de la tierra amada, más grande será el afecto que sienta por ella. De nada valdrán las posiciones, por buenas que sean; los nuevos afectos en amistades sinceras capaces de aliviar penas o gozar con nuestras dichas. Todo eso podrá ser motivo de satisfacción y agradecimiento, pero no llenará el vacío que impone el recuerdo de la patria lejana, que es única en bondad y en amor para sus propios hijos.

La sensibilidad espiritual del hombre normal, no afectado por taras degenerativas, es tal, cuando se encuentra lejos de su patria, que ama todo lo que tenga indicios de provenir del suelo que lo vio nacer. La alegría de un encuentro con un paisano al que tal vez no se ha visto ni tratado nunca, se manifiesta instantáneamente que se pone al habla con él, conviviéndose momentos de tal fraternidad, que pareciera existir una más que vieja amistad

Es el alma del pueblo que grita en la subconciencia del individuo; es el espíritu hermano que se presiente y se revela a la menor sospecha de que se han respirado al nacer los mismos aires y visto los mismos cielos que circundan el ambiente de la patria, mente que se pone al habla con él, conviviéndose momentos de tal la envoltura de nuestro ser.

No se explica cómo pueden existir seres que menosprecien o renieguen del suelo que ha cubierto los restos de los que otrora fueran raíces del árbol que nos ha dado la vida. No se explica cómo pueden haber traidores a lo más sagrado y más querido que para el hombre debe existir, como es la patria, que simboliza lo más grande, más noble y más sublime que para el buen patriota puede existir.

Algunos pueblos de la antigüedad, tanto en Europa como en Asia, aplicaban a esta clase de traidores las penas de muerte más infamantes, después de exhibirlos en plazas públicas aherrojados con fuertes cadenas. Era costumbre, además, que en ciertos lugares el pueblo los hiciera sufrir aplicándoles por cuenta propia flagelos u otras caricias nada agradables para los pobres condenados. En la actualidad, las leyes también determinan sanciones de carácter especial para estos abominables delitos.

Y aun esta clase de seres extraviados por degeneraciones mentales o por la ambición del dinero, llegado el momento en que son descubiertos, no pueden negar la verdad de sus hechos, a sabiendas de la pena que les espera, lo que parece que sucede por efecto de una fuerza interior que, en sincero arrepentimiento, a ello los obliga.

Para el buen hombre, su patria tiene que ser única; única desde el momento que nace hasta el momento que muere, y es que fuera de ella podrá gozar de las más grandes comodidades, ser rico y, aparentemente, amado por todos los que le conozcan; pero el corazón, que no se equivoca en sus sensaciones emotivas, conoce que a pesar de todo eso, que desde luego es un halago y una satisfacción, él será siempre un extranjero, un extraño dentro de la sociedad en que vive.

Sólo los que materialmente no pueden, no hacen el retorno a la patria cuando sienten que las fuerzas les faltan o que la muerte está próxima. Ser cobijados por la tierra que las ha visto nacer, es el último anhelo de los que, lejos del suelo patrio, vegetaron o se enriquecieron al amparo de sus luces o de su trabajo honrado.

El suelo patrio no se debe abandonar por caprichos, resquemores o ilusiones que luego pasan. Las esperanzas de encontrar fuera de ella la tan ansiada caricia de la fortuna, es siempre problemática, alcanzando la mayor parte de las veces sólo decepciones y desengaños que enferman el alma o entristecen el corazón.

Sentirse ambulante y desconocido en tierras extrañas; saber que se tiene fuerzas y conocimientos para encauzar las actividades de la vida y no encontrar los medios de hacerlo efectivo, además de ser doloroso es atentatorio contra la propia personalidad y contra la patria que es única en capacidad y en amor para reconocer los valores de que están revestidos sus propios hijos, obligados por ello a servir y a cuidar porque no sufra mengua su honor y soberanía.

JESUCRISTO

He aquí el hombre más sublime, el más santo y más puro que haya tocado la superficie de nuestro planeta. Hombre lleno de bondad y de misericordia; de sabiduría y de dulzura infinita; y de amor, del más grande amor que sólo cabe en el corazón de un padre, que es padre de la humanidad.

Jesucristo, HOMBRE Y DIOS que colaboró con el gran Hacedor del Universo en la formación de los mundos que vagan en el infinito espacio para cumplir misiones que les están encomendadas, es uno con El y triduo con el Espíritu Santo. "Estuve con mi Padre y soy antes que Moisés y que David", ha dicho, y los hombres, minúsculos seres llenos de ignorancia, de codicia y de envidia, lo declararon loco, acusándolo de herejía ante el Sanedrín para que fuera condenado por impía a la infamante muerte de la cruz.

El mundo corrompido por la concupiscencia, la ambición y el odio; corrompido por la idolatría hacia dioses vulgares y prostituidos, que celebraban sus orgías en las alturas de su Olimpo, provocaron la ira del Gran Dios, que lanzó fuego y tormenta sobre Sodoma y Gomorra, y envió el diluvio para terminar con la raza humana, llena de podredumbre y de maldad; y la Sabiduría Divina rehizo el mundo que, perseguido siempre por el espíritu del mal, sigue su camino de tumbo en tumbo, siempre con tendencias a su propia destrucción.

Jesucristo, por mandato de su Padre Celestial, encarnó su espíritu en cuerpo humano, tal cual lo habían predicho las profecías. David, en sus Lamentaciones, hizo la historia en detalle de lo que habría de suceder al hombre—Dios, esperado más tarde por los israelitas como el Mesías prometido. Escrito estaba. Y Jesús vino al mundo para salvar a los pecadores y sentar las bases de la justicia divina, a sabiendas de que sería crucificado.

Y ese sacrificio era necesario para que la humanidad, dándose cuenta de sus errores, buscara el camino que conduce a la felicidad eterna, camino que aun recorre en medio de dudas y entre la penumbra que producen la ambición, el odio, el egoísmo.

La sangre del Divino Mártir Fue bálsamo para el corazón de 'os afligidos y bienaventurados; Fue consuelo para los creyentes y alivio para los necesitados. Fue pan de vida y agua mitigadora de la sed de amor en las almas nobles, que creyendo en El, se sintieron atraídas por el gran poder que simboliza y en su espíritu representa la más alta verdad, que es Dios.

Jesucristo, Jesucristo, grandiosa y sublime figura de hombre con el alma suprema del Dios prepotente y misericordioso que, en tu afán de salvar a la humanidad, descendiste al mundo para hacerte carne de dolor, sufrido por la ingratitud e incomprensión de tus hijos; que naciste en una miserable cabaña, desnudo y pobre, cobijado únicamente por las amorosas miradas de tus padres, santificados por la voluntad del Creador, para dar ejemplo de humildad, para enseñar que la materia, aunque se cubra de las más preciosas telas, materia será, susceptible de putrefacción y muerte.

Tu sermón de la montaña vale lo que vales tú, ¡oh Dios Eterno! Tus palabras, saliendo de tus divinos labios, fueron flores perfumadas que la inconsciencia del hombre no pudo ni ha podido aún apreciar; fueron como tú, ¡oh Señor!, dijiste a tus Apóstoles en una ocasión, perlas para ser pisoteadas por los inmundos cerdos. "¿De qué sirve al hombre ganar el mundo si llega a perder el alma?" Y luego dices: "Yo soy la resurrección y la vida; el que cree en mí vivirá aún después de muerto; los que tengan parte en el siglo que ha de venir, no podrán ya morir, porque serán semejantes a los ángeles".

Jesús predicó el amor que debe existir entre los hombres; no debemos hacer a otro lo que no quisiéramos que se hiciera con nosotros mismos, y nos ha enseñado que la vanidad y la soberbia sólo sirve para hacernos perder el concepto de lo que es más bello para la vida del hombre, que es la Verdad, encarnación del espíritu perfecto. Nos habla de amor, de amor puro y desinteresado, que esté alejado de la materia, que en sus exigencias solo pide riquezas y placeres que nos llevan a la perdición.

¡Oh, Jesucristo, Dios Omnipotente y Justo!, ésta ha sido a semana de tu calvario. La semana de dolor que recuerda tu venida al mundo para redimirnos. Veinte siglos han pasado y aun te estamos crucificando. No hemos recogido todavía el fruto de tus sabias enseñanzas. No podemos todavía ser hermanos en tí, ¡Oh Señor!

Viernes Santo de 1950.

CARLOS IZAGUIRRE Y SU OBRA "BAJO EL CHUBASCO"

La bibliografía hondureña cuenta ya con gran número de obras de valor literario, producto de mentalidades capacitadas que han dedicado su esfuerzo a la difusión de ideas dentro del marco original de su propia inspiración.

Honduras ha sido y es país privilegiado en cuanto a la posesión de grandes inteligencias que la han honrado dentro y fuera del país en el terreno de las letras y de las artes. No obstante, eso el campo en que se han desarrollado esas mentalidades ha sido poco favorable por obra de prejuicios o egoísmos emanados de intereses materiales siempre en pugna con los intereses del espíritu y del alma.

La cooperación íntima y desinteresada del sentimiento humano tan necesaria para levantar los valores intelectuales de nuestro país, ha sido negativa dentro de nuestro propio ambiente, sucediendo que antes ha llegado el aplauso y buena aceptación de un esfuerzo por parte de otras mentalidades de allende las fronteras, que de las manos o de los labios de la ciudadanía consciente que forma el conglomerado nacional.

Mas, la valorización del producto intelectual no está sujeto a diques cuya construcción, en ciertos casos deleznable, tenga por pase los intereses creados o la antipatía gratuita, porque en estas condiciones, esas barreras, por sí solas se destruyen carentes de la fuerza que las sustenta.

Pretender elevar el esfuerzo de una mente porque se derive de un amigo, de un socio o de un correligionario y menospreciar otro esfuerzo por el solo hecho de que sea generado por una inteligencia que adversamos, denota una triste pequeñez de espíritu de parte de quien así procede.

Hemos tenido hombres de valor intelectual que han soportado con indiferencia las apreciaciones más absurdas provenientes, las más de las veces, del egoísmo o de la envidia; apreciaciones que no han logrado otra cosa que enaltecer más al sujeto hacia quien van dirigidas.

Como buenos hondureños deberíamos estar obligados a reconocer y aplaudir las buenas capacidades de nuestro medio como hacen otros países que comprenden que no son las pobres masas las que en realidad dan nombre y prestigio a sus pueblos, sino los hombres de pensamiento que con su obra levantan el nivel de grandeza y de respeto que ellos merecen.

Insistimos en decir que grande es el número de hombres de valer intelectual que ha tenido y tiene Honduras, muchos de los cuales, olvidados y hasta vilipendiados, han salido a tierras extrañas en donde se les ha reconocido el mérito que la suya propia les ha negado; lamentable error que acusa una falta de patriotismo demasiado visible y por lo tanto imperdonable.

Entre esos escritores de mérito está Carlos Izaguirre, que ha dado pruebas concluyentes de que posee un buen cerebro y una fecundidad asombrosa en ideas y en imágenes; este hombre erudito e investigador, de fácil comprensión y de dialéctica fácil; sembrador de hermosos conceptos en el terreno de la prosa y la poesía, ha sido como tantos otros, —que tiraron la semilla de su pensamiento en algunas tierras estériles que no absorbieron su sabia por la flaqueza de sus componentes— objeto de críticas absurdas o mal intencionadas.

Nosotros nada tenemos que ver con Carlos Izaguirre en su carácter personal o político; sentimos por él respeto y admiración y nos interesa su obra que no por ser de un compatriota, la habríamos de estimar más o estimar menos de lo que efectivamente vale. Esa obra que encierra muchos volúmenes saturados de un espíritu amplio y definido tiene, a nuestro juicio, fundamentos sólidos en belleza y construcción, condiciones más que suficientes para hacer honor a quien la ha producido.

Su libro "Bajo el Chubasco", es la historia, —triste por cierto— de nuestras costumbres y de la idiosincrasia de nuestro pueblo en lo político y en lo social. El panorama de nuestra vida turbulenta que ha dado margen a los mayores desastres, ambiciones, odios, rencores y venganzas, ha sido en ese libro expuesto de manera patética e incontrovertible. Es la llaga que se descubre viva en sangre y hasta en podredumbre; llaga que no queremos curar porque alimenta la pasión del desenfrenado deseo de adquirir poder y riquezas del escuálido cuerpo de un pueblo, víctima de nuestra concupiscencia.

"Bajo el Chubasco", abarca una enseñanza objetiva de estudio y de meditación si se lee haciendo a un lado prejuicios mal entendidos que, desde luego, están reñidos con la razón y la justicia tan necesarias para saber juzgar con propiedad.

"El Sermón de la Montaña", encajado como principio de la página 319 de este hermoso libro, ha sido interpretado por Izaguirre de la manera más exquisita; quizá es aquí donde su alma captó con mayor fuerza el sentimiento más puro y más noble, involucrado en las divinas palabras del más grande de los hombres; del que veinte siglos hace, dio su vida por redimirnos del pecado.

Hay en esas páginas un juego de armónicas palabras que encierran bellísimos conceptos que, por sí, se imponen al reconocimiento de la fuerte mentalidad de que son origen; y si a ellos se agrega la pureza de las sensaciones y buen sentimiento que las haya promovido, doble valor tendrá la exposición de tan benéficas ideas para ser aplaudidas y aceptadas.

PAULINO VALLADARES

El caballero cuyo nombre es título de estas líneas, fue uno de nuestros más grandes polemistas en el campo del periodismo criollo. Inteligencia fecunda en un carácter siempre festivo, supo sacar de su pluma con la más fina ironía, enormes ventajas sobre aquellos que, lanza en ristre, salíanle al encuentro para disputarle ideas o deshacerle tendencias encaminadas a fines que él estimaba convenientes para la seguridad social.

Su natural modo de ser era arma más que poderosa para desorientar al mejor de sus adversarios. Jamás pudieron hacerle perder la serenidad, a la vez que su alegría, manifestada en sonoras risas, efecto quizá del conocimiento íntimo de las cosas que trataba, como del valor de su propio talento.

Valladares tenía el concepto de que la vida no es para tomarla en serio hasta el extremo de provocar dolores y tristezas, y fue por esto, que no haciendo caso de una enfermedad que bien pudo curar a tiempo, sucumbió lleno de energía en la materia, pero no en el espíritu.

Nosotros le tratamos muy de cerca. Fuimos sus amigos. Le conocimos desde muy joven, cuando hacía sus estudios en el "Espíritu del Siglo", colegio que dirigía el recordado expresidente, Doctor y General Miguel R. Dávila. Desde entonces dio muestras de un talento especial, manifestado en la oportunidad y gracia con que zahería a sus compañeros cuando éstos se salían del buen tono o combatían sus ideas, siempre revolucionarias, en beneficio del compañerismo leal y sincero.

Si hubiera ejercido su profesión de Abogado, habría puesto a raya a muchos de sus colegas y compatriotas de su edad que alcanzaron fama de buenos profesionales; pero para él, su profesión era un obstáculo para llevar a cabo la idealidad que perseguía, idealidad que indudablemente no era otra que la del periodismo, en el cual supo distinguirse.

Paulino Valladares se adentró con éxito en el campo de la política, sin ser un fanático ni un intransigente. Valoraba a los hombres, no por la simpatía o conveniencia de partido, sino por lo que ellos intrínsecamente valían. Liberal de gran envergadura, no hacía distingos entre sus amistades, fueran cuales fueran sus sentimientos partidaristas, porque para él todos eran hondureños con derecho a aspiraciones que respetaba, cuando no se salían del marco de lo legal. Amaba la idea de la Unión Centroamericana, poniendo en todas las ocasiones que el caso requería, el contingente de su esfuerzo mental en pro de la noble causa, tan discutida y tan deseada.

Valladares como político y como periodista, hizo algo muy significativo, dado el espíritu de nuestro pueblo, siempre dividido por razón de colores políticos, en los que él no creía si no encaminaban sus aspiraciones en beneficio de la patria. El Partido Nacional, después de la muerte del Dr. Alberto Membreño, quedo en acefalía. El Dr. Valladares, que vio actuar ese partido en la administración del Dr. Francisco Bertrand, sin que en ella se hicieran distingos entre azules y colorados, puesto que los dos partidos colaboraban unidos, no dudó de la conveniencia de evitar su desintegración, para lo cual se puso a la cabeza, abriendo una campaña de acercamiento entre sus filas dispersas, desde las columnas de su diario.

Era "El Cronista" el periódico que con todo acierto dirigía el Dr. Valladares y desde el cual sus sesudos y formidables editoriales, abrían brecha en la conciencia de los pueblos, ávidos de ser orientados. El Partido Nacional se encontraba adormecido por la falta de una buena dirección; los elementos que a él pertenecían estaban inactivos, sin saber qué rumbo tomar; actitud pasiva que daba grandes ventajas al Partido Liberal.

Valladares, que sabía que "camarón que se duerme se lo lleva la corriente", enfocó desde las columnas de su diario una campaña sutil y convincente, llamando a filas las huestes dispersas del Partido Nacional. Hay que leer esos editoriales para darse cuenta del efecto que ellos tenían que producir en la conciencia de los que se consideraban perdidos.

Fue una luz que principió siendo muy tenue, para luego tomar proporciones gigantescas en atracción y dominio, en confianza y seguridad; y el Partido Nacional, pudo reorganizarse bajo la égida del Dr. Valladares en su propia casa.

La muerte de este esclarecido ciudadano fue un golpe rudo para las letras del periodismo hondureño. Pocos ha habido que hayan sabido manejar la pluma con tanta destreza como este elocuente periodista de la carcajada estrepitosa y simpática.

Paulino debió haber vivido muchos años, porque su espíritu siempre estuvo lleno de alegría, de optimismo y de confianza en sí mismo. Sólo la fatalidad pudo destruir su materia; pero no su alma, que vive en la conciencia de sus compatriotas.

ESCRIBIMOS NO SOLO PARA EL PRESENTE

La carrera del tiempo es interminable, como interminable es la existencia de los mundos que nacen, crecen, mueren y vuelven a nacer por la atracción de miríadas de millones de átomos en constante actividad en las inescrutables soledades del espacio que, con el tiempo, forman la unidad armónica regida por la infinita sabiduría del Creador.

Pero si es verdad que todo vive para morir, también es verdad que la muerte es incubadora de otras vidas muy necesarias para que el equilibrio del universo no se pierda; y en ese espacio y tiempo que, según Einstein, son una misma cosa traducida en eternidad, es en el que gira y desenvuelve su actividad el hombre, unidad microscópica ante la imponderable grandeza del GRAN TODO.

Jordano Bruno nos dice en su filosofía moderna: "Dios es la esencia inagotable de las sustancias grandes y pequeñas, cuya totalidad constituye el universo; y el universo es el poder divino en acción en pleno movimiento... La invariabilidad de las leyes de la naturaleza, la armonía majestuosa entre todas las regiones del mundo, la unidad grandiosa de este increíble cúmulo de fuerzas y de formas...la perfecta sucesión y la brillante multiplicación de los fenómenos y de las existencias, etc., son otras tantas muestras de la influencia continua y de la omnipresencia de la Divinidad" de la que somos parte porque dependemos de Dios.

Desconocemos o pretendemos desconocer la existencia de poderosas fuerzas que emergen de las múltiples sensaciones que, partiendo del alma, llegan a los sentidos para ser expresadas, según el sentimiento, dentro de lo noble y sincero o viceversa, con palabras o con hechos que en el mundo se clasifican como buenos o como malos.

Si nos pusiéramos acordes con la razón, estudiando con cuidado los resultados o consecuencias de nuestros actos, veríamos con toda claridad que sus efectos no sólo comprometen el presente, sino que alcanzan más allá del porvenir y esto, porque nada de lo que sucede a nuestro alrededor pierde potencia en ese continuo movimiento que en pos de sí nos arrastra para que cumplamos con nuestro destino.

La piedra que hoy ponemos como base del edificio que abrigara idealidades e ilusiones inculcadas al amparo de un fuerte deseo, se mantendrá en su lugar a través del tiempo y del espacio para ser reforzada por otras mentalidades que activarán su crecimiento en bien o en mal, según sea el propósito que determina esas ilusiones o deseos, y siendo esto así, se deduce que cualquier actitud, palabra o hecho, permanece intacto en la distancia y en el tiempo, en el presente y en el porvenir.

Si no fuera así no tendríamos a la vista y aun a la mano, los papiros pergaminos, o las hojas primeramente impresas en el taller de Juan de Gutenberg, en las cuales vibran las ideas que desde aquellas lejanas y obscuras edades han venido siendo base para que el pensamiento y actividades del ser humano alcancen el nivel de adelanto a que han llegado en nuestro tiempo.

Las ideas de apreciación, enfocadas sobre un punto determinado en el principio de los tiempos, tienen que haber sido muy rudimentarias y pobres en cuanto a su concepción; pero fueron las mismas que cogidas por mentalidades sucesivas y posteriores, se fueron puliendo y mejorando hasta lograr con ellas establecer conclusiones más efectivas y precisas para el conocimiento humano.

En esto se funda la idea que sustentamos de que no escribimos sólo para el presente, porque nadie efectivamente lo hace. La frase hiriente o la palabra bondadosa no podrán morir porque flotan en el espacio y viven en el tiempo, de donde las recoge la mente espiritual para amoldarse a ellas o para rechazarlas si no están a tono con el sentimiento que las estudia.

La creencia de que las palabras se las lleva el viento, es errónea. Ninguna imagen o sonido se pierde en el vacío. Todo flota y vive en las inmensidades del espacio, para ser recogido y encauzado hacia punto en que la humanidad puede servirse de ello. La radio es una demostración palpable. Se cree que aun las imágenes corporales llenas de materia, dejan su reproducción, que invisible vaga en el espacio por el tiempo de los tiempos y que la sabiduría del hombre llegará algún día a hacerlas aparecer para que el ser viviente se dé cuenta, en forma real, de los hechos que se verificaron en los siglos que nos han precedido.

La palabra y la letra impresa o escrita establecen escuela de enseñanza para el presente y para el futuro; es escuela para nuestros hijos y para los hijos de nuestros hijos; consecuencia que debe tomarse en cuenta para establecer puntos de vista que nos lleven a la conclusión de que somos sembradores de una semilla que, forzosa y naturalmente, tiene que dar frutos buenos o malos, según sean las ideas que expresemos.

EL MAESTRO DE ADALID Y GAMERO
(Artistas contemporáneos).

El año de 1896, siendo Presidente de la República el Dr. Policarpo Bonilla, tuvo lugar en esta capital un simpático suceso que fue por varios días muy comentado en los círculos pensantes citadinos. El motivo de estos comentarios fue el hecho de haber llegado de Europa un instrumento musical inventado por el entonces joven Manuel de Adalid y Gamero. El instrumento había sido planeado por de Adalid quizá en la ciudad de Danlí, cuna del inventor y construido con su asistencia en una de las principales fábricas de instrumentos musicales de Italia.

El instrumento que fue bautizado con el nombre de "Orquestrófono", se instaló en uno de los ángulos del Salón de Retratos del viejo Palacio Nacional, lugar que hoy ocupa la Facultad de Farmacia. El nombre de Orquestrófono se lo dio su autor por la facultad que tenía que reproducir las voces, tanto de algunos instrumentos de cuerda como de otros de los de viento en un tono de suavidad muy agradable.

Para dejar oír esta novedad, que de verdad lo era en aquellas fechas, el joven de Adalid preparó un concierto dedicado al señor Presidente de la República, al que asistieron, además del gobernante, su gabinete, cuerpo consular y público selecto. Nosotros, que estábamos muy niños, pero no tanto que no pudiéramos darnos cuenta de la magnitud del suceso, nos supimos colar para ser partícipes de aquel agradable evento que era extraño en el medio en que entonces se desarrollaba la vida de nuestra sociedad.

El éxito de este concierto fue rotundo; de Adalid ejecutó con maestría composiciones suyas de las cuales apenas recordamos a "Remembranzas Hondureñas", música muy sentimental agraciada con bellísimas combinaciones de los diferentes instrumentos que imitaba el Orquestrófono. Terminado el concierto, el artista fue asediado después de los prolongados aplausos para recibir abrazos y apretones de manos de la mayor parte de los concurrentes que así pagaban el hermoso rato de solaz que de manera tan espontánea se les había brindado.

No supimos más de Gamero por muchos años. Él debe haberse dedicado en ese lapso al estudio de la composición y a otras actividades de la mente, porque además de ser músico, le atraían las ciencias, de las que obtuvo muy buenos conocimientos en Ingeniería y Medicina. Además, era un filósofo que resolvía los problemas de su pensamiento a base únicamente de lo que le dictaba la razón que para él era su lógica. Debe haber leído a Descartes y a otros filósofos positivistas que no han aceptado más que lo que ven con sus propios ojos o tocan con sus propias manos, que establecieron como fundamental esta idea: "yo pienso, luego existo".

No aceptaba el dogma religioso ni creía en las esperanzas de un futuro después de la muerte.

Volvimos a ver al maestro Gamero como Director de la Banda de los Supremos Poderes, institución musical que alcanzó, bajo su dirección, un alto nivel de cultura técnica y de apreciación de los sonidos instrumentales que desgraciadamente no perduraron en su ausencia.

Gamero vivió muchos años en los Estados Unidos. Sus composiciones musicales fueron trasladadas en profusión a los discos fonográficos donde aún los podemos oír, y fue allá en tierras norteamericanas donde escribió "El Conejito", que fue tocada por grande orquesta y comentada muy favorablemente. En un medio que le hubiera sido propicio habría descollado como un gran compositor de música seria por la delicadeza de su espíritu que no soportaba la disonancia mal organizada, viniera de donde viniera. La música italiana le cautivaba siendo, entre todos los compositores clásicos, Guiuseppe Verdi su predilecto.

De vuelta a Honduras, el maestro Gamero, se siente desilusionado. Han pasado los espejismos de la juventud que todo lo ve color de rosa, para darle paso a la realidad de la vida que sólo se aprecia con el devenir de los años, y entonces quiere vivir de los recuerdos de sus aventuras amorosas que él refiere con abundancia de detalles en las columnas de LA ÉPOCA en donde trabaja más que todo, por satisfacer las exigencias de su poder mental.

Era un puritano en su manera de hablar, no permitiendo cualquier error en la pronunciación de nuestro idioma, el que corregía inmediatamente con cierta característica serio—burlesca. Tenía el mejor concepto de su música que prefería tener guardada antes que ponerla en manos —según él— inexpertas.

En una ocasión, estando con varios amigos en el Parque Central, llegóse a él un joven que había organizado una pequeña orquesta y después de saludarlo, le dijo: "Maestro, quisiera que me prestara algo de su música para ejecutarla en mi orquesta"; de Adalid se muestra sorprendido ante tal solicitud y le contesta: "oh, no, querido XX, mi música no la puede tocar tu charanga"; y aquello fue como ponerle una brasa en la mano porque instantáneamente abandonó a sus amigos, marchando con apariencia de preocupación o de disgusto.

En la redacción de LA EPOCA, según hemos sabido, se le quería, no sólo por el compañerismo que amarra en simpatía y sinceridad, sino porque además de lo festivo de su modo de ser, hacía palpable su deseo de que todos se elevaran en cultura y buen conocimiento de las obligaciones que son indispensables al que se dedica a la noble profesión de periodistas, y allí en esas oficinas, siempre de pie la mayor parte del tiempo, se puede decir, temblándole la mano al corregir las pruebas de sus hermosos cuentos saturados de malicia, le encontró la muerte, llevándoselo en espíritu a esas regiones desconocidas y misteriosas que él tanto dudaba pudieran existir.

RECTIFICAR ES UNA VIRTUD

Ignacio de Loyola, fundador de la Compañía de Jesús, fue durante su juventud un hombre impetuoso y enamorado. Cuentan las crónicas sobre este importante personaje de la Iglesia, que era bello, apuesto y amigo de entrar en armas a la menor contrariedad que se le hiciera. Como guerrero, se distinguió por su valentía, sufriendo en una de sus campañas la rotura de una pierna, que lo imposibilitó para sus viejas andanzas por toda la vida.

Loyola era rico e hizo que los mejores médicos y cirujanos intervinieran para remediar la desgracia ocurrida, pero todo esfuerzo fue inútil; su pierna quedó corta, produciéndole un aspecto de rencura bastante visible para ser exhibida por un hombre que había sido admirado y querido por la mejor sociedad de su país.

Recogido en su pensamiento, permaneció Loyola por muchos meses haciendo recuento de su vida anterior, a la vez que buscando en las profundidades de su corazón la clave de la Verdad: meditando en lo inútil y superfluo del devaneo del hombre por alcanzar el goce material, haciendo a un lado el goce del espíritu y del alma, que puede elevarse en gracia y perfección hasta las alturas del Creador. Y fue así como, poseído de que el único camino que salva las distancias para acercarse a la Verdad es Dios, lo impulsó a abandonar riquezas y placeres para entregarse de lleno a la santa misión que quizá ya le estaba reservada.

El sacrificio le impone penitencia; martiriza su cuerpo con fuertes cilicios y vestido de monje sale a la calle golpeando sus carnes pecadoras con repetidos azotes. Ignacio está loco, dice el pueblo que lo contempla con angustiosa sorpresa; pero el penitente ya no oye las voces de lo mundano, está abstraído por la visión de algo que él considera celestial.

Va a París e ingresa en la Universidad de la Sorbona, donde hace sus estudios eclesiásticos, obteniendo el título de Doctor en Humanidades, y es allí, precisamente, donde reúne cuatro de sus compañeros para fundar la que nosotros conocemos con el nombre de Compañía de Jesús. En las alturas de Montmatre se presta el juramento y San Ignacio dice a sus compañeros, señalándoles los cuatro puntos cardinales: "cada quien, de nosotros por uno de estos rumbos, a ganar prosélitos para gloria de Dios y de la humanidad".

San Francisco de Asís, como Ignacio de Loyola, fue en su juventud alegre y comunicativo con sus amistades; hijo de padres ricos, que se dedicaban al comercio, no quiso seguir esta carrera, que consideraba impropia de sus aspiraciones, que más tendían a las de las armas. Un acontecimiento inesperado le hizo rectificar su tendencia, buscando la ruta que más tarde lo habría de colocar entre los Santos de los Santos. Sorprendido en el camino por una patrulla de bandoleros que después de azotarlo lo despojan de sus vestiduras; cubierto de pobres ropas que bondadosas gentes le dieron, regresó a Asís para dedicarse a estudiar las causas que impelen al hombre a ser enemigo del hombre, causas que probablemente encontró generadas por la ambición, el egoísmo y la envidia, y de Asís rompe con ellas y entra de lleno a buscar la luz que lo convierte en el hermano, todo bondad y todo dulzura, no sólo para los seres pensantes, sino aun, para los irracionales, a los que, como al lobo, llama sus hermanos.

Pablo de Tarso, antes que ellos, fue un hombre mundano. Persiguió con encono al cristianismo, gozando con el sufrimiento de los mártires. En una de sus correrías, en que buscaba adictos a Jesús para entregarlos a lo que él llamaba la justicia, fue sorprendido por un relámpago a flor de tierra que asustando a su cabalgadura lo hizo rodar por el suelo, y entonces oyó una voz que le decía: "Saulo, Saulo, ¿porque me persigues? ¿No sabes que es inútil dar coces contra el aguijón?". Y Saulo aturdido, pregunta: "¿Quién eres tú, Señor?". "Yo soy Jesús", le contesta la voz, y Pablo, en cuya mente y corazón ha entrado la divina luz, rectifica, busca el camino y llega a ser el más grande propagandista y adicto a la causa del Redentor.

La humanidad ha venido desde el principio de los tiempos caminando a ciegas; no ha querido oír la voz de Dios que habla, no a los sentidos, sino a lo más profundo del alma: ha creído encontrar la dicha y la felicidad en la satisfacción de los goces materiales sin tomar en cuenta que existe un ojo poderoso que todo lo ve, juzgando según su propia Sabiduría.

Vanidad de vanidades, ambiciones y egoísmos son los que llevan a los hombres y a los pueblos a los mayores desastres; por ellos se rompen los más sagrados vínculos de familia y de amistad, por ellos la humanidad diezma sus vidas estremeciendo al mundo de dolor.

No ceder ante el gran peligro que se presiente como un hecho palpable; no buscarle remedio al mal que amenaza con destruirnos; no rectificar ideas y tendencias claramente perniciosas, es uno de los más grandes crímenes que bien pudieran catalogarse como de lesa humanidad.

FROYLÁN TURCIOS

He aquí un gran soñador, todo nervios y fogosidad. Portalira enamorado de las musas, vivió para ellas dentro de un mundo que sólo él conocía. Cantó su vida siempre llena de fantásticas visiones en amores y en hechos que él sabía adornar con las más bellas flores del jardín de sus ensueños.

Froylán nació poeta allá en las ubérrimas tierras olanchanas que tanto amó. Las historias que de su juventud refería con exaltación y entusiasmo eran de un realismo atrayente que obligaba a sentirlas como si se fuera de ellas un verdadero espectador. Había en ellas, desafíos, amores y peligros que sabía adornar con frases de tan fuerte colorido, que la impresión y el convencimiento eran perfectos, y todo ello en un ambiente de cordialidad y alegría.

El talento fecundo de que estaba poseído; su naturaleza sensible a las mayores o menores impresiones que lo hacían vibrar de satisfacción o de protesta; su lealtad y su cariño por todo lo que fuera bello, digno y justo, le abrió el camino de una prosperidad que habría sido con él hasta su último momento si su corazón no hubiera sufrido los fuertes golpes que el despiadado destino le tenía reservados.

Desde muy joven desempeñó con capacidad y conocimiento puestos de gran importancia en el servicio de la nación, ocupaciones que de ninguna manera fueron obstáculo que mermara la convivencia íntima con sus musas, a las que dedicaba con entrañable amor todo el tiempo que le permitían sus ocupaciones oficiales.

Froylán siempre fue de un carácter muy excepcional; casi un muchacho, prefería la amistad de los hombres viejos, es decir bastante mayores que él, a la de los jóvenes de su edad, quienes por cariño y simpatía lo llamaban el "poeta niño". En el Parque Central, frente a lo que hoy es La Samaritana, había una banca que la generalidad de la juventud había bautizado con el nombre de "banca de los viejos". Era el asiento predilecto de un grupo de hombres profesionales, comerciantes y políticos que allí se reunía todas las tardes para departir sobre diversos temas que quizá fueran de gran interés para la nación, y entre ellos podía verse al poeta niño tomar parte en la conversación como de igual a igual; y esos hombres que han figurado en nuestra política de antaño no eran otros que Policarpo Bonilla,

Jerónimo Zelaya, Saturnino Medal, Cornelio Valle, Daniel Fortín y otros cuyos nombres no recordamos.

Froylán, además de poeta excelso; fue periodista. Dirigió por varios años el diario "El Nuevo Tiempo", hoja de valor literario y de fina orientación; publicó varios tomos de poesías en las que podía saborearse el almíbar de su pensamiento traducido en palabras y frases de amor y de ternura, porque en él, todo era amor, un grande amor.

Quien lo haya conocido como lo conocimos nosotros, podrá testificar que decimos la verdad, pues lo tratamos con intimidad y nos dispensó gran aprecio. En sus amores, fue tremendo; intransigente con costumbres que consideraba impropias a los más caros intereses de su alma; para él, el baile rebajaba la nobleza y pudor de la mujer, llamándolo "impúdico perneo". Tenía horas especiales para hacer la corte a la dueña de su pensamiento, y cual caballero de la edad media, prefería hacerlo montado en su blanco y brioso corcel, que paraba frente a la ventana de su novia, para desde allí, desgranarle la elocuencia de su corazón.

Pero por sobre todas las cosas que pueden embargar el sentimiento del hombre, para Froylán había uno, supremo y único en grandeza y en amor: el que prodigaba de mil maneras con toda la sinceridad de su alma, a su hermana Lalita, su madre, su hermana, su vida, podríamos decir con propiedad. Esta mujer, cuya pureza estaba retratada en su rostro siempre bondadoso, amaba a Froylán con la ternura de una madre y Froylán le correspondía con creces; ambos vivían el uno para el otro. Difícilmente se podrá encontrar un cariño tan puro y tan sincero como el que estos dos hermanos se profesaban; afecto que los mantenía temerosos de que uno de ellos pudiera algún día desaparecer; y vino la fatalidad. Lalita enfermó de una cruel dolencia que la mantuvo al borde de la tumba por varios años. De nada sirvió el esfuerzo que para curarla hizo el hermano querido, quien sin escatimar absolutamente nada, gastó su fortuna por darle salud al ser que más amaba; pero el destino, ciego en sus determinaciones, segó aquella vida, ejemplo de dulzura y bondad; golpe rudo y mortal que el poeta recibió en lo más profundo de su alma.

De aquí para adelante, el portalira alegre y soñador, lleva una vida taciturna; vive dentro de sí mismo buscando el camino de su liberación, que no encuentra; lucha contra las tempestades de su espíritu tratando de interpretar el porqué de lo que nos agobia y maltrata; ve en los hombres a seres que se persiguen sin piedad y duda de lo que ha dado en llamarse sinceridad, patriotismo y lealtad, y así ofendido en sus afectos, abandona su tierra para no volver jamás.

Muchos han sido los hombres de valer que han dejado sus vidas y sus cuerpos lejos de la patria amada; ciudadanos de prestancia intelectual, cuya memoria honra y enaltece a nuestra querida Honduras. Froylán Turcios es uno de ellos. Algún gobierno debería interesarse por repatriar los restos de esas mentalidades que duermen el sueño de lo eterno lejos de nuestro suelo, sin la caricia de una corona o de una lágrima que brote de ojos familiares o de amigos. Justicia sería hacerlo para levantar el monumento a que tienen derecho los hombres ilustres.

EL PRESIDENTE TRUMAN Y LOS DIRECTORES DE PERIÓDICOS

Este diario en su edición del viernes 21 del presente mes, publicó las declaraciones que el Presidente Truman hizo ante centenares de directores de periódicos de aquella gran nación, manifestando que ya había ordenado la intensificación de una "campaña de verdad" en todo el mundo para combatir "el engaño, la tergiversación y las mentiras de la propaganda comunista".

Lo que el señor Truman declara, explicando en esa reunión a los directores de la prensa, tiene una importancia enorme para todos los pueblos de la tierra que aspiran a mantener sus libertades e independencia. Hay que leer con detenimiento y cuidado lo que el Presidente expone en esta plática, para valorar los alcances a que se puede llegar por una falta de previsión en los asuntos que en estos momentos mantienen al mundo en gran expectativa.

Al aprovechar el Presidente Truman la oportunidad de hacer sus declaraciones en la sesión—almuerzo de la Sociedad Americana de Directores de Periódicos, reunida en Washington, lo hizo indudablemente por el convencimiento justo y lógico de que es la prensa la llamada a orientar a los pueblos; a presentarles en forma clara y precisa todo aquello que de algún modo pueda afectar bien o mal, sus propios intereses.

Convendría la mayor propaganda y publicación de estos puntos de vista del señor Truman hasta en el último rincón de cada país, para así formar verdadera conciencia de los hechos y de los peligros a que está expuesta la humanidad por culpa de la desenfrenada ambición de los que han hecho del pueblo ruso un pueblo de miserables y desgraciados esclavos, esclavitud que pretenden establecer en toda la faz del planeta.

Convendría resumirla en su verdadero fondo, ampliándola a la vez, con comentarios de fácil asimilación para que la ciudadanía, por inhábil o impreparada que sea, llegue a formarse idea de la situación que en una u otra forma, pueda llegar mañana a hacernos sentir sus consecuencias.

La propaganda comunista ha alcanzado proporciones gigantescas en el mundo entero haciendo prevalecer la bondad de su sistema, desprestigiando el que corresponde a las naciones libres y democráticas y valiéndose del "engaño, distorsión y las mentiras" en su "política deliberada". De sobra saben los menos que toda esa propaganda es canto de sirenas, pero los más, los que no leen y sólo aprecian la disimulada campaña que a ellos llega veladamente por parte del Soviet, éstos son, o pueden ser, influencia dos por esas macábricas tendencias, y esto, precisamente, es lo que el señor Truman aconseja se contrarreste con otra propaganda de carácter verdaderamente intensivo en el mundo entero.

"Al menos que logremos dar a conocer la verdad a los pueblos de otros países, perderemos la batalla por conquistar las mentes de los hombres, por omisión", dice el Presidente; idea que está conforme con la lógica, porque a los pueblos hay que decirles la verdad para que, además de instruirse, se presten voluntaria y patrióticamente a defender sus propios derechos cuando ellos en realidad estén amenazados.

En la presente situación mundial hay dos fuerzas poderosas que están frente a frente disputándose la supremacía del poder; una para bien de la humanidad y la otra para perderla o subyugarla. El derecho de vivir libres dentro del ambiente de nuestras nacionalidades, nos es propio y tiene que ser sagrado aun en las mejores relaciones de amistad que existan de países a países; pero hoy, ese derecho, por haber un enemigo común a todos los pueblos libres, nos obliga de manera perentoria a defenderlo aunando el esfuerzo en forma colectiva si no queremos caer en las garras del conquistador.

La divulgación como medio de defensa para contrarrestar la propaganda de mentiras, o de halagos que capciosamente hace el Soviet para ganar prosélitos, debe ser fuerte y decidida, pues en la tardanza está el peligro; y es por eso que el Presidente Truman "dijo a los directores de periódicos que ellos tienen una tremenda responsabilidad", y luego agrega: "una de las funciones vitales de una prensa libre, es presentar los hechos sobre los que los ciudadanos de una democracia puedan basar sus decisiones. Si informáis al pueblo de manera exacta y completa, sus decisiones serán buenas; si le informáis mal, sus decisiones serán malas y nuestro país sufrirá y también el mundo".

La elocuencia y verdad de estas palabras van más allá del campo de la apreciación que de ellas se pueda tener si tomamos en cuenta que todos estamos comprometidos en este delicado asunto que es de vida o muerte para nuestros pueblos; razón por la cual, se hace necesario entrar de lleno y sin prejuicios de familia en el terreno de la meditación, haciendo a un lado dimes y diretes que a nada conducen ante el enorme peligro que nos asedia.

Es forzosa la unidad de pensamiento y de acción si queremos poner el óbolo de nuestra voluntad para la resolución del gran problema del cual depende nuestra existencia; y esa acción debe ser múltiple y homogénea para que los pueblos entrando en confianza colaboren en un solo sentir. Los asuntos de familia, si es que no se pueden ventilar dentro dé una armonía o condescendencia aceptables, deben aplazarse para discutirlos en el momento que, para ello, por la ley, está establecido, pues hacerlo o continuar haciéndolo desde hoy, no conduce más que a perder fuerzas y a romper más los vínculos debilitados por nuestras constantes controversias.

Dentro del ambiente político que nos rodea, las agrupaciones poseen su valor intrínseco aceptado y reconocido por sus respectivos afiliados, y no sumará más ni restará menos, por el hecho de combatirse mutuamente con cargos fundados o infundados que no solamente no edifican, sino que nos exponen a un mal concepto ante quienes de lejos nos contemplan.

Hagamos meditación y establezcamos puntos de vista de acuerdo con los postulados del Presidente Truman, que tiempo nos sobrará al pasar la tempestad, para que nos tiremos los platos a la cabeza, si desgraciadamente, a despecho de la mejor conveniencia, esa fuera nuestra voluntad.

POETAS ATORMENTADOS

Una guirnalda de "siemprevivas" forma aureola en la cabeza de los cantores a lo bello; canciones que expresan alegría, dolor, inquietudes o soberbias. La mente del poeta es única en su propia conformación; ese cerebro privilegiado debe tener especiales circunvoluciones que le dan, no cabe duda, esas maravillosas capacidades que en la generalidad no existen.

La facultad de crear imágenes, embelleciéndolas con el poder de la fantasía; de resolver y armonizar el pensamiento con palabras que son delicada música para los oídos más profanos, tiene que ser un dón de gracia otorgado por el Ser Supremo para que se canten las bellezas con que ha adornado al mundo en el cual el hombre, en su existencia, lleva una pesada cruz.

La materia que ha cubierto esas mentalidades, en muchos casos, no ha resistido el peso de su inteligencia y poder creativo, obligándolos a salirse de lo que común y vulgarmente hemos dado en llamar normalidad, buscando por medios artificiales, la manera de establecer el equilibrio que consideran necesario para dar rienda suelta a sus múltiples impresiones, como en el caso de Edgard Allan Poe, que hizo su propio mundo para dar vida a concepciones en que la fantasía ha superado a la realidad.

Juan Ramón Molina, Adán Coello, Carlos María Varela y otros muchos, que años ha traspasaron los linderos de la eternidad, vivieron su propia vida en un ambiente de tremendos espejismos, gozando las caricias de imaginarios amores, o sintiendo en sus carnes la zarpa cruel de diabólicos fantasmas que sus mentes creaban para su propio martirio. El cielo y el infierno, la risa y el llanto en terrible promiscuidad exaltaban sus mentes y sus corazones provocando en ellos crisis de alegría o de desesperación.

Molina era un tipo bello, de porte altivo y mirada profunda, jugaba con el verbo haciendo filigranas de oro con la palabra; su poder de improvisación era asombroso; nosotros pudimos comprobarlo en una noche en que Darío, Chocano y Molina, juntos, al calor de sendas copas de champaña, dispusieron improvisar sobre un tema motivo de la alegría, habiendo sido Molina, con el aplauso de sus contendientes, el triunfador.

Carías Reyes, hablando de Molina, dijo: que "fue un atormentado" y el poeta ha confirmado esta idea con las siguientes estrofas:

> "Desde mi infancia fui meditabundo,
> triste de muerte. La melancolía
> fue mi mejor querida en este mundo
> pequeño, y sigue siendo todavía".

Adán Coello tenía dentro del pecho un cúmulo de sensaciones que lo hacían vibrar al menor roce de una idea que no estuviera enmarcada dentro de su propia concepción; devoraba los libros que caían en sus manos con un entusiasmo rayano en locura cuando éstos eran buenos, sacándoles todo el jugo que su mente podía asimilar. Su memoria era prodigiosa al extremo de indicar sobre cualquier obra que hubiera leído tiempos atrás, una página cualquiera, cuyo texto repetía palabra por palabra. Sus versos que tienen la impregnación de sus dolores y alegrías, denuncian de manera clara el estado de una psicología atormentada por una tendencia que, no pudiendo dominar, lo llevó a la tumba en lo más florido de su edad.

Carlos María Varela era un misántropo y tímido soñador; músico y poeta, cantaba sus canciones al triste son de una guitarra, cuyas notas parecían quejarse de algo muy hondo; de un amor perdido; o del ansia de una rectificación de su materia que con frecuencia lo instaba a crear en sí mismo, un estado de morbosidad lamentable que él luchaba por hacer desaparecer. Algunos de sus versos demuestran la intranquilidad, pesadumbre y desconsuelo de aquella alma adolorida que entre lágrimas y sollozos balbuceaba:

> "Niñas hermosas de mi alborada
> que en polvo y nada rodar me véis;
> en sueños de oro, tiempo querido,
> por Dios os pido no me olvidéis". (?)

Cuanto más grande es la inteligencia del hombre, más sensible es su corazón para sentir las dichas o contrariedades de la vida, porque en esos hombres, la felicidad y la dicha está en su pensamiento y no en los goces de la materia que una vez satisfechos, repugnan y hasta alejan el concepto de la belleza; y fue por esto que esas mentalidades, buscando la manera de elevarse a lo sublime e ideal, no repararon en el medio para lograrlo, medio fatal que los condujo a la muerte.

¡Cuántas glorias, cuántos talentos privilegiados han sucumbido por efecto de esos malditos estupefacientes creadores de fantásticas alucinaciones! ¿Cuántos crímenes se han cometido y se cometen por el abuso inmoderado de estas substancias enemigas de la salud y honorabilidad del hombre? Las leyes deberían establecer fuertes sanciones para quienes, sin permiso facultativo, ponen en manos profanas estos elementos destructores de la vida.

Constantemente se están registrando casos de suicidio o de locura por efecto de descuido o mala intención con que se manejan esas drogas. Los establecimientos donde se venden estupefacientes, deberían seleccionar su personal para que fuera garantía de la sociedad a la vez que un dique para los desesperados que quieren aliviar sus penas ingiriendo estas venenosas substancias.

SAQUEMOS LA VIGA DEL OJO

¡Oh, la humanidad! En materia espiritual y aun en costumbres, es la misma que fue desde el principio de los siglos; a jenas, suponemos, se habrá dado un paso en la escala ascendente de pureza y sinceridad. Las pasiones y defectos de entonces, son las pasiones y defectos de hoy, sólo que éstos están revestidos por el deslumbrante y aparente ropaje de una cultura que disimuladamente encubre las mismas tendencias y los mismos vicios de que fueron víctimas nuestros antepasados y con la diferencia de medios que la inteligencia del hombre ha proporcionado para satisfacer las necesidades de la materia, siempre ávida de halagos y de placeres; caminando a ciegas y llevando en el alma lo que aquéllos llevaron: inconformidad, odios, rencores y envidias.

Esto, no obstante, no quiere decir que neguemos la existencia de gentes puras, de alma diáfana y sincera, porque las ha habido y las hay, de tal magnitud que se hace difícil pensar qué clase de materia las ha revestido.

Cuando leemos el concepto que tenía de la vida y de los hombres aquel ciudadano ateniense que respondió al nombre de Sócrates, maestro de maestros en la sublime idea del por qué y para qué de la existencia; poderosa mentalidad que respetando el derecho de vivir por emanar de la gran fuerza creadora que es Dios, creyó en el destino por El impuesto, aceptando la muerte como medio de la liberación del alma groseramente sujeta a las exigencias de la carne.

En el diálogo que sostuvo con sus discípulos antes de apurar la cicuta, hizo patente la 'idea de apreciación del sentimiento del hombre en cuanto a su conformación mental y a la pureza de su espíritu, separándolo en dos clases que eran representativas del grado de adelanto alcanzado por el alma en el tiempo de su existencia en materia o en espíritu. Según él, los males que sufre la humanidad están estrechamente vinculados a su causa que es apreciada, según sea la clase de sentimiento que impere en el alma humana para estimar si esas causas le favorecen o desfavorecen.

El ser viviente, hombre o mujer, arrastrado por el torbellino de la civilización; por las exigencias del medio que ruda y groseramente se le imponen, tiene que luchar con titánico esfuerzo para no sucumbir en su propia conservación; y en estas condiciones de vida en que las preocupaciones y las necesidades constriñen a la materia que es la que directamente siente el dolor o el placer, ese individuo, si no tiene fuerzas suficientes para hacerle frente a esas dificultades o exigencias de su vida, puede precipitarse en los abismos del vicio que lo degenera o embrutece, llegando hasta el crimen.

Sócrates fue víctima de la envidia y la enemistad de espíritus conservadores que lo acusaron de impiedad como pretexto para condenarlo, manteniendo altiva su actitud antes que claudicar de sus teorías. Cicerón, que pudo comprenderlo, aceptando su sistema, dijo: "Sócrates hizo bajar la filosofía del Cielo a la Tierra".

Es muy difícil saber cuándo y dónde cabe el derecho de juzgar mal los actos de un individuo si antes no recabamos la limpieza de aquellos que nos son propios. Podremos momentáneamente rebajar el nivel de una reputación que esté ajena a toda mancha, y aun podremos destruir el vehículo que la sustenta, mas no podremos destruir la idea ni el criterio de la gente honrada y comprensiva que hoy o mañana, esclareciendo los hechos, sabrá dejar las cosas en el lugar que propiamente les corresponde.

Es común que algunos hombres, olvidando sus defectos que pueden ser muchos, atribuyan otros mayores a personas que sin hacerles daño, son su pesadilla o su desvelo. Una circunstancia cualquiera, tal vez imprevista, puede ser la causa de esta gratuita animadversión que les es imposible disimular.

Es natural que siendo humanos no podamos ser perfectos, motivo por el cual el divino Rabí, oyendo algunas alusiones, dijo a los fariseos: "¿por qué miras la mota en el ojo de tu hermano no reparando en la viga que tienes en el tuyo?", enseñanza formidable que de nada ha servido a los que nacieron huérfanos de sentimientos honestos y honrados.

¡Qué hermosa sería la convivencia de hermanos, de pueblos a pueblos, fincando la idea en una sola finalidad de cariño y de respeto mutuos; que quitara del corazón el ponzoñoso veneno que inocula intransigencia y egoísmo; en una palabra, que fuéramos hermanos para gozar de verdad con nuestras dichas, ¡o de verdad llorar con nuestras desgracias!

La situación actual del mundo reclama la unión de todos los sentimientos para hacerle frente al porvenir que se presenta lleno de obscuros nubarrones que presagian gran tempestad; y lo cuerdo y humano es hacerles caso a las predicciones del tiempo si no queremos sucumbir antes en la marejada de nuestras antipatrióticas inconveniencias.

LUCHEMOS POR HACER DE HONDURAS UN PAIS GRANDE Y RICO

"El baluarte de la democracia norteamericana que ha mantenido y amparado la expansión y el bienestar de los Estados Unidos durante 160 años, fue establecido en 1787 en Filadelfia, Pensilvania, por un grupo de 55 caudillos". La situación política y económica de este país que seis años antes había ganado su libertad en la guerra de la independencia, era difícil, y esos 55 prominentes ciudadanos procedentes de las 13 colonias inglesas originales, promovieron una serie de reuniones para poner fin a sus divergencias creando un pacto que llamaron "Artículos de la Confederación".

El hecho de que esos caudillos representasen elementos de población con intereses y nacionalidades distintas, no fue obstáculo para que todos ellos estuvieran acordes en buscar la manera de establecer un sistema que garantizara la tranquilidad general, con beneficios de libertad y de defensa, común para todos. Inglaterra, Suecia, Noruega, Francia, Holanda, Prusia, Polonia y otros países fueron naciones que contribuyeron a la colonización de esa parte del nuevo mundo, estando entre sus componentes individuales, representadas casi todas las religiones, a la vez que la especial condición que se deriva por capacidad, intelectualidad; por el esfuerzo material y aun por aquellos que sin tener dotes más o menos aceptables, eran considerados como aventureros.

Establecidas las leyes que serían garantía para la comunidad nacional, aquellas autoridades se preocuparon por crear el patrimonio que a la vez que llenara las necesidades de la vida, pudiera ser fuente de riqueza en un próximo futuro; y ya en esta condición, abrió sus puertas a las inmigraciones de todo el mundo para que con sus luces y con su esfuerzo, elevaran en grandeza y poder a la que entonces apenas representaba una pequeña nación.

La colonización de las vastas y ricas regiones, fue el problema a resolver por aquellas gentes; los recursos naturales abundaban por doquiera; bosques inmensos, tierras laborables, minerales de todas clases fueron siendo explotados por audaces individuos que, venciendo miles de dificultades, se adentraban por aquellas soledades haciéndole frente no sólo a los imprevistos ataques de los naturales del país, sino que también a la miseria, al hambre y a la muerte, sin que ello fuera motivo de desaliento para tales colosos, que sin darse cuenta, estructuraban las bases de una nación que más tarde llegaría a ser la más poderosa y la más rica del mundo.

Honduras, nuestro país, ha sido también dotado por la mano del Creador con grandes riquezas en el suelo y subsuelo de su territorio; riquezas que no hemos podido aprovechar por falta de recursos económicos, vías de comunicación y de conocimientos técnicos. Después de nuestra independencia, hemos vivido en constantes luchas de hermanos contra hermanos, luchas que sólo descrédito han ocasionado al país, con el agregado de ser el principal motivo para que no nos haya llegado de fuera inmigración honrada y trabajadora; para que no hayamos logrado capitales que vinieran a explotar nuestras múltiples riquezas.

Estados Unidos y la Argentina especialmente, incrementaron su población y su riqueza con inmigraciones y capital extranjeros y a ello deben el apogeo de su grandeza. La ciudadanía de esos países está compuesta en un 75% por elementos descendientes de nacionalidades europeas que hoy forman el gran bloque nacional.

Honduras ha sido y aún sigue siendo pobre en población y riqueza económica. Los gobiernos son los únicos que pueden en ocasiones, impulsar actividades de carácter nacional, una vez que han satisfecho otras necesidades de índole primordial. Contratar inmigraciones de gente trabajadora de Europa, y hacer facilidades al capital extranjero, sería el camino para mejorar las condiciones de vida de nuestro país, sin perjuicio de ayudar a los habitantes de zonas agrícolas con los recursos de que se pueda disponer.

Don Benjamín Henríquez, en 1940, presentó una "Exposición de Proyecto para la organización de una colonia modelo hondureños para agricultores en el Departamento de Olancho, en conexión con la carretera"; la magnitud y fertilidad de esas tierras es asombrosa tanto para la agricultura y para la cría de ganado como para el cultivo de toda clase de cereales; hermosos ríos de gran caudal lo atraviesan y es rico en minas de oro y plata.

El señor Henríquez en su proyecto calculado para 2.000 familias hondureñas, estimó como ayuda para su organización, la suma de L345.000 que serían invertidos en lo indispensable para que ellas se pusieran en condiciones de producir lo necesario no sólo para su sostenimiento, ya que el excedente de sus productos podría abastecer los mercados, incrementando así la riqueza nacional, y según los cálculos anotados en este proyecto, el beneficio económico que se obtendría en la producción, cubriría el pago de los servicios públicos del departamento pudiendo con el remanente, que sería fuerte, emprender otras obras de gran importancia y utilidad para la República.

Es indudable que la agricultura es la fuente de mayor riqueza de los pueblos. El Salvador, que es un país pequeño—34.126 Km2—ha salvado su situación económica por medio de la agricultura y conste que sus tierras, por ser escasas y estar sometidas a continuo esfuerzo, tienen que estarse abonando constantemente. El nuestro, dentro de la relatividad centroamericana, es un país grande; el segundo en superficie y con tierras suficientes para sustentar y dar vida a más o menos 24.000.000 de habitantes, pues Bélgica con 30.506 Km2, tiene una población de 8.286.553 habitantes.

Lo que Honduras necesita es paz, tranquilidad y trabajo; necesita una buena inmigración que venga a cultivar nuestras tierras y a trabajar nuestras minas; que venga capital extranjero a crear industrias, aprovechándose de las materias primas que en abundancia existen en todo el país. La inmigración que generalmente viene a nuestro país, es de gente que sólo se dedica al comercio, en cantidad tal, que el hondureño está descartado en esta rama de la actividad humana en todo el país, lo cual ni es justo ni es equitativo por razones que sobran para ser explicadas.

LAS TORMENTAS TODO LO ARRASAN

Antes de la primera guerra mundial la humanidad vivía de abundancia y comodidad tan grandes, que la miseria, que ciertamente existía, no es para parangonarla con la que hoy se enseñorea en el mundo entero. La comparación es tan manifiesta, que a no haber quien haya podido comprobarla, se diría que al hacer referencia del pasado, hay más de fantasía que de realidad.

En París, Madrid, Roma y en cualquier otra gran ciudad del viejo continente, en aquellos tiempos podía una persona conseguir alojamiento, alimentación y ropa limpia por la hoy ridícula cantidad de 20 dólares mensuales; se entiende, en casa de familia o de huéspedes, pues los Hoteles, por derecho de mayores gastos, eran más caros. Un buen traje de casimir inglés confeccionado en una buena sastrería no pasaba de costar más o. menos 30 dólares y en esta proporción, podía adquirirse todo lo que fuera necesario no sólo para cubrir las pequeñas exigencias de la vida, sino aun aquellas nacidas de los caprichos por la abundancia de dinero en lujo u otros inútiles derroches.

En Nueva York, que es de las ciudades de América donde la vida ha sido siempre más cara, se lograba con facilidad alojamiento en un boarding—house, por la suma de 5 o 6 dólares semanales, pudiéndose comer en cualquier restaurante por 1.50 dólares al día. Un buen par de zapatos se adquiría por 6 dólares cuando era muy bueno y así todo más o menos. Una entrada a los mejores Teatros, al Metropolitano digamos, en las mejores temporadas de Opera con Caruso, la Tetrazzini y otras celebridades, se podía obtener por sólo 5 dólares la butaca y hoy en cambio, ni qué pensarlo, esa cantidad y más, puede Ud. pagar por conseguir un puesto en la fila que se organiza en la calle para llegar, si es que llega, a la ventanilla donde se compran los boletos que de butacas cuestan $ 20,30 y hasta 50 dólares, si por desgracia agotada la venta de billetes se resuelve a comprarlos de segunda mano.

De 1914 para acá, gracias a las ¡sabias y humanas intenciones! de Guillermo II y Nicolás, emperador de las Rusias por un lado, y de Adolfo Hitler, Benito Mussolini e Hirohito, emperador del Japón, por el otro, el mundo convertido en un voraz incendio, arrasó con todo empezando por las mismas naciones que provocaron la catástrofe. Un loco pretencioso, que ni siquiera fue alemán, lanzó a ese pueblo de sabios y de grandes artistas a los abismos de la muerte, renegando de los más altos valores intelectuales a los que persiguió en sus obras y en su memoria para destruirlos; celebridades que el mundo respeta y venera. Las obras de Mendelssohn y de Bach, famosos compositores alemanes, fueron prohibidas; las de Goethe, considerado como uno de los más grandes poetas que haya producido la humanidad, fueron decomisadas y quemadas a presencia del pueblo; Alberto Einstein, sabio matemático, pudo salvar su vida huyendo hacia los Estados Unidos en donde aún vive para admiración y gloria del mundo.

Pandilla de forajidos y rateros, los nazis cuyos corazones parecía estar forjados con el más duro de los aceros, no perdonaron ni a sus propias madres si por desgracia para ellas no eran gratas al más ridículo y pretencioso de los comediantes: el Führer. Jan Valtin en "La Noche Quedó Atrás", nos hace una relación horripilante de las prácticas que tanto los nazis como los comunistas ponían en acción con el desgraciado que, creyéndolo enemigo, caía en sus manos; él fue uno de tantos; pagó caro su pasión comunista porque, tanto los rojos como los nazis, lo hicieron sentir en carne viva, los más tremendos dolores.

El sistema de propaganda establecido por los rusos desde los comienzos del régimen de Stalin ha sido de lo más perfecto. Rusia no ha reparado en gastos ni en medios para lograr su objetivo y estos medios han sido tan bien estudiados que las mismas autoridades alemanas declararon, según Valtin, que las suyas apenas si podían considerarse como juego de niños en materia de espionaje y propaganda, comparados con los de los rusos de quienes cogieron escuela.

La ramificación del sistema comunista confiada a personas de gran capacidad mental; sus miembros juramentados al servicio de la causa, no han reparado ni aun en la traición a sus propias patrias, colándose con el carácter de personas serias y honradas hasta en las oficinas donde se guardan o estudian los asuntos más secretos de la nación. Los Estados Unidos han sido víctima de esta clase de traiciones cuando ciudadanos aparentemente demócratas obedeciendo órdenes de Moscú, han extraído o copiado fotostáticamente documentaciones relacionadas con la bomba atómica.

Nosotros no tenemos secretos que puedan ser motivo para esta clase de requisas por parte de los adictos al régimen comunista, pero sí estamos expuestos a la influencia de su doctrina divulgada como dice el Presidente Truman a base de "halagadoras promesas" que el pueblo, en lo que se refiere a las masas, puede aceptar como verdades salvadoras.

Hay que hacer campaña por la prensa para prevenir la intromisión de esta funesta escuela en el corazón de nuestro campesinado, que es el vehículo que escogen los divulgadores del fatal sistema, y a ser posible, ordenar que, en las escuelas públicas y privadas de toda la República, se den disertaciones periódicas sobre los peligros a que conduce la aceptación de esa engañosa propaganda comunista. Tal vez convendría que, en todas esas escuelas, además de lo antes indicado, se pusieran en las paredes interiores, anuncios llamativos condenando la propaganda de tal sistema, para que tanto los alumnos como el pueblo, sepan a qué atenerse al tener conocimiento de que los rodean peligrosos consejeros.

Prevenir, es evitar.

ALTERNATIVAS DE LA IMPREVISIÓN

Georges Clemenceau en sus "Grandezas y Miserias de una Victoria", dice, hablando de la "Conferencia de la Paz", "palabras mágicas que sucedían, como por arte de magia, a las matanzas de la guerra, para sacar a los hombres de los peores excesos de la violencia y precipitarlos en el abismo sin fondo de una esperanza universal tan fácil de anunciarse como de desvanecerse en humo. Demasiadas realidades en la guerra, demasiados aplazamientos en la paz. La misma sinceridad, el mismo ardor en las premeditaciones de asesinatos en masa que en las brumas de un torrente oratorio de idealidades. Alternativas habituales del vaivén orgánico que determinan las oscilaciones contradictorias de nuestra vida generalmente engañada".

Clemenceau, que siguió paso a paso el proceso de la guerra apreciando y valorando las actividades de todos aquellos grandes hombres que en ella terciaron, comprendió que las finalidades de esa cruenta lucha sólo conducirían a la formación de un ambiente adhoc para otra guerra, cuyo origen fue indudablemente el "Tratado de Versalles". Comprende que no es posible una paz cierta y duradera si no se rompe el sortilegio de un pueblo sometido a la voluntad y ambición del militarismo prusiano; comprende que ese Tratado tal cual se firmó es la peor de las derrotas sufridas por los que se creen vencedores; que, cerrando los ojos y los oídos a la luz meridiana y a la voz de su conciencia, permitieron enormes mutilaciones en el gran contrato, con lo cual, Alemania, de vencida, se convirtió en vencedora.

"La gran guerra" ha durado cuatro interminables años y en una década de meditaciones turbulentas no hemos sido capaces de colocar hombres y cosas en su lugar apropiado, ni de determinar la sucesión de actividades coordinadas que exige la nueva paz", y así fue, que esa paz ficticia, no fue más que una tregua dada a Alemania para que se armara; fue un incentivo para que espíritus aventureros y audaces como los que formaron la pandilla de Hitler se lanzaran a la conquista del poder para desencadenar la segunda guerra que comparada con la primera, aquélla resulta juego de parvulillos.

Sobre los orígenes de estas guerras se ha afirmado la existencia de fuertes especulaciones por parte de grandes trusts del capitalismo mundial en manos de una raza, perseguida en la segunda por el propio Hitler. Entre los que han afirmado tal noticia se encuentra el patriota demócrata y multimillonario norteamericano Henry Ford, quien así lo enuncia en su "Judío Internacional", con pruebas de documentación legalmente comprobadas, y Ford, como Clemenceau, vio en el Tratado de Versalles el huevo que incubaría la segunda guerra; sólo que el norteamericano, como hombre de negocios y versado más que en literatura en los números, pudo comprobar con ellos que ese Tratado en su gran mayoría fue firmado por elementos de la raza judía, miembros directos o indirectos de los grandes trusts del capital mundial.

¿Quiénes dieron a Hitler el dinero suficiente para crear y sostener el formidable contingente de camisas negras que le sirvió para asaltar el poder en Alemania? ¿Qué clase de poder era éste que el Führer, una vez hecho Canciller omnímodo trató de destruir, ¿persiguiéndolo y aniquilándolo? Preguntas son éstas a las que Ford contesta con claridad; y hoy, ante el avance de los acontecimientos que nos rodean ¿quiénes son los que juegan el papel de empujadores?;Habrá tras bastidores ocultas fuerzas interesadas en provocar la tercera guerra fomentando las desmedidas ambiciones del oso blanco de las estepas rusas?

Y la América, la América libre, protegida por la liberalidad de sus leyes y del inmenso océano que la separa del Viejo Continente del cual nacen las convulsiones que sacuden al planeta, se siente comprometida y obligada a defender las instituciones que le son propias desde el momento en que se independizó de los poderes europeos, y tiene que defender aquéllas de igual índole que aún subsisten del otro lado de los mares, porque en ello está comprometido el porvenir de su vida soberana e independiente.

El "tigre" francés que vio el fracaso del epílogo de la primera guerra, murió decepcionado y lleno de dolor por el porvenir de Francia y del mundo entero, y Franklin Delano Roosevelt, que llegó en la segunda jornada al principio del fin de la última gran catástrofe, debe, como aquél, haber sufrido la desintegración de su materia más que todo, por el estado en que dejaba al mundo por el cual había dado todo el esfuerzo espiritual y material en inteligencia y poder resolutivo.

No es poca cosa la responsabilidad de los grandes políticos ante el enorme problema que de manera directa, en estos momentos afecta a la humanidad, pues el asunto es de vida o muerte para sus propias instituciones. Lucha para destrucción del comunismo y lucha para destrucción de las democracias. ¿Quién saldrá triunfante?

Los pueblos pequeños de América debemos estar unidos y firmes en un solo propósito que sea afín a la suprema aspiración de seguir sintiéndonos libres del yugo cruel y opresor en que para desgracia de ellas mismas han caído otras naciones; pero para ello se hace necesario que nuestra vida se desenvuelva en un ambiente de amplia fraternidad, que nos permita, alejados de bastardas pasiones, contemplar con serenidad y con valor las dificultades que en un porvenir tal vez no lejano tengamos que enfrentar.

FELIPE PINEDA... (FELIPITO)
(Remembranzas del pasado que no volverá)

Nuestra juventud quizá no haya oído hablar de la persona que respondió al nombre con que encabezamos estas líneas. La muerte al romper el hilo de la existencia, poco a poco va rompiendo el de los recuerdos o aminorándolos para descanso y sosiego del alma, pues no es que efectivamente se olviden los seres que se van, porque ese recuerdo está latente en algún pequeño rincón de la conciencia de donde, en un momento dado, con facilidad puede extraerse.

La Gran Sabiduría ha dispuesto que el corazón humano que es centro de todas las emociones, esté íntimamente vinculado con otro centro que es pila dinámica de donde brota la idea para hacerse comprensible o palpable. En el caso de este artículo, nosotros pensamos en un hombre que, aunque humilde, dio el contingente de su saber a una sociedad que años atrás, vivió su vida en un ambiente de patriarcal honestidad sin las exigencias ni los egoísmos del presente.

Conocimos a Felipito, —como cariñosamente le llamaban— desde nuestra primera juventud; era un hombre bondadoso y un artista por naturaleza; la música fue su profesión en la que, sin tener escuela, supo distinguirse. Tocaba el violín con cierta especial dulzura que llenaba los espíritus de variadas emociones, según fuera el motivo que interpretara. Sus composiciones que arreglaba valiéndose de una guitarra, tenían el sello de un sentimentalismo tal, que remembraba amores, desconsuelos o esperanzas que el público apreciaba sintiéndose feliz.

En aquellos tiempos, Tegucigalpa era una ciudad triste; vivíase en un ambiente tan pobre de alegrías que cualquier motivo que ocasionara una diversión se convertía en un acontecimiento que, exaltando el entusiasmo, se prestaba a largos comentarios, que duraban semanas enteras.

Las fiestas de sociedad de importancia por selección, las daban las gentes pudientes en cumpleaños o en casamientos, y también el gobierno en celebración de alguna fecha de carácter nacional. De estas últimas habremos de hacer recordatorio. En las fiestas del gobierno había una consistente en un gran baile que se daba periódicamente en el "Salón de Retratos" del Palacio Nacional. Para sus invitados, además de la etiqueta que era obligatoria para el hombre y la mujer, se exigía un comportamiento en el que la cultura estuviera por encima de todo lo demás.

Fue en 1912 que se dio el último baile en el referido Salón de Retratos, siendo Presidente de la República, el General don Manuel Bonilla. Al anuncio de estas fiestas, la sociedad se ponía en movimiento para ajustarse en todo a lo que era costumbre en trajes y demás preparativos.

El gran Salón iluminado por centenares de bujías y adornado con profusión de flores, tenía tapizado su piso con un lienzo de tela blanca saturado de polvo de bórax para que los pies enguantados en finas zapatillas, se deslizaran con suavidad al compás de la música. El traje de los asistentes era de lo más serio a la vez que elegante: frac para los hombres y vestido de larga cola para las damas que los llevaban de precios fabulosos para lo que era aquel entonces.

El protocolo ordenaba que esos bailes se iniciaran con danzan minuet estilo Luis XV, llamadas "Lanceros o Cuadrillas", en las cuales las parejas, haciendo figuras y movimientos muy corteses, significaban la pureza del ritmo, creando personalidad en los ejecutantes. El Presidente de la República iniciaba el movimiento. Nosotros disfrutamos de este último evento danzante en el que la majestad del respeto y de la cortesía, elevaba una costumbre que por desgracia, no volverá jamás.

Felipito era el llamado para amenizar estos festivales. Su conjunto musical, aunque pequeño, estaba compuesto por elementos entrenados en el manejo de los instrumentos que ejecutaban y en el conocimiento de la música del maestro, sencilla pero sentimental. Felipito vestía también de etiqueta usando la levita traslapada, hoy ya fuera de uso, y en su orquesta, a la vez que director, era ejecutante. En estos bailes el maestro Pineda era el alma que creaba el entusiasmo por lo que era objeto de toda clase de atenciones y de cariños por parte de los dos sexos, y todo esto, no era más que el resultado o efecto que su música producía en el alma de quienes la escuchaban.

Como hemos dicho; era un hombre humilde; tenía su residencia en una casita aislada del barrio de La Ronda, en la calle que hoy es principal en ese sector de la ciudad y que entonces aparecía lateralmente cubierta en parte con pobres y mal construidas moradas de bahareque. Vivía solo, acompañado únicamente de sus instrumentos que él amaba y cuidaba con toda devoción porque era lo que le daba la vida a él y a los que hacían uso de ellos.

Era hombre ocurrente y picaresco; en una ocasión en que tocaba acompañando una misa en la Iglesia Parroquial, hoy Catedral, al terminar el Angelus, dispuso tocar parte de uno de sus valses provocando sorpresa y alarma, tanto en el cura que oficiaba como en los asistentes al oficio, por lo cual, los maestros de Capilla, muy disgustados, lo llamaron al orden.

Con frecuencia se declaraba en huelga para rendir homenaje al dios Baco, y en una de ellas, perdió la vida dejando un gran vacío en el arte musical del que era su mejor representante. Su música que debió ser conservada para deleite de las generaciones por venir, se perdió en las sombras del olvido o fue destruida por manos ignorantes de lo que ella realmente valía.

UNA BUENA SONRISA, VALE ORO

La característica de los pueblos sanos se conoce en que pueden y saben reír. Un pueblo que no ríe, es pueblo enfermo. De entre los latinos, tenemos a España que se distingue por su buen humor y tendencia a gozar la vida. En las mayores dificultades, en los mayores peligros, el español está listo para aprovechar cualquier circunstancia que pueda darle alegría y la aprovecha quizá, porque sabe que la vida es demasiado pasajera para ocuparla en llorar tristezas o desengaños que tal vez no tengan remedio.

El español, baila, canta y ríe en su casa, en la calle y en el campo; doquiera se encuentre, solo o acompañado, su espíritu siente la necesidad de expresar su contento por todo lo que lo rodea; tributo que con natural espontaneidad rinde a la madre naturaleza que es vida, color y armonía en el concierto universal como obra del Creador.

Se ha supuesto que las condiciones climatéricas ejercen gran influencia en el espíritu y en el alma de los pueblos y que por eso algunos de ellos, como Inglaterra, Escocia y Noruega, no expanden sus impresiones de alegría; y tal vez haya razón para que así sea. Un cielo brumoso que no deja ver la alegre y brillante cara del sol sino a pequeños intervalos, no atrae ni convida al placer de contemplarlo y de sentirlo como en aquellos en donde brilla con toda su intensidad matizando los objetos en múltiples tonalidades de luz y de color.

El cielo de España en contraposición al cielo de los países nórdicos de que hemos hablado, es un cielo de una limpidez maravillosa; la naturaleza al sentir los albores de la claridad matutina se estremece de placer sacudiendo su modorra con el canto de los pájaros y el perfume de sus flores para saludar al nuevo día en el que todo es luz y armonía. Esas puestas de sol en el mes de agosto contempladas desde el Arco de Carlos III, en el Buen Retiro, es algo más que sorprendente, estupendo, sobre todo, cuando el astro rey cae sobre la cúpula del gran templo San Francisco El Grande. El panorama de Madrid, en esos momentos, es fantástico en belleza. La cabeza de la majestuosa cúpula emerge de un fondo de fuego cual una diadema de oro purísimo encasquetada por la mano del Omnipotente.

Esto no obstante, debemos considerar que también Venecia y Nápoles en Italia, tienen cielos bellísimos, y en sus gentes, no existe el carácter expansivo y bullicioso del español, especialmente, de Madrid y de las provincias de Andalucía en donde la vida se desliza entre flores, cantos y risas con gran alboroto de movimiento en sus bailes regionales, cuya tradición respetan conservándolos intactos.

Venecia, legendaria ciudad a las orillas del Adriático, edificada sobre un archipiélago de pequeñas islas separadas por estrechos canales y unidos entre sí, por numerosos puentes, evoca remembranzas de trágicos o de bellísimos amores como los de Otelo y de Desdémona, rotos por la mano cruel de la envidia y la calumnia; sus góndolas de caprichosas figuras; sus palacios de encaje; arquitectura única en. belleza y armonía del conjunto que recuerda en el visitante aquellos tiempos en que el gran Leonardo, hacía aderezar su góndola con música, cantos y flores, para sacar de la encantadora Gioconda la sonrisa que habría de inmortalizarla por los siglos de los siglos.

Y es que una sonrisa expresada en un suave y delicado movimiento de los labios, tiene un poder de atracción tan grande, que no es posible concretar cual es el sentimiento que embarga al que descubriéndolo, de inmediato se siente poseído de admiración y hasta de amor por quien así revela lo más recóndito de su alma.

Si el pueblo español goza con la alegría y algaraza de sus mujeres, el pueblo italiano goza con la sonrisa de las suyas, porque hablan al alma sin entregar su corazón. Dante, enloquecido por la sonrisa de Beatriz, simbolizó en Virgilio su cicerone, para buscar a su amada en el cielo, en el infierno y en el purgatorio, con el más bello canto que se haya escrito, nacido de un espíritu atormentado por el dolor y la decepción, siendo ese canto "La Divina Comedia".

José Ingenieros, en el "Elogio de la Risa", que define con la de las causas, al referirse a la que inmortalizó Da Vinci en "Monna Lisa" dice: "Aquí sonrisa a la sordina; de su boca brota como avena frágil de una Castalia inquieta; es indecisa en los ojos como el tornasol de una seda sin ajar; se dibuja en la garganta como el eco de intenciones perspicaces y picarescas. Se atreve tenuemente como un amanecer primaveral sobre las rosas de un jardín". Bello es el elogio y la comparación, pero más bella es la sonrisa cuando sale de un espíritu selecto.

Pero así como en la risa hay manifiesta expresión del alma y de la inteligencia, así también en la sonrisa puede traslucirse el sentimiento que la provoca. El hombre de talento, de cualquier manera, que ría, lo hará desde la altura de su pensamiento y de su alma para gozar las bellezas de una ocurrencia o de la ridícula despreocupación de una idea o de un sujeto. En el imbécil, la risa no es más que el efecto sin causa impuesto a la materia sin que en ello tome parte alguna la inteligencia que por no existir, mata las sensaciones del alma.

La sonrisa tiene también sus características especiales, según sea la calidad del espíritu que las genere: una alma impecable, dibuja su sonrisa con inefable dulzura en amor, piedad o compasión; atrae hacia ella infiltrando en lo más profundo. de nuestro ser, el íntimo reconocimiento de una actitud noble que obliga a rendirle toda clase de homenaje a la vez que de admiración. Existe la sonrisa burlesca que descompone la boca en un movimiento de suavidad grotesco con pretensiones de ser dulce, siendo visible a través de ella, los innobles sentimientos que encubre su mal disimulada actitud. Estas sonrisas que para un observador medianamente psicólogo no pasan desapercibidas, son o pueden ser, catalogadas como producto de un alma enferma.

La risa y la sonrisa, según sea su propia expresión, denuncian el estado del alma y salud del cuerpo que las emana; pueden traer alegría y pueden causar dolor. Los pueblos que ríen elevando su espíritu a las excelsitudes de lo bello en contraposición de lo no bello sin manifiesto propósito de herir susceptibilidades inofensivas, son pueblos sanos y dignos del mayor aprecio, y por eso decimos que una buena sonrisa vale oro.

MADRE... EL NOMBRE MAS GRANDE Y MAS BELLO

No existe la verdadera interpretación de ese grandioso vocablo que llena la inmensidad de todo lo que existe; y no puede concebirse, porque él es uno en cada corazón, en cada alma y en cada pueblo. Es el gran manto que cobija a la humanidad para darle calor y vida; es lo que produce, lo que arrulla y lo que consuela; lo que llora, lo que ríe, lo que abraza y lo que besa; en la alegría y en el sufrimiento; en la felicidad y en la desgracia.

Madre de Dios; Madre Naturaleza y Madre Patria; tres grandes principios. Luego: tú, la madre que nos diste la leche de tus pechos en el humilde o en el rico regazo; en el palacio o en la miserable choza; en el campo, en los ríos o en los mares. Madre que gritas y desesperas por los fuertes dolores de la concepción, pero que ríes, olvidándote de todo al tener en tus brazos al esperado, al deseado fruto de tus amores.

Madre, que pierdas el sueño, la tranquilidad y la dicha del vivir libre para ser esclava del ser que incubaste en tus benditas entrañas. Que le ríes y le cantas y le hablas con el alma llena de ternura y de amor, de amor inmenso, inconmensurable e incomprensible; que le cuidas y le tocas con la ternura del presentimiento de que es una flor susceptible a deshojarse al más tenue contacto de una caricia o de un beso.

Madre; que orgullosa de tu hijo ves en él, talento, belleza y gracia que para ti, ¡oh Madre!, ningún otro hijo tiene que pueda parangonarse al tuyo; que es único porque es tuyo y muy tuyo, porque tú lo hiciste, con tu sangre y con tus huesos, con tu mente y con tu corazón. Que corres tras él en los pininos inestables de su infancia para guiarlo y sostenerlo llena de emoción y de dulzura.

Madre: que lo mismo amas a tu hijo en el pináculo de la gloria que en el evento de la desgracia; que por él cruzas todos los caminos, por duros y escabrosos que sean, para darle la savia de tu amor, de tu fe y de tu consuelo; que lloras y ríes con él hasta en el último momento de tu vida, que es vida de mártir sin protesta, desconsuelo ni arrepentimiento.

¿Dónde está el ser que pueda compararse en desinterés, en amor y en sacrificio a esas madres que, ricas, pobres o desamparadas, dan al mundo la sucesión de la existencia? ¿Quién es aquel que pueda decir que sustituye la entereza y constancia de una madre en la nobleza de su cariño? Ese privilegio, o ese castigo que soporta con toda la heroicidad de su débil ser, sólo a ella corresponde, porque nace de su propio ser.

Y el hombre, ese hombre que fue niño y que provocó los cruentos dolores del parto; que quitó el sueño y la tranquilidad al ser que llevándolo dentro de sus entrañas le dio la vida, ¿qué ha hecho y qué hace para pagar tanto sacrificio, tanta bondad, tanto amor y tanta dulzura? ¿En qué forma ha podido o puede corresponder semejante ofrenda hecha por las madres a la santidad del Dios Único?

Hay que reconocer que han existido en el mundo madres despiadadas o egoístas, que han botado o despreciado a sus hijos; pero esta clase de seres no hace número contable en la universalidad de los pueblos; se ha tratado de entes enfermos de demencia criminal que las leyes sancionan fuertemente.

El sacrificio y el amor de la madre está representado en el siguiente pasaje de la Biblia, en el Viejo Testamento que refiere el "Juicio de Salomón", así:

"En aquella sazón acudieron al rey dos mujeres públicas, y presentándose a su tribunal, dijo una de ellas: Dígnate escucharme, ¡oh Señor mío! Yo y esta mujer, vivíamos en una misma casa, y yo parí en el mismo aposento que ella estaba. Tres días después de mi parto, parió también ella; nos hallábamos las dos juntas y no había en la casa nadie sino nosotras dos. Mas el hijo de esta mujer, murió una noche, porque estando ella durmiendo lo sofocó, y levantándose en silencio a una hora intempestiva de la noche, cogió a mi niño del lado de esta sierva tuya, que estaba dormida y se lo puso en su seno, y a su hijo muerto lo puso en el mío".

"Cuando me incorporé por la mañana para dar de mamar a mi hijo, lo hallé muerto; pero mirándole con mayor atención, así que fue día claro, reconocí no ser el mío, que yo había parido".

"A esto respondió la otra mujer: "Es falso: tu hijo es el que murió y el que vive es el mío. La otra, por el contrario, decía: Mientes, pues mi hijo es el vivo y el tuyo es el muerto; y de esta manera altercaban en presencia del rey".

"Dijo entonces el rey: La una dice: Mi hijo es el vivo, el muerto es el tuyo. La otra responde: No, que tu hijo es el muerto, y el vivo es el mío. Ahora bien, dijo el rey: traedme una espada. Y así que la hubieron traído, partid, dijo, por medio al niño vivo y dad una mitad a la una y la otra mitad a la otra. Mas entonces la mujer que era la madre del hijo vivo, clamó al rey (porque se le conmovieron sus entrañas por amor a su hijo): Dale, te ruego, ¡oh Señor!, a ella vivo el niño; y no lo mates. Al contrario, decía la otra: Ni sea mío, ni sea tuyo, sin que divídase. Entonces el rey pronunció esta sentencia: Dad a la primera el niño vivo, y ya no hay que matarlo, pues ella es su madre".

Esa es la madre: abnegada hasta el extremo de preferir perder a su hijo, antes que verlo muerto; esa es la madre a la que sus hijos jamás correspondemos; a la que la Justicia no ampara cuando engañada por falsas y criminales promesas es abandonada por hombres crueles que ni el pan para sus hijos dan, amparados en la impunidad de su delito. La madre, de cualquier condición social que sea, es madre; la madre del pueblo, la madre de las naciones, y por lo tanto, digna de respeto y de apoyo, de alabanza y admiración.

A la madre no sólo hay que levantarle estatuas reverenciándola en sus fríos mármoles; hay que protegerla en su carne viva, obligando a los padres de sus hijos a que cumplan el deber que les impone el hecho de haberlas fecundado a sabiendas de lo difícil que es para ellas ganar el sustento de sus hijos; es en esa forma que a la madre se le hará justicia, porque tan madres son las que cuentan con el respaldo de sus maridos, como las desgraciadas que, con todo y su miseria, dan a la patria hijos que, si no se pierden en el camino de las dificultades, pueden ser de gran utilidad a la sociedad y a la nación.

Salve, ¡oh madres! Nosotros os saludamos.

PROBLEMAS QUE SON UN PROBLEMA

El 11 del mes que corre, el Presidente Truman, en un discurso desde la plataforma del tren en que viajaba, según radiograma de Pocatello, Idaho, declaró que "daría órdenes de usar nuevamente la bomba atómica si fuere necesario".

Los Estados Unidos, que junto con las democracias de América están metidas en el laberinto de un problema que no pueden resolver por las vías de la razón y de la conveniencia mundial, se verán obligadas, si a ello Rusia las empuja, a valerse de todos los medios, sean cuales fueren, para salvar el honor y la dignidad de los pueblos que, haciendo causa común, luchan por la paz y tranquilidad del mundo.

La última gran guerra, que pudo haber sido la que dejara resuelto el problema de la paz, no sólo no lo consiguió, sino que, en forma imprevista, dio fuerza para que hubiera nación que valiéndose de la ayuda que recibía, preparara el terreno para provocar otra guerra de mayores consecuencias cual es la que se vislumbra para un porvenir quizá no lejano.

La fingida solidaridad de las Repúblicas Soviéticas, representadas por el Mariscal Stalin y la buena fe de las democracias acuerpadas por el Presidente Roosevelt, dieron lugar a que el gobierno norteamericano, con la aquiescencia de sus aliados, prestara a Rusia no sólo el contingente de su sangre, sino que también el de la parte económica en armamentos y en dinero de que el Soviet carecía por completo. La situación de Rusia en la batalla de Stalingrado era de lo más desesperante, y Alemania habría destruido ese baluarte terminando con la soberbia y ambición de los herederos de Lenin, sin ayuda económica del poder norteamericano.

Sólo Estados Unidos ha estado y está en capacidad de jugar en las aventuras de la guerra, cantidades tan exorbitantes, que por serlo, entran en el terreno de lo fantástico. Once mil millones de dólares es la cuenta de Préstamos y Arriendos que Rusia debe a la economía norteamericana; fabulosa cifra que además de salvarle la vida sirvió para preparar la insolencia de sus absurdas pretensiones; y hoy, que se cree dueña de la situación, sin el menor escrúpulo y vergüenza propone que se acepte la cancelación de su cuenta a razón de dos centavos por dólar.

Sólo un país gobernado por un sistema político de la clase del que Rusia tiene y sostiene; en el que el gobierno es dueño de vidas y haciendas y hasta del pensamiento de los ciudadanos que no son más que esclavos o acémilas de las grandes cargas que se les impone, es capaz de pensar que un compromiso contraído, al aceptar la ayuda de miles de millones, pueda saldarse en condiciones tan ridículas cual las que Rusia propone a los Estados Unidos.

El concepto de la responsabilidad parece estar perdido en la tierra de los Zares, y está perdido porque en un país que ha soportado el implantamiento de un régimen de opresión y de dureza hacia él mismo, cual es el que ha impuesto Stalin y sus adláteres, es pueblo sin voluntad. Saber darse gobiernos es condición esencial de la conciencia ciudadana, y saber gobernar dentro de los cánones de la justicia, es otra condición indispensable para la felicidad de las naciones. Donde no hay buen gobierno, no puede haber buena ciudadanía.

Confucio, filósofo y reformador chino que vivió quinientos setenta y un años antes de Cristo, estableció que: "Para gobernar bien a un reino, hay que empezar por poner en orden las propias familias; y para poner en orden las propias familias, debe uno procurar corregirse a sí mismo; para corregirse uno a sí mismo hay que enderezar el alma; y para enderezar el alma, hay que tener puras y sinceras intenciones. Para lograrlo, es preciso perfeccionar, en todo lo posible, el conocimiento de la moral; y para perfeccionar el conocimiento de la moral, se tiene que penetrar y profundizar en los principios de las acciones".

Hay que considerar la distancia que nos separa de aquellos tiempos en que el sabio filósofo sentaba esta regla como medio para vivir bien dentro de los límites territoriales que a cada familia o nación corresponde; las que al ponerse en práctica, ofrecen como resultado la buena armonía y mejor confianza de familia a familia o de país a país. Un gobierno que no respeta los principios de derecho que al ciudadano corresponden, por razón de equidad y de justicia dentro de su propia familia, no puede respetar el derecho y la razón que a otros corresponda fuera de su jurisdicción.

El Soviet se ha colocado en esta plataforma. No respetando a su propio pueblo, pretende irrespetar a los demás, sin tomar en cuenta los resultados que, como consecuencia de tales actos, puedan sobrevenir, y es por ello que justamente el Presidente Truman aclara, que si las circunstancias lo exige, hará uso de la bomba atómica.

La política rusa permanece hermética en cuanto a sus futuras determinaciones; y su prensa, cual Pilatos, se lava las manos por convencer al mundo de que son ellos las víctimas de un imperialismo creado expresamente para destruir los postulados de su sistema absorbente, lo que es absolutamente incierto. A las naciones democráticas no les interesa la clase de vida que lleve Rusia dentro de su propio territorio si esa vida no afecta en forma alguna la que por derecho corresponde a las demás naciones; pero desde el momento en que su propósito se manifiesta con tendencia a revolucionar el mundo para que prevalezca su doctrina esclavizadora, los países libres y conscientes de sus deberes y obligaciones tienen que hacer un llamado a sus fuerzas para hacerle frente al enemigo que es común a todas ellas.

En algunos países de la América Latina se están tomando ya medidas preventivas, a efecto de que el comunismo no enraíce en el corazón de la ciudadanía de sus pueblos ya amenazados por la propaganda y aun por la formación de partidos que abierta y públicamente trabajan para hacerle ambiente a las doctrinas que desde Moscú recomienda el Mariscal Stalin; y esas medidas deberían adoptarse por igual, en todo el hemisferio y bajo convenio mutuo, para establecer de hecho qué país o países sean o no, propios a defender las democracias.

EL PRINCIPIO DE UNA PATRIA GRANDE

La afinidad, la idiosincrasia y la ideología, son vínculos que atraen a los cuerpos, fundiéndolos, en ocasiones, por razón de su propia similitud. El origen y la historia de hechos que se verifican bajo la misma idealidad, son factores importantes en el desenvolvimiento de la amistad y cariño entre los individuos, las familias y los pueblos.

Hoy, circunstancias de carácter imperativo han obligado al mundo a establecer políticamente dos puntos de vista para escoger entre ellos el que más convenga y se amolde, tanto a sus intereses materiales como a los que se relacionan con las necesidades de la mente, del espíritu y del alma.

La idea del mejoramiento político, social y económico, está contemplándose a través de dos criterios completamente opuestos en cuanto a las finalidades que persiguen; uno, que establece y propugna libertad de acción, de pensamiento, de divulgación de ese pensamiento; de libre trabajo y de la obtención del producto de ese trabajo; que otorga derechos amparados por leyes justicieras y reclama obligaciones como razonable compensación a esos mismos derechos. El otro, que anulando toda clase de sentimiento en lo político, en lo social y en lo económico, mata toda idea de pensamiento libre; todo esfuerzo individual o colectivo que no sea en beneficio de un sistema que centralizándolo todo, absorbe o aniquila la libertad de pensar, de difundir, de actuar, de gozar del fruto del trabajo honrado y hasta de moverse fuera de su territorio; que pretende destruir hasta el sentimiento religioso de los pueblos para entronizar en los altares de la soberbia y la ambición, a su único ídolo, como dueño de un poder que es más que absoluto.

Dos puntos hemos dicho, marcados y definidos: LA DEMOCRACIA Y EL COMUNISMO. Del primero, huelga alargar el comentario, porque todos sabemos de los grandes beneficios que reporta a la humanidad; y del segundo, mucho se ha escrito para alegar ignorancia. Sabemos que el espejismo de su atracción y convencimiento es ficticio, ya que en el mismo halago va el engaño, la perfidia y la traición. Aquello de que todo debe ser para todos, no es más que el sebo que ha servido para que caigan los incautos, los faltos de energía o los inútiles que quieren vivir del esfuerzo de los demás, contribuyendo con sus malsanas acciones al forjamiento de cadenas que no sólo atan su pensamiento y sus manos, sino hasta su propia alma.

El pueblo ruso, víctima de la tiranía de los poderosos que para su desgracia, rigen y orientan su destino, vive una vida de parias, cautivo dentro de los límites de su enorme territorio, pues una de las prohibiciones más terminantes del régimen soviético, es la que haciendo alarde de que su pueblo todo lo tiene y nada necesita de fuera, impide de cualquier manera que el ciudadano ruso emigre por placer o por necesidad.

Muchos han sido los que estando fuera del imperio moscovita, hombres o mujeres, han preferido darse la muerte al requerimiento amenazante de que vuelvan a su patria, porque saben lo que les espera una vez reintegrados a ella. Muchos escritores que han logrado visitar a Rusia en la parte que a ellos es permitido, al salir, han hecho por la prensa y por el libro, relatos verdaderamente espeluznantes sobre la vida que se observa en ese desgraciado país, imposibilitado por la fuerza de las armas para sacudir el yugo que lo aniquila y embrutece.

En contraposición a tan funesto sistema, está la democracia basada en la ley de razón, equidad y justicia. El hombre es libre de pensar, de actuar y de moverse según sea su voluntad o deseo, y la ley lo ampara y lo protege. Los individuos forman uniones para darle mayor impulso a sus actividades en una amigable comunidad de ideas que hacen luz en el conjunto de proyectos que de ellas se deriven.

La situación política mundial, afectada por las tendencias del Soviet, ha obligado a las democracias a formar entre todas ellas un bloque de defensa que las preserve del peligro comunista y la América ha respondido a ese llamado, uniendo sus intereses y aspiraciones en un común sentir. Los pequeños países centroamericanos, no obstante, las repetidas tentativas de unión, han fracasado por diferencias de criterio que bien pudieran haberse subsanado si en realidad hubiera habido un propósito firme para llegar a la meta de tan noble como conveniente idealidad, más por desgracia, ello no fue más que un entusiasmo sin base que la realidad desvaneció.

Hemos dicho al principio de estas líneas que la afinidad, la idiosincrasia y la ideología, cuando son comunes a diferentes cuerpos, tienden a unirlos en uno solo, formando así un todo homogéneo e indestructible; condiciones que pueden aplicarse a la vida de relación entre los individuos y los pueblos. En Centroamérica existen dos que, por estas afinidades y otras razones de íntima conveniencia, deberían unir sus destinos en un solo cuerpo para mayor fuerza y riqueza de ambas, siendo ellas, Honduras y El Salvador. Hemos hablado de la necesidad de poblar nuestro territorio con inmigraciones honradas y trabajadoras; a Honduras le faltan habitantes y le sobran tierras, a El Salvador le sobran habitantes y le faltan tierras. El porcentaje de familias salvadoreñas de origen hondureño es tan fuerte que casi pudiéramos calcularlo en un treinta por ciento, y el de salvadoreños residentes en Honduras, especialmente en la Costa Norte, también es crecido; salvadoreños éstos, que como los hondureños que antaño fueron a El Salvador, dejarán la semilla para que la raza de los dos pueblos acabe por fundirse en una sola.

La República de Morazán que esbozaron los Presidentes Carlos Menéndez y Francisco Bertrand, a llevarse a cabo, habría sido la gran victoria de estos dos países del Istmo, porque siendo afines en costumbres y en historia, se habría contribuido a hacer un gran país dentro de los límites de las dos Repúblicas. Morazán legó sus restos a El Salvador, quizá bajo la idea de que algún día pudieran las dos naciones cobijarse bajo la sombra de un solo pabellón, y allá descansan los restos del héroe esperando tan ansiado momento.

EL BANCO CENTRAL Y EL DE FOMENTO

Tiempo a que viene madurando la idea de la creación del Banco Central en esta República. La prensa de todos los sectores políticos desde hace años se ha ocupado de este importante asunto por considerarlo de vital importancia para el país. Individuos entendidos en la materia han hecho derroche de elocuentes sugerencias que han ido abriendo poco a poco la brecha para entrar en el terreno de los hechos, y hoy, el Banco Central es asunto decidido, es realidad palpable.

Los grandes proyectos que tienden a provocar un cambio de frente en cualesquiera de los órdenes establecidos en una nación, no pueden hacerse tangibles de la noche a la mañana, porque para ello, antes de proceder, hay que estudiar y resolver muchos problemas que encierran intereses que, por ser de antaño, llegan a considerarse como valores de carácter insustituible, por razón de la multiplicidad de sus componentes y de aquellos que en una u otra forma, reciben algún beneficio.

Ello, no obstante, no es posible ni puede ser conveniente que una sociedad nacional permanezca al margen de los avances del progreso que a todo correr está rompiendo la rutina de los viejos procedimientos, para darle vida a sistemas que halaguen y conviden a duplicar el esfuerzo para alcanzar lo que, de derecho, corresponde a los pueblos civilizados.

Las necesidades de ayer no son las necesidades del presente. El mundo, con los nuevos derroteros que la ciencia ha descubierto y puesto en práctica, ha reducido su tamaño en una proporción tal, que el hombre puede abarcarlo en horas y sentirlo en su totalidad en minutos y aun en segundos. El aeroplano y la radio lo convirtieron en un juguete, y la bomba atómica en una masa susceptible de destrucción; y estas necesidades de la conservación de la vida, no de un pueblo sino de todos los pueblos juntos, obliga a facilitar los medios para que la humanidad, que ya se da las manos desde los más remotos lugares del planeta, resuelvan su problema de existencia si no quieren sucumbir atrapados por la inercia o falta de previsión de sus dirigentes.

Honduras puede desarrollar grandes actividades en las industrias, en la agricultura y en la ganadería para hacerse una vida fácil y hasta donde posible sea, holgada y agradable. Sus tierras de labor, vírgenes en varios sectores de la República, están pidiendo a gritos el esfuerzo de la mano del hombre para dar su fruto como un obsequio, como una bendición del Todopoderoso, y esas tierras olvidadas por la pobreza más que por la indiferencia, duermen en el absoluto silencio de su existencia.

¡Valles de Jamastrán, de Comayagua, de Sula, de Sensenti y Quimistán; tierras fértiles de Olancho, ¡Santa Bárbara, El Paraíso, Choluteca y tantas otras más!, vosotras solas seríais suficientes para alimentar millones de seres y aun para dar vuestro producto a otras naciones incapacitadas de producirlo; pero nada hemos podido sacar de tanta riqueza por la miseria de nuestros medios e imposibilidad de conseguirlos en condiciones más o menos favorables y humanas.

Hoy podemos decir que nos sonríe el porvenir. La creación del Banco Central y el de Fomento, resolverá el problema de nuestra vida si sabemos aprovechar la oportunidad de ventajas que esas instituciones ofrecerán a los que, libres de prejuicio y llenos de valor, se resuelvan a poner en práctica el esfuerzo de su mente que, unido al esfuerzo de su brazo, rompan/la tradición de incapacidad e ignorancia de que injustamente se nos ha motejado.

El Banco Central asesorado por expertos técnicos y manejado por ciudadanos competentes y honrados en vínculo estrecho con las otras empresas bancarias de carácter particular, será una garantía para el haber económico de la nación y de todos los hondureños. Nuestro lempira, arrinconado en los sótanos de los bancos existentes, ocupará su puesto en la circulación desplazando a la moneda dólar que volverá a su punto de origen sin menoscabo de la efectiva riqueza existente.

Para el mes de junio entrante, el gran Banco tendrá en su poder cuatro millones en billetes de cinco lempiras que servirán, advertidos por los bancos particulares; y papel de otros valores vendrá después para completar la emisión contratada.

El Banco de Fomento, dependiente del Banco Central, ha nombrado comisiones de técnicos asesorados por agrónomos para hacer un estudio de nuestras tierras; de las facilidades de las vías de comunicación y de los medios económicos de los terratenientes. El fomento de la agricultura será punto principal en sus actividades. Se principiará por hacer préstamos para fines agrícolas a plazos de tres años con garantía del negocio por establecer. Los intereses a pagar serán módicos y los plazos con el transcurso del esfuerzo bancario, podrán alcanzar hasta treinta años.

El Banco, además de incrementar la producción, estudiará los mercados para la mejor colocación de los productos recolectados, y aun, en determinadas circunstancias, podrá hacerse cargo directamente de la venta de tales productos para ayudar a la amortización de obligaciones sin perjudicar ni el desarrollo ni las actividades trabajo.

La República de El Salvador, allá por los treintas, se encontraba en una situación agónica. Los pequeños terratenientes que forman la mayoría de la agricultura netamente nacional, por razón de la crisis política mundial estaban a punto de perder sus pequeños haberes por dificultades en pagos o por moras muy atrasadas. El General Maximiliano H. Martínez, presidente de aquella República, salvó la situación creando el Banco Central, que disminuyó los intereses casi a la mitad y creó ciertas leyes a las que les dio carácter retroactivo, que puestas en vigor evitaron la bancarrota y quizá la miseria del legítimo pueblo salvadoreño.

Para Honduras, estos Bancos también son su salvación porque abrirán sus puertas en facilidades para el hombre honrado que quiera trabajar; y ha tocado al gobierno del Doctor Juan Manuel Gálvez la dicha de ser el fundador de esta noble y humana institución, que aportará incalculables beneficios a la república; disposición salvadora que el pueblo debe reconocer acuerpándola con la seguridad y la confianza que ella merece.

TALENTO Y MEDITACIÓN, ELEVA A PLANOS SUPERIORES

De los seres que pueblan el planeta, es el ser humano el que está dotado de todas las sensibilidades en sus órganos de vida material y en las que corresponden a la parte espiritual. La magnitud de estas sensibilidades está en relación con el grado de adelanto, inteligencia y cultivo de la meditación en el individuo.

Existen tres clases de sensaciones que son madres en el ente humano: la espiritual, el material y la que tiende a la brutalidad en individuos de instintos cavernarios. La primera clase puede dividirse en dos tendencias que, en parte, contradicen la elevación del sentimiento que las anima; una, que busca y se entrega al deleite de lo ultraterreno en el deseo de acercarse a Dios haciendo a un lado todo impulso hacia lo material; y la otra, que sin dejar de gozar lo que la materia exige, se eleva en alas de la fantasía creando un mundo a su gusto y sabor en el que, a pesar de pobrezas o estrechez de vida, se sienten vivir en palacios de maravillosa construcción arquitectónica, recubiertos de piedras preciosas, de oro y plata en sus haberes interiores y con el respiro de deliciosos perfumes y caricias de amorosas sílfides en jardines ahítos de luz y color. Los primeros en esta fase de la sensibilidad, son aquellos espíritus puros que tiran hacia la beatitud, a la santidad; los segundos, son los poetas que en la elocuencia de sus fantásticas visiones forjan sus propios mundos elevándose a lo más sublime o cayendo en la postración de un triste delirio.

Todo hombre normal, en el curso de su vida, tiene un momento que le es propicio para hacer el análisis de sus actos anteriores; para establecer el bien o el mal que esos actos hayan causado a su persona o a la sociedad en que viva. Si tiene voluntad suficiente y cabal juicio para juzgar esos actos, podrá enderezar el rumbo de su existencia hacia mejores derroteros, logrando con su empuje, su rehabilitación, si ella hubiere adolecido de defectos; y si, por el contrario, hubiera sido ejemplar, alcanzará mayores altitudes en admiración y respeto.

San Jerónimo, famoso escritor y una de las columnas de la Iglesia, al abandonar su vida de seglar, después de grandes meditaciones, se adentró en la soledad de una montaña para vivir en una cueva su vida contemplativa, en penitencia y oración. A todo trance quería aislarse de lo mundano, medio en el cual, como todo hombre, había sido pecador. La tremenda lucha del espíritu con la materia, que se libraba en su interior era tal, que el viejo y sabio ermitaño, esqueletizado por los ayunos, golpeando e hiriendo sus flácidas carnes, con lágrimas en los ojos, exclamaba: "carne, carne que todavía me maltratáis" y era, que, a pesar de su fuerte voluntad, el recuerdo del pasado, traidoramente asaltaba su memoria. El espíritu de este hombre, que pudo ver la realidad de la vida sometiéndola a prueba, triunfó de todas las vanidades que en una u otra forma cuando se salen de lo común y aceptable, conducen a la perdición.

Otro ejemplo de lo que vale la sensibilidad en una grande alma, es el que se refiere a la Santa de Teresa de Jesús, flor de inmaculada pureza que teniendo su cuerpo en la tierra, su alma estaba en el cielo; su único amor lo concentró en el crucificado de Jerusalén al que pedía con toda la fuerza de su corazón, diera a los hombres el convencimiento de que sólo la paz, la tranquilidad y la justicia, podrían hacerlos felices; para que los llevara por la senda del bien haciéndose acreedores a la bondad de su gran misericordia. Escritora de gran fama, la dulce visionaria de Ávila, en sus momentos de éxtasis impregnados del más puro de los amores, escribía:

"Vivo sin vivir en mí,
Y de tal manera espero,
Que muero porque no muero".

Sólo la idealidad puede libertar al alma del escepticismo que en la mente imprimen las cosas materiales, pues quien no idealiza y se eleva con la grandeza del pensamiento o del espíritu, es un ciego propenso a caer en los más graves errores cuando no en hechos criminales, y es a estos últimos, a los que corresponde la tercera clase de sensaciones, porque alejados del espíritu, sólo aprecian lo material y lo grotesco. Seres inconscientes de sus deberes para con sus semejantes, la sociedad y la patria; viven solamente para satisfacer su insaciable apetito de riqueza, de odio, de venganza y de egoísmo. Es el hombre primitivo que falto de esa luz que da nobleza a la mente y al corazón, se arrastra cual serpiente venenosa para ensalzar al poderoso y denigrar al desvalido; es la fiera que halagando a su víctima con fingidas demostraciones de cariño y de lealtad, le asesta por la espalda el degradante puñal de su maldad.

Mas, por desgracia, todo es así en el mundo en que vivimos; no han sido suficientes las lecciones y castigos recibidos para hacer de los hombres, hombres buenos que se amparen y protejan en el común vivir salvando las dificultades a base de buenos entendimientos y de mejores apreciaciones que sean un sedante en el ánimo predispuesto a querellas que más parecen disputas de colegiales exaltados que, como dice Mark Twain el humorista famoso, tienen en sus manos, sin darse cuenta de ello, todos los elementos conqué poder destruir al mundo.

Que el pensamiento y el espíritu triunfe sobre la pasión y el egoísmo; que la razón se imponga sin menoscabo de la justicia, es lo que reclama el porvenir de la humanidad.

EL COMUNISMO, EL SOCIALISMO, FASCISMO Y EL NACIONALSOCIALISMO

La primera: es "la doctrina social que preconiza la abolición de la propiedad privada y propugna la comunidad de bienes".

La segunda: el "sistema de organización social en que los derechos individuales se suponen derivados de los colectivos, y se atribuyen al Estado facultades absolutas para ordenar las condiciones de la vida civil, política y económica, extremando la preponderancia del interés de la colectividad sobre el particular".

Al estudiar estas dos tendencias, que desde el principio de los tiempos han venido revolucionando al mundo, encontramos que las primeras realizaciones y doctrinas contrarias a la sociedad privada y a la organización social y política que de ellas se derivan, aparecen ya en ciertas naciones y ciudades de la antigüedad. Las legislaciones de Minos y Licurgo y el comunismo idealista de Platón, son los más caracterizados exponentes de una tendencia con miras de humanitarismo que quizá fuera lo que, siglos después, inspirara las obras de Tomás Moro, Campanella y otros. El socialismo moderno, fundado en principios eminentemente morales y humanitarios, fue considerado como una utopía, por lo difícil de su aplicación, dado el sentimiento natural de los hombres, por aprovecharse de lo suyo sin dar participación a los otros.

El llamado socialismo científico aparece con Pedro José Proud—hon, Carlos Marx y Federico Engels, asumiendo ya carácter político e interviniendo en lo económico, con la participación del obrerismo y proyectándolo internacionalmente; de donde resulta la lucha de clases y la organización del proletariado para la conquista del poder. En 1864, Carlos Mars funda la "Asociación Internacional de Trabajadores", la que por razón de luchas intestinas se disolvió en 1876. En 1889, se organizó la "Segunda Internacional", a la que ingresaron todos los partidos socialistas del mundo, en cuyo seno, después de acaloradas discusiones y ponencias para establecer dos corrientes o sistemas doctrinales consistentes, la primera, como reformista, aconsejando que, para llegar al poder, se hiciera uso de una táctica moderada y progresiva; y la segunda, completamente revolucionaria, opinando por el uso de la violencia.

De esta escisión, surgió el llamado partido bolchevique con Lenin y el menchevique con Kerenski, triunfando el bolchevique con la revolución de 1917. La "Tercera Internacional", bajo la dirección de los extremistas, entre los cuales estaba Stalin, quien disputó a León Trotzky la herencia política de Lenín, que, conseguida, obligó a Trotzky a abandonar el país, refugiándose en México, donde fue asesinado por los esbirros del gran Mariscal.

El Marxismo, doctrina de Marx y Engels, fundada en la interpretación materialista del filósofo alemán Jorge Guillermo Federico Hegel, se aplicó al proceso histórico y económico del mundo, siendo la base teórica del socialismo y comunismo contemporáneos en su lucha por imponer al mundo la dictadura del proletariado.

Licurgo, legislador espartano del año 884 antes de Cristo, promulgó una sabia ley que fue causa de la grandeza política y militar de su patria. Esta ley, basada en la distribución equitativa de la producción y del esfuerzo de sus contemporáneos, fue aceptada y acuerpada por el pueblo, armonizando todo sentimiento que pudiera dar cabida al egoísmo y a la envidia; puede considerarse como el principio o base del comunismo y socialismo moderado del que tal vez tomaron punto de partida Marx y Engels para establecer su doctrina.

En el socialismo, se ha aceptado la idea de que los derechos individuales, siendo derivados de los colectivos, dan facultad al Estado para ordenar las condiciones de la vida de los pueblos, y, esa es efectivamente, la práctica de las naciones democráticas al establecer contribuciones que, de manera directa o indirecta, vuelven en beneficios hechos por el mismo Estado a la comunidad nacional.

Hay otra clase de socialismo independiente y voluntario en el Estado y en los individuos en su carácter personal, sin que haya fuerza que a ello los conmine para ponerla en práctica. Este socialismo fue el que predicó con la vehemencia de su corazón el Maestro de Galilea cuando dijo: "A todo el que te pida, dale, y al que te robe tus cosas, no se las demandes".

El coloso del Norte de América, calumniado por la envidia y el odio por efecto de su grandeza, es, sin lugar a dudas, el país más socialista dentro de la moderación y el amor a todo lo que confronta miseria y dificultades en la sociedad humana. El imperialismo norteamericano, si existe, será en su espíritu, pero no en su materia; en su espíritu, porque se eleva a las alturas del desinterés para ayudar a los pueblos desvalidos o necesitados. No hay límite en el sacrificio económico de ese pueblo cuando se trata de salvar del hambre a los que en la rudeza de su desgracia claman ayuda y misericordia. Miles de millones de dólares salen de las arcas nacionales para salvar a los que el destino ha puesto en las garras del comunismo absorbente y criminal, o a los que sufren los efectos de catástrofes provocadas por sacudimientos imprevistos de la madre naturaleza. Ese es el imperialismo yanqui que se vitupera por los mismos que reciben sus grandes beneficios.

El pueblo americano no lo forman los cientos de malos hombres que en él existen y que hasta los traicionan; éstos son los zánganos que toda nación tiene, para su dolor y su vergüenza.

El fascismo fue un movimiento político y social de las juventudes italianas organizadas en milicias bajo el símbolo de las fasces romanas que en Italia opuso Mussolini a los internacionalismos y a la lucha Marxista de clases, persiguiendo como punto culminante, la obediencia ciega y disciplinada al poder de una férrea dictadura.

El nacionalsocialismo o nazismo, movimiento dirigido por Adolfo Hitler, caracterizado por el deseo de exaltación de la raza aria, considerada por el partido como superior a todas las demás. Como el fascismo, se opuso a la doctrina de Marx, persiguiendo al judaísmo y más tarde, en una desenfrenada ambición, al mundo entero. Como el fascismo, exigió obediencia y disciplina a la tremenda dictadura del Führer. Estas dos tendencias, más o menos iguales, puede que no hayan hecho escuela que pueda durar a través de largos años.

El peligro del mundo lo establece el comunismo, cuyos tentáculos se esparcen en diferentes capacidades y proporciones por todos los ámbitos del planeta, queriendo destruir lo que en su alta sabiduría Dios ha dado a los hombres y a las naciones: libertad de pensar, libertad de actuar y libertad para hacer uso del producto del trabajo honrado.

QUIEN HABLA AL CORAZÓN, PUEDE SER OÍDO, PERO TAMBIÉN TRAICIONADO

Los grandes reformadores espirituales se han valido de la palabra constructiva y veraz para hacer conciencia en el alma de los pueblos; se han preocupado por tocar la parte más sensible del ser humano localizada en su propio corazón.

Los grandes reformadores materialistas, se han valido, más que todo, de la fuerza de su poder para obligar a esa conciencia y alma de los pueblos, a respetar, aceptando los designios de su voluntad o capricho, que lo mismo puede tender al bien que al mal.

Bolívar, desde la cumbre del Chimborazo, con la elocuencia y patriotismo de su verbo, levantó el espíritu de independencia de los pueblos sudamericanos que, como un solo hombre, se aprestaron a romper las cadenas conque un imperio, en el que nunca se ponía el sol, ataba la voluntad y las conciencias de la ciudadanía, inmortalizando su nombre y su memoria. Víctima del egoísmo y de la envidia, fue perseguido por los mismos a quienes había libertado, muriendo en medio de la pobreza, después de haberlo dado todo, riquezas, talento y valor, sacrificados en el altar del más noble de los ideales.

Morazán, como Bolívar, con frase limpia y elocuente habló al corazón de los centroamericanos para que lo acuerparan en su deseo de hacer de nuestros cinco pequeños países, divididos y aislados por intereses de grupo, una sola entidad democrática, que por su grandeza se hiciera digna del aprecio y del respeto de los otros pueblos del mundo; y allá fue él, con el entusiasmo de gran patriota, enarbolando el pabellón de las cinco estrellas, circundado por el significativo emblema de: "DIOS, UNIÓN Y LIBERTAD". Las batallas de La Trinidad, Gualcho, Las Charcas, El Espíritu Santo y de San Pedro Perulapán, fueron testigos del esfuerzo del héroe por mantener la unidad nacional, y San José de Costa Rica lo fue también del final de su vida, sacrificada por la envidia y la ambición de reaccionarios y traidores azuzados por el fanatismo de una nobleza improvisada.

Abraham Lincoln, hijo de humildes labradores, que sobresalió por sus dotes de energía y honradez, alcanzando, además de su título de Abogado, los más altos puestos en la política militante de su país;

orador de erudita y fácil elocuencia, al elevarse al Poder Supremo de la República, pensó en la miseria de los oprimidos, promulgando, en enero de 1863, la célebre "Proclama de la Emancipación", por la que se abolía la esclavitud. Lincoln, amigo del pueblo desvalido, porque de allí venía su origen, agotó todo su esfuerzo para lograr conciliar con los Estados del Sur, viéndose obligado a declararles la guerra, de la cual salió triunfante; más el odio, la venganza y la envidia persiguiéndolo día y noche, armó el brazo de un fanático sudista que, amparado por una circunstancia especial, traidoramente acabó con la vida del hombre que había quitado las cadenas a centenares de miles de desgraciados esclavos.

Y antes que éstos, el más grande, el más sublime y el más puro de los hombres: el Divino Rabí de Galilea. La elocuencia de sus palabras, la sencillez de su existencia y la penetración de su mirada para leer en lo más profundo del corazón humano, lo hizo derramar lágrimas de sangre ante la incomprensión y la maldad de la raza humana. Sus palabras, a la vez que eran sentencias de amor y de dulzura, también lo 'eran de reconvención y amenaza, y así decía: "No juzguéis a los demás, si no queréis ser juzgados; porque con el mismo juicio que juzguéis seréis juzgados, y con la misma medida que midiereis seréis medidos vosotros. Bienaventurados los que lloran, porque ellos serán consolados. Bienaventurados los que tienen hambre y sed de justicia, porque ellos serán saciados. Bienaventurados los que tienen puro el corazón, porque ellos verán a Dios... ¡Ay de vosotros, escribas y fariseos hipócritas, porque sois semejantes a los sepulcros blanqueados, los cuales por fuera parecen hermosos a los hombres, mas por dentro están llenos de huesos de muerto y de todo género de podredumbre!"

El pago a tanta bondad, a tanta dulzura y a tanta verdad, también fue el odio engendrado por el egoísmo y la envidia; por la incapacidad y la ignorancia, pasiones deshonestas que dan paso a la traición y al crimen; y ese hombre toda luz, espíritu y alma, como aquellos otros y en distinta forma; fue sacrificado cruelmente en una cruz, rodeado como tal, de dos facinerosos convictos.

Espíritus selectos que lucharon, unos, por alcanzar la felicidad de sus pueblos tratando de engrandecerlos en fuerza, equidad y justicia de sus leyes, y el Otro, el más Grande y el más puro, por encarnar en el corazón humano el sentimiento de amor y de piedad que eleva y dignifica a los hombres.

Los grandes reformadores materialistas han creado o destruido imperios, empujados por la ambición y por la vanidad que, en circunstancias, ha podido justificarse por la grandeza y estabilidad de sus obras; pero sus nombres y su memoria, archivados en los anales de la historia, jamás podrán parangonarse con los de aquellos que en aras de un bello ideal, sacrificaron sus vidas. A éstos, la posteridad les rinde el homenaje de su admiración y les hace justicia, a través de los tiempos y de la distancia.

LA ORATORIA, EL PERIODISMO Y LA POLÍTICA

El derecho de expresar ideas es inalienable en todos los individuos; y el valor de esas ideas se estimará según sea el peso y efectividad de los razonamientos que establezcan. Todos podemos hablar, pero no todos podemos escribir y todos podemos escribir, pero no todos podemos hablar. Este laberinto, que parece una antinomia, puede resolverse en el sentido de que, el hecho o facultad de hablar, es orgánica y natural en el ser humano, pero no lo será el hecho de saber hablar. El orador sabe hablar; sus ideas, perfectamente ordenadas y que con rapidez afluyen a la mente, pasan al instrumento vocalizador para convertirse en sonidos que son palabras, y expresan motivos, causas, penas, alegrías y todo aquel enjambre de sensaciones que un cerebro inteligente y bien instruido puede hilvanar con la precisión del segundo.

El orador y el escritor son dos cosas completamente distintas, según Platón; como el poeta que improvisa y el poeta que escribiendo versifica. El orador no necesita más que un punto de partida, en el momento dado, para captar dentro de su mente todo el motivo, alrededor del cual establece el conjunto de hechos reales o ficticios, según sea el tema que con su palabra aborde. En el orador no hay lugar a la meditación y al estudio del tema, porque sus ideas no hacen espera ni son susceptibles de medirse y apreciarse como para con aquellas que de la mente pasan al papel que habrá de divulgarlas.

El individuo que ocupa una tribuna para leer un discurso o dar una conferencia, no es un orador; es un prosista que lee su trabajo; como el poeta que declama sus composiciones y no las improvisa. En la antigüedad sobresalieron como grandes oradores, Cicerón, Demóstenes, Esquines, que fue rival del tartamudo, y otros. La Revolución Francesa dio a conocer a Dantón, Marat y Robespierre. En nuestro país hemos tenido también oradores y entre ellos podemos recordar a Ramón Rosa, Alvaro Contreras, Francisco Cálix h. y otros más, ya muertos; y entre los vivos, hay muchos en la juventud y en la edad madura que tienen excelentes dotes oratorias, las que por falta de oportunidades, apenas, en circunstancias especiales, las dan a conocer.

Prosistas de primera fuerza ha habido y hay que, por razón de su temperamento nervioso, son incapaces de subir a una tribuna pública, porque en ella tiemblan, perdiendo el control de su sistema, que en ocasiones los exhibe ante el auditorio que los escucha. Tal vez un trabajo de grandes proporciones mentales y constructivas se ve perdido o poco apreciado por el encogimiento o titubeo de su lectura, motivo éste para que los que tal comprenden, eviten a toda costa ser propuestos para hablar en público.

En el periodismo y en la política existen también dos aspectos que acusan diferencia entre sí, aisladamente. Ser periodista no es lo mismo que ser escritor. Por el hecho de que se emborronen cuartillas con buenas o malas ideas, no quiere decir que se esté capacitado para dirigir un periódico o revista de orientaciones sociales, políticas y administrativas; con proyecciones, además, a lo que significa cuidado y decoro para las noticias de dentro y de fuera de las fronteras del país; de las controversias que por natural razón surgen por la diversidad de criterios en intereses o en apreciaciones.

El director de un periódico tiene que abarcar de una sola mirada el conjunto de motivos que diaria o periódicamente exprese la publicación que dirige; no ha de confiarse a poner cuidado sólo en la parte editorial, que de preferencia le corresponde, abandonando lo demás a la voluntad y cuidado de colaboradores o cronistas que ninguna responsabilidad directa asumen ante el gran jurado que representa la opinión pública; por lo cual, el periodista o jefe de un periódico tiene que ser hombre de experiencia en el manejo de su labor; siempre alerta y pendiente de los más insignificantes acontecimientos que afecten a la sociedad, a la República y al Gobierno a quien sirva, y si es periodista de partido, a elevar sus postulados dentro de las normas de la decencia y de la moral.

La política, en su verdadero significado, establece como principios fundamentales para su mejor suceso: la cortesía y la inteligencia o habilidad para atraer o convencer a aquellos que, deseosos de orientarse, inquieren sobre los propósitos que determinan su actitud. La política está considerada como un arte, quizá por aquello de que el político habrá de saber, con la elocuencia de su palabra y de su acción, contrarrestar todo esfuerzo que tienda a quebrantar o a destruir los fundamentos sobre que ella descanse. Otros hay, que la consideran y definen como el arte de saber engañar.

De cualquier manera, que sea, la política es necesaria a la vida de los pueblos, de la familia y de las personas en el intercambio de sus relaciones sociales, porque política es un atento saludo, una agradable sonrisa y aun el ofrecimiento que tal vez nunca se cumpla. Las relaciones de país a país, no son más que política para dar tregua a la idea de obtener ventajas o beneficios sobre ese o aquel asunto que interese a la vida colectiva de la nación o del régimen que la representa, lo cual, es un perfecto derecho naturalmente establecido para darle fuerza y estabilidad a la existencia.

Sin política, el mundo sería un caos.

LA DESNUTRICIÓN DESTRUYE LA SALUD DE LOS NIÑOS

Labor de alta significación humanitaria es la que, de julio próximo en adelante, se llevará a cabo en beneficio de la salud de los niños, de acuerdo con un plan establecido desde hace tres años por la UNICEF, Institución de Beneficencia internacional, constituida "con miras a proteger a los niños desamparados de Europa y Asia y que ahora se proyecta hasta estos países de la América Latina".

Nuestro gobierno, atento en el medio de sus posibilidades a cooperar por el mejoramiento intelectual y material de la colectividad infantil de nuestro país, ha entrado en pláticas con los representantes de esa noble institución para hacer viable el programa de racionamiento alimenticio que se impartirá en todas las escuelas primarias de la República como preventivo de la desnutrición que causa la estrechez y pobreza en muchas familias deseosas de que sus hijos reciban en la escuela una pequeña luz para las futuras luchas de la vida.

Profundamente humanitaria es esta labor que la UNICEF se ha impuesto para bien de la humanidad y es de esperar que, si se toman todas las precauciones para que no se burlen tan hermosos propósitos, el fruto de esa eventualidad habrá de ser de un rendimiento muy grande en la salud de esos minúsculos seres, esperanzas del mañana, entre los cuales abundan los desnutridos y las desamparadas víctimas de la miseria y el hambre.

Al hablar de precauciones, lo hacemos por el conocimiento en noticias llegadas a nosotros, de maniobras efectuadas en centros de beneficencia pública por elementos que mal escogidos para manejar fondos destinados a la alimentación y medicina de los enfermos, no obstante tenerlos en abundancia, los escatiman de tal manera, que resulta irrisoria la tal beneficencia y el propósito del gobierno por aliviar las penas de los menesterosos y desvalidos. La prensa en diferentes ocasiones se ha ocupado de este delicado asunto que vale la pena estudiarlo y resolverlo para que el beneficio sea efectivo y no una propaganda ficticia o engañadora.

Los dineros de la beneficencia pública deben ser sagrados para aquel que los maneja; deben ser puestos en manos de hombres cuya moralidad esté ampliamente reconocida, y, aun así, débese ejercer un control y vigilancia que garantice hasta donde sea posible, que esos dineros no toman ni pueden tomar otro rumbo que aquel para que han sido destinados.

La falta de moralidad e incomprensión; la dureza de las vísceras sensitivas del espíritu y del alma que, en alguna forma afecta al corazón, es lo que hace que ciertos individuos, cegados por la pasión del lucro fácil, se adentren en el terreno de las inconveniencias, a veces hasta criminales, para saciar sus apetitos de riqueza aun cuando para ello, tengan que pasar por encima de la desgracia de un moribundo que al borde de la tumba clama misericordia.

La buena voluntad de los gobiernos se estrella ante la insensatez y maldad de los que, no haciendo honor a sus propósitos de humanidad que en cierto punto son una obligación para el Jefe del Estado, no toman en cuenta que la responsabilidad de los actos del empleado público, por razón de conjeturas bien o mal fundadas, recaen siempre en el gobernante que tal vez ignora que se verifiquen en forma tal, que desacreditando su administración, se dé lugar a que se le ponga en la picota para ser pasto de acerbas críticas no sólo de sus adversarios, sino también de aquellos que estiman que la justicia y el decoro debe ser prenda de honradez en el que rige los destinos de la nación.

Y si los dineros de beneficencia pública que salen de las arcas del Estado por derivarse en parte del sudor de la frente del pueblo, deben ser sagradamente respetados, con mucha más razón deberán serlo aquéllos que en ninguna forma tienen vinculación de origen con el esfuerzo nacional; porque de hacerlo, de apropiarse de ellos, se caería en los más bajos fondos de la ignominia en que fatalmente estaría comprometida la dignidad de los hondureños y del gobierno en particular; y es por esto y algo más, que consideramos que en esta atención humanitaria de la UNICEF, en la cual el Jefe del Estado, muy agradecido, pone también el óbolo de su patriotismo para que surta los efectos que se persiguen, débese, sin miramientos de especiales consideraciones, escoger un personal que por su idoneidad y honradez, garantice el manejo de lo que ayudará en parte, a salvar a la niñez del flajelo de la desnutrición que tantas víctimas ocasiona en la República.

No es posible sacar, de cuerpos endebles, mentes sanas; una vieja sentencia así lo declara: "Mens sana in corpore sano", y no sólo es éste el resultado de la desnutrición y el hambre; los niños que en estas condiciones llegan a la pubertad, están propensos a convertirse en parásitos del Estado o de la sociedad en que viven, degenerando en imbéciles o en campo abonado para todos los vicios.

Instituciones de ésta y otra naturaleza, siempre de beneficencia pública, han encontrado en otros países personas que las protejan, sosteniéndolas con su propio peculio cuando esas instituciones o capitales privados se han amasado con la ayuda del pueblo en esfuerzo y consumo y con la de los gobiernos, en garantías y otras consideraciones de valor que sólo él puede otorgar. En El Salvador, el capital extranjero, en su mayoría, sostiene muchos Hospitales y Centros de Beneficencia. En Honduras no se ha dado el caso de que gente que ayer vino al país con una mano adelante y otra atrás, hoy potentada, se preste, en agradecimiento a los medios que encontró para hacer su fortuna, a ofrendar una pequeña parte de su riqueza en el alivio de la miseria y el dolor de los hijos del país; por el contrario, ahítos de esa riqueza, insatisfechos por la lujuria del dinero, siempre que pueden esquilman los derechos o impuestos que al Estado corresponden o introducen contrabandos por medio del soborno en infelices empleados venidos quizá de esas filas de desnutridos que no llegaron a alcanzar el concepto de la dignidad y el honor.

Honduras debe agradecer esta noble y humanitaria actitud de la UNICEF y del Gobierno, encaminada a solucionar un problema de tan vital importancia.

DECLARACIONES DEL GENERAL GEORGE MARSHALL

El veterano General Marshall, que fue Jefe del Estado Mayor durante la guerra mundial, el 31 de mayo recién pasado, en las ceremonias del Día de la Conmemoración verificadas en el cementerio nacional de Arlington, hizo unas declaraciones que, dada su pericia militar, su talento y la profunda experiencia obtenida en los campos de la guerra, tiene una enorme importancia en estos momentos en que el mundo juega en el tapete de la discusión los azares de su propia existencia.

No cabe duda de que la tercera guerra mundial, dados los preparativos que se hacen para prevenirla o para hacerle frente, si se lleva a cabo, la victoria en cualesquiera de las partes que resulte, podrá, como muy bien se dice, "significar la derrota de la civilización".

El viejo estadista y gran militar contempla la situación mundial bajo el aspecto de un gran peligro que se agudiza más a medida que el tiempo pasa sin llegarse a resoluciones definitivas que establezcan la seguridad de las naciones.

La guerra fría que Rusia sostiene e incrementa minuto por minuto, nos está demostrando que jamás ha pensado entrar en un arreglo de paz efectiva con las naciones democráticas que luchan por hacerle comprender el gran abismo en que puede precipitarse el mundo por culpa de su ambición y desenfreno; y esa política de engaño a la vez que de amenaza observada en todos los procedimientos de la Unión Soviética, ya para hablar de paz, ya para hablar de guerra, no es más que tregua que a ella conviene para armarse y darle pujanza a sus innobles propósitos de destrucción de las libertades nacionales e individuales de los pueblos que no comulgan con su oprobiosa doctrina.

Ante la tumba de la juventud que sacrificó su vida en aras de un ideal de paz y concordia entre el género humano, tumba que representa y simboliza todas las tumbas que guardan los restos de millones de víctimas inmoladas por la maldad y ambición de entes enfermos y despiadados, el señor Marshall declaró: "que la guerra es algo que sólo conocen los que han estado en ella"; y probablemente se refería a la última guerra que sobrepasó en dureza y crueldad a todas las que le antecedieron desde que el mundo es mundo.

Con el recuerdo de aquella monstruosa hecatombe que trae a su mente, el viejo militar exclama: "No hay nada que pueda, decirse en favor de la guerra, excepto que es el menor de dos males; porque es mejor que el apaciguamiento de la agresión; porque el apaciguamiento, propicia la propia agresión que se trata de evitar; y es mucho mejor que el sometimiento a la tiranía y a la opresión, porque sin libertad y respeto para la dignidad humana, la vida no merecería vivirse".

En el final de esas palabras del gran hombre, está retratada la diafanidad de su alma, la pureza de su corazón y la protesta del patriota que considera que es preferible la muerte a la humillación y la deshonra; y ese ciudadano, prestigio de su patria y admiración de los pueblos libres, no ha dejado un momento de pensar en la rehabilitación del mundo a base de razón, justicia y equidad, única manera de llegar a una paz estable y duradera. Su programa de rehabilitación económica de Europa, aceptado por los Estados Unidos en 1947, fue acogido con simpatía por 16 naciones y adversado sistemáticamente por Rusia y sus Estados satélites. Este plan que lleva su nombre, a despecho de la oposición, quedó convertido en ley desde el 3 de abril de 1948, acordándose para hacerle frente a sus proposiciones, la enorme suma de 17.000 millones de dólares que han venido sirviendo para que Europa, aniquilada por el último desastre, recupere parte de sus fuerzas, que hoy el oso blanco pretende nuevamente destruir.

El General Marshall se da cuenta de que el triunfo en una nueva guerra lo alcanzarían las naciones democráticas, sin que ello quiera decir, no obstante, que se pueda tener seguridad en el futuro, y haciendo quizá una concentración de las visiones de ese futuro en que su espíritu capta lo que pudiera ser esa victoria, prevé que ella, que se alzaría sobre sus propias ruinas, apenas le quedaría para restablecerse o para dar ayuda a los que cayeran bajo el peso de la destrucción; triunfo en el vacío, cuyo saldo sería un "mundo destrozado y en la miseria".

Y este hombre curtido en las faenas de la guerra y del estudio; que ha visto con sus propios ojos la destrucción de ciudades y poblados, la destrucción de esas masas de seres humanos compuestas por lo mejor de la juventud, esperanza de sus patrias, y sostén de sus familias; no puede menos que sentir en lo más hondo de su corazón esa ráfaga de protesta frente al silencio de las tumbas que encierran las cenizas de los que otrora, llenos de entusiasmo y de fe, cayeron acribillados por las balas de la ignominia y la ambición, pero que, a pesar de todo ello, declara que es forzosa la lucha, porque una vida sometida al desprecio y a la esclavitud no vale la pena de ser vivida.

Que el Gran Dios salve a la humanidad de semejante catástrofe es lo que debemos pedir los pueblos débiles y pequeños. Que el amor y la comprensión nos unan para que nuestra situación no sea propicia a los deseos que con aparente buena intención pregonan los que, enemigos de las democracias, pretenden sumergirnos en la obscuridad de la muerte.

PATRIOTICA ACTITUD DEL OBRERO SALVADOREÑO

"Diario Comercial" en su edición del 30 de mayo recién pasado, inserta en su quinta página, la siguiente noticia remitida de San Salvador con fecha 29 del mismo mes que literalmente dice: "Objeto de especiales alabanzas ha sido la actitud de numerosos obreros pertenecientes a asociaciones gremiales de varias localidades de la República, quienes dando demostraciones de un alto espíritu patriótico, colaboran actualmente en la campaña oficial de desanalfabetización planteada por el gobierno, etc."

El comentario que la prensa salvadoreña, en general, ha hecho de esta simpática actitud del obrerismo cuscatleco, no puede ser más justo. Ese elemento trabajador, compenetrado de lo que realmente significa hacer patria; de la importancia que para el ciudadano y el campesino tiene el conocimiento y aprendizaje de las letras porque con ellas abre un mejor camino para la lucha por su existencia, ha venido a demostrar con la elocuencia de su propósito, que dentro de su humildad y quizá hasta de su pobreza, existe una fuerza y una voluntad que sin prejuicios, egoísmos ni vanidades, se interesa por elevar el nivel de vida y conocimientos de los compatriotas que aún viven en el seno de la ignorancia.

Hay que hacer honor a quien honor merece, y ellos, esos obreros salvadoreños, tienen muy merecido el aplauso de la prensa y de sus conciudadanos en general. El Salvador es uno de los países de Centroamérica que menos analfabetismo tiene. Este aserto se puede comprobar por el número de periódicos y revistas que allí se editan, los cuales en pocas horas son agotados en gran parte, dentro de las zonas urbanas de sus propias ciudades.

Algo muy significativo puede notarse en el evento de que venimos hablando, y es el de que a estas asociaciones de obreros no les interesa la política de partidos y que, para ellos, lo único que vale, es el trabajo honrado e independiente de vinculaciones de carácter militante dentro de las esferas del gobierno. Consideran que están obligados a servir en los trabajos de obras públicas, dando su esfuerzo a las autoridades que se los demanden, previa remuneración, pero sin compromisos que en alguna forma puedan afectar la seguridad de su independencia, siempre al servicio de la nación.

Todos sabemos que no hace mucho se practicaron en esa República elecciones de Autoridades Supremas, las que en su campaña de preparación por parte de los diferentes partidos que en ella terciaron, ocasionaron fuertes controversias en abono y en desdoro de los candidatos postulados, cosa perfectamente natural en esta clase de pugilatos: mas, sin embargo, al efectuarse el escrutinio que dio a conocer el nombre del vencedor, todos gritaron como en los antiguos tiempos: "Ha muerto el Rey, viva el Rey", y cada quien a su trabajo y a olvidar que ha habido lucha de palabras y de prensa.

Quizá sea la primera vez que esto suceda en una de las República de este istmo centroamericano, y no porque las tales elecciones se hayan practicado a satisfacción de todos los partidos contendientes porque esto sería completamente imposible; pero puede suponerse, que la causa de una satisfacción o aceptación tácita por parte del pueblo, obedezca al convencimiento de que los tiempos no son propicios para hacer protestas que de nada sirven ante el peso de los hechos consumados, y de que, además, por encima de todas las conveniencias y aspiraciones, vale más la conservación de la paz y la tranquilidad.

Y es que no hay razón para creer que a los pueblos les interese este o aquel estado de cosas que se implante en la República, si ese estado de cosas no perjudica de hecho el desenvolvimiento de sus actividades, sus derechos individuales otorgados y amparados por la ley y sus tendencias de mejoramiento, que han de salir de su propio esfuerzo y no de ayudas u ofrecimientos dudosos que sólo se hacen cuando de ellos se necesita para agarrar el rifle o para dar el voto por este o aquel candidato que aspire a las más altas cumbres.

El obrero, y especialmente el campesino, lo que necesita es paz y seguridad para desenvolver su vida dentro de los límites de sus posibilidades que las más de las veces, son escasas; y esa paz y esa seguridad, el único que se la puede proporcionar, es el gobierno porque tiene en sus manos todos los medios para hacerla efectiva.

Los obreros salvadoreños se han dado cuenta de que sólo su esfuerzo personal o colectivo puede mejorar la condición de su existencia y de que como ciudadanos, están obligados a poner su grano de arena para que los que de ellos no haya alcanzado el grado de pequeños conocimientos indispensables para ingresar en el número de los conscientes, lo logren mediante el aprendizaje de las primeras letras, en cuya tarea colaboran con el gobierno sin prejuicios ni preocupaciones que no sean aquellas que resulten de su trabajo constructivo y honesto.

En estas condiciones, los gobiernos, entrando en confianza, pueden desarrollar con amplitud sus programas de reformas y de adelanto tan necesarios al progreso y bienestar de la nación, haciendo a un lado discriminaciones partidaristas y aún de nacionalidades, cuando de éstas, en preferencia, se encuentran aspirantes de las hermanas Repúblicas de Centroamérica.

Tanto El Salvador como Honduras, están en capacidad de desarrollar grandes empresas en las que el trabajador honrado y decidido puede encontrar el medio de aliviar el peso de sus necesidades cotidianas, y sus gobiernos a ello propenden con la mejor buena voluntad. En nuestro país, la creación del Banco Central y el de Fomento, significa la puerta por donde se entrará a los hermosos y fecundos campos de la agricultura, campos que ha siglos están esperando la semilla que, cubriéndose en sus entrañas, nos es devuelta con creces.

La industria, las vías de comunicación, y todo trabajo que tienda a dignificar al país, encontrará en el gobierno y en esas instituciones bancarias, amplio campo y apoyo sin el interés de mayores intereses que es lo que por desgracia, ha mantenido a nuestro pueblo sentado a la vera del camino, esperando a que del cielo le caiga el maná, milagroso manjar con que Dios alimentó al pueblo de Israel en su travesía por el desierto.

EL PRESIDENTE TRUMAN ACONSEJA LA MAYOR DIVULGACIÓN EN BENEFICIO DE LA PAZ

La prensa norteamericana se preocupa por hacer conocer a la ciudadanía, el curso que van tomando los acontecimientos políticos en relación con la paz del mundo, amenazada por los gobiernos totalitaristas. Cada periódico o revista, es, en aquel gran país, un vocero que dedica parte de sus columnas a tópicos de importancia que revelen en forma clara y precisa los pasos que diariamente se dan para encontrar el camino que conduzca a establecer o a cimentar la tan deseada paz.

La influencia que ejerce la prensa en el alma del pueblo cuando su orientación en noticias y propósitos es sana, es de un valor incalculable, porque además de instruirlo, le da confianza preparándolo en el sentido de tomar todas las precauciones que eviten la intromisión de propagandas que sean nocivas a la tranquilidad y a la salud pública.

El temor que produce el silencio o una alarma propagada con fines o de utilitarismo personal o colectivo, por parte de asociaciones políticas o de carácter económico, son de funesto resultado parala conservación de esa tranquilidad y confianza de que tanto necesitan los pueblos para su mejor desarrollo y prosperidad; porque el esfuerzo individual, restringe su acción productora o constructiva y el capital atemorizado huye hacia los escondites perdiendo su valor como medio de impulso en las diferentes faenas del esforzado y humilde trabajador.

Negar los beneficios de la paz, es como negar los beneficios de la guerra contemplados bajo ciertos aspectos y en relación con los pueblos en que la riqueza y la mentalidad de sus hombres están por encima de toda otra superioridad común aún en las grandes mayorías; mas, hay que aclarar, que si ciertamente las grandes conmociones obligan a la ciencia a estudiar la manera de encontrar el descubrimiento de elementos que las preserven de esas conmociones, también es cierto que el saldo de desgracias ocasionado por ellas, en la balanza dé los efectos instantáneos, pesa más que los beneficios.

Estados Unidos, Rusia e Inglaterra, las tres potencias mejor preparadas hoy día en el campo de la ciencia, se han adelantado a su tiempo con motivo de las dos grandes guerras de las cuales fueron protagonistas. El adelanto obtenido en la aviación, en la radio, en los armamentos de guerra, etc., no se habrían logrado en un período tan corto, cual el que dista de su iniciación en muchos de ellos, y otros, que como la bomba atómica y de hidrógeno, han venido mucho después. Ha sido la guerra la que ha obligado a los gobiernos y a las mentalidades científicas, a buscar en el laboratorio y en el campo de las ciencias físicas y matemáticas, los elementos de qué poder hacer uso en futuras eventualidades cada día más crecientes y más peligrosas.

Pero esos grandes pueblos, que, por su inteligencia, por su riqueza y por la potencia de su raza entrenada en la lucha por la vida desde el principio de los tiempos, y que han llegado a la madurez de su existencia con la capacidad y experiencia adquirida en sus victorias y en sus derrotas por la conquista del mundo, han sacado y sacan provecho que a la distancia y como un pequeño reflejo llega hasta nosotros beneficiándonos también.

Nuestra posición en la esfera de la comparabilidad con esas grandes potencias, puede establecerse como la del hombre en la fuerza de su virilidad y la del niño todavía inconsciente del peligro que lo amenaza; razón por la cual, la lógica y la prudencia aconsejan que la actitud de los países pequeños y aún niños, sea de moderación y tranquilidad para no entorpecer o distraer la atención y cuidado de las que responsabilizándose ante el mundo y ante Dios, tienen en sus manos el destino de la humanidad.

Nuestra campaña, en la debilidad de nuestros medios, debe ser de grandes precauciones y de divulgación del CREDO DE LA PAZ, por medio de la palabra y de la prensa en toda la República. Cada individuo, cada periódico y cada revista editados dentro de los límites territoriales de nuestro país, debe destinar tiempo y espacio que como desde una atalaya grite sin cesar: ¡alerta hondureños; alerta hermanos de Centroamérica!

El estado de nuestra pequeñez, pobreza e inexperiencia para apreciar los grandes problemas en que está comprometido el mundo, no justificaría ni aún ante nosotros mismos, un desvío de la ruta que el destino nos ha señalado para el cumplimiento de nuestras obligaciones en la magna obra que se debate. Pueblos grandes o pequeños tienen sus dirigentes que se responsabilizan por sus actos y por los actos de sus gobernados, y a ellos, hay que acuerpar cuando dentro de las normas del derecho de la razón y de la justicia, propicien la defensa y estabilidad de los más caros intereses de la Patria.

En el caso de Honduras, su gobierno, atento a las necesidades interiores de la República y a sus compromisos de carácter internacional, propende con el mayor empeño y patriotismo a solucionar o atender lo que corresponde a la alta y delicada misión que el pueblo le ha confiado.

SI EL GOBIERNO RESPONDE ANTE LA NACIÓN, EL PUEBLO LO HARA ANTE EL GOBIERNO

El Presidente de la República es el representante de la nación; director y administrador de todos los asuntos que atañen al Estado, en la paz y en la guerra. Mantenedor del orden interno y de las relaciones de amistad con los gobiernos y pueblos del mundo, con capacidades para hacer la guerra y firmar la paz.

La responsabilidad del jefe de una nación abarca enormes proporciones dentro y fuera de las fronteras territoriales que con su poder represente, siendo una de las principales aquella que de manera directa se relaciona con la tranquilidad y economía de sus representados. La tranquilidad da confianza; la confianza convida al trabajo, y el trabajo, bien orientado en conocimientos y honradez, da los frutos que elevan y enaltecen el nivel de vida de los ciudadanos.

En un país donde no hay tranquilidad, confianza y respeto, no puede haber prosperidad material, menos espiritual; ni puede existir el patriotismo; en el que se posponen los intereses del pueblo para darle cabida al interés personal o de grupo, no puede haber ciudadanía capaz de responsabilizarse ante el gran jurado que forman las naciones del mundo.

En un país en donde el Presidente de la República no recibe el homenaje de respeto a que es acreedor por su alta investidura emanada de la gran mayoría que forma parte del todo Soberano, no puede haber concepto de lo que significa la magnitud del propósito universal al delegar esas facultades tendientes a mantener el equilibrio de los diferentes sistemas, ya políticos o de cualquier otro orden, propios de la naturaleza humana que propugnan por aislarse, dividirse y encontrarse, rompiendo la armonía que, en solidaridad y amor, dan fuerza poderosa a los pueblos.

El Presidente de una República no es un superhombre ni cosa por el estilo; pero es un ciudadano, que habiéndose ganado la voluntad y la confianza de su pueblo, se hizo acreedor a que se le confiara no sólo la vida e independencia de su nación, sino que también su porvenir; y ese hombre, ese ciudadano sobre cuyas espaldas pesa una montaña de responsabilidad, se ha dado el caso de que no sólo se le desprecie e irrespete, sino aún, que se le maltrate a la distancia del anónimo o se pretenda destruirlo en forma cobarde y traidora. Ejemplos tenemos de lo dicho, en lo ocurrido a los Presidentes Lincoln en 1865 y Mac. Kinley en 1901, en los Estados Unidos; Álvaro Obregón en 1928, en México; Francisco Menéndez en 1890, y Manuel Enrique Araujo en 1913, en El Salvador y Santos Guardiola en 1862, en Honduras, heridos de muerte por la mano de la traición y de la envidia.

La vida de un gobernante que cumple con su deber, tiene que ser sagrada, especialmente en el período de su mandato; y del que se cree que no cumple con él, honradamente débese estudiar, analizando sus actos para encontrar las causas que a ello en alguna forma se hayan opuesto, pues sabido es que muchos, odiados y perseguidos por el rencor partidarista, llegan a catalogarse sin fundamento en las listas de los incapacitados, arbitrarios o tiranos, pero de donde más tarde, al correr de los tiempos, al hacerse la depuración de sus actos en un ambiente de imparcialidad y de honradez, no sólo resultan rehabilitados sino que envueltos en una aureola de dignidad y de honor.

Muchos ejemplos podríamos exponer de gobernantes que en el tiempo de su mandato fueron considerados como la peor especie del género humano, a muchos de los cuales podemos contemplar en efigie marmórea, tanto en éste como en el viejo continente.

Los gobernantes que se ven perseguidos por la diatriba y el odio generados por el hecho de que, guardando el orden, no permitan el libertinaje en sus pueblos, más que cólera, deberían sentir decepción y tristeza ante la incomprensión de sus adversarios. El padre de familia que permite en su casa toda clase de libertades reñidas con la moral y las buenas costumbres, habrá de ver con sus ojos y sentir con su corazón los efectos desastrosos de su debilidad hechos sangre en el honor de su familia y en el suyo propio; y lo que pasa en los pequeños grupos que forman el hogar, pasa en las grandes asociaciones que forman los pueblos y las naciones, en las cuales el Presidente de la República puede considerarse como el padre de toda la colectividad.

Si el Presidente de la República es responsable ante la nación y ante el mundo por los actos que ejecute en el desempeño de su cargo, la ciudadanía lo será ante el Jefe del Estado por los que ella ejecute fuera de las normas que la ley determina y reconoce como buenas, porque en ninguna forma afectan la seguridad social ni entorpecen la acción gubernativa que a él corresponde mantener inalterable.

Una armonía perfecta entre gobernantes y gobernados, sólo dicha y provecho aportaría al corazón de la familia nacional; desgraciadamente, estas suposiciones que podrían llegar a la realidad si la mente se desprendiera de los prejuicios que duramente la aprisionan, no son más que una fantasía de la cual se ríe el mundo, en el desenfreno de su ambición y su locura.

Sólo los desengaños, como resultado de las grandes equivocaciones, ponen en la mente la luz de la verdad para señalar un camino al que llegamos cansados para poderlo recorrer. Sólo los golpes que sufre el corazón engañado por los falsos espejismos de una ilusión que no supimos comprender, es lo que trae la experiencia, que tal vez llega tarde para saberla aprovechar.

QUIEN ESPERA CON PACIENCIA, LLEGA A LA META

El desespero es uno de los sentimientos más perjudiciales al alma y al cuerpo del ser humano, porque la desesperación empuja a la violencia y al dolor; al alma, porque la excita, provocando en ella un desasosiego a veces rayano en locura, y al cuerpo, porque causándole trastornos en su sistema, según sea su intensidad, además de originar enfermedades, llega con frecuencia a ocasionar hasta la muerte.

La paciencia o la calma, antítesis de la desesperación, es una cualidad propia de ciertas mentalidades que tienen la facultad de ver y apreciar con serenidad los acontecimientos de la vida a base de un estudio concienzudo para encontrar las causas de los efectos que en alguna forma, bien o mal, afecten a la existencia; causas que, una vez reconocidas, dan lugar a que se busque nueva orientación, si es que se trata de fracasos en el orden político, económico o social, que son los que corrientemente afectan y preocupan a la humanidad.

Existe otra preocupación que corresponde al orden religioso, muy arraigado por cierto en el alma de los creyentes. Este estado psicológico, efecto del temor a las penas del infierno y del purgatorio, produce también desesperación en aquellas personas que consideran que la vida está constantemente expuesta o comprometida en el pecado por las tentaciones que incitan a la dicha del placer que, con grandes halagos, en una forma u otra, ofrece el mundo para que sean satisfechas.

La desesperación da margen a los mayores tormentos; es la resultante de un deseo incubado en la mente, ya en forma material, ya en forma espiritual. En el primero de los casos, está el amor, la ambición a la riqueza o el deseo de alcanzar una posición elevada en la política o en la sociedad; raras veces, para obtener un renombre en las letras o en las artes. En el segundo caso, o sea en el espiritual, viene la desesperación por alcanzar un estado de beatitud o santidad que, por no ser posible conseguirlo aquí en la tierra, provoca tristeza y dolor.

Obtener aquello que se desea sin mayores sacrificios, sin tratar de hacerse grato o probar una eficiencia que convenza, acreditando la justicia de esas ambiciones, es lo que difícilmente se acepta por aquellos que consideran que no debe perderse el tiempo en meditar, si efectivamente se cuenta con lo indispensable para optar la satisfacción de un deseo que bien puede estar reñido con la capacidad de poderlo gozar.

Vulgarmente se dice que "el que espera, desespera"; mas, esta sentencia no tiene ni puede tener una aceptación de carácter general en los acontecimientos de la vida, si esos acontecimientos arrancan de bases más o menos sólidas en sus causas o en sus propósitos.

El deseo es un sentimiento innato en todo individuo consciente; no es una necesidad como la que siente el imbécil o el ente irracional. Saber cómo se puede lograr el cumplimiento de ese deseo, es lo que forma la dificultad en los que no quieren estudiar lo que significan las causas y los efectos, siendo por ello que, desesperados por alcanzar el objeto de su ambición, se lanzan a ciegas en una aventura en la que forzosamente tienen que fracasar.

Dos sensaciones, ajena la una de la otra, pueden producir una impresión de las cosas que nos rodean, por intermedio de los sentidos; y la apreciación justa en cuanto a su valor, dependerá del estudio que se haga de sus efectos, buscando y reconociendo sus causas, que no será difícil encontrar si nos despegamos del amor propio; a la primera puede llamársele: meditación, prudencia o espera, que, propiciando el mejoramiento de la causa, eleva favorablemente los efectos. La otra, que, no estudiando las causas, empuja a la obtención del deseo por caminos tan extraviados que, por razón de lógica —que desgraciadamente no se tiene— conduce al fracaso, de donde resulta que el problema del éxito, tomando en consideración la inteligencia y capacidad del aspirante, quedará resuelto a satisfacción, por la espera, la prudencia y la meditación.

En la política, en los negocios y en el amor, es la prudencia, la meditación y el estudio de los caminos a seguir lo que conduce a una finalidad agradable; es en esa forma por medio de la cual podemos preparar y abrir la ruta que conduzca nuestro empeño por alcanzar el objeto de nuestras ambiciones; pero si, por el contrario, desesperamos por obtenerla por medio de la fuerza o por otros procedimientos que no estén de acuerdo con la moral, la razón y la justicia, sólo se alcanzarán decepciones, si no es que también arrepentimiento, al juzgar sin pasión nuestros propios actos.

Esperar, no significa que se renuncie al deseo de realizar un ideal que se considere beneficioso en lo personal o en lo colectivo, pues esa actitud puede ser la resultante de prudenciales conveniencias que afirmen más el propósito de llegar hasta el final con el poder de una fuerza pacientemente acumulada; y en este sentido es que puede suponerse que va más lejos el que camina despacio, porque no se cansa.

¿HACIA DÓNDE IRA EL MUNDO Y HACIA DONDE IREMOS NOSOTROS?

La moralidad es un principio inmanente en el ser humano; nace y permanece en él con más o menos intensidad, hasta tanto los sentidos acusan en el niño las variadas sensaciones de las cosas que le rodean. En el pequeño ser viviente, la pureza de su moralidad, puede sufrir cambio desfavorable, cuando se da cuenta de los efectos de ciertas cosas que le impresionan avivando en él, un deseo por inquirir las causas que las producen, llegando algunos de ellos en su inconsciencia, hasta pervertirse. La mayoría de las gentes cree, que delante de un niño se puede decir o hacer algo inconveniente, porque ellos, por razón de su edad, no se dan cuenta ni entienden aquello de que se trata, lo cual es un grave error, porque en esa edad, precisamente, es cuando las impresiones se fijan con más fuerza en sus pequeños cerebros.

En algunos, la pérdida de esa virtud, ya en la adolescencia, puede recuperarse mediante el buen ejemplo y buena educación, procurada con cuidado por sus padres y por los maestros a cuyo cargo hayan sido confiados.

Hay muchos factores que son causa para que exista o no, en la juventud, esa moralidad, siendo los principales: el mal ejemplo, la libertad ilimitada que por fuerza conduce al libertinaje, y, la falta de sanción por parte de sus padres o de la sociedad en que se vive. Del ejemplo, puede decirse que ejerce una poderosa influencia en los años que forman la primera y segunda de las tres etapas de la vida, o sea, adolescencia y primera juventud. Es en estos años que el mal ejemplo imprime en el alma un deseo de superación hacia el mal, por razón de que el sujeto, no queriendo ser menos que otro u otros, procura adelantar en audacia o atrevimiento.

Los jóvenes que pierden su porvenir atrapados por la codicia de querer aparecer más fuertes que sus compañeros, se lo deben al mal ejemplo que éstos le proporcionan con sus acciones y con sus hechos; y el que se aparta de ellos, porque consciente de su responsabilidad se da cuenta del mal camino a que se le quiere empujar, es considerado como un cobarde e indigno de toda consideración y aprecio.

Si la juventud, que es la dueña del porvenir y esperanza de su patria, se diera cuenta de que todas estas circunstancias afectan de manera directa lo que ellos son o pueden llegar a ser, se detendrían en el umbral de un camino que, con halagos y engaños, los incita a dar rienda suelta a sus instintos para luego hundirlos en los abismos de la depravación o del vicio. Jóvenes hemos visto, salidos de las aulas que sin fuerza de voluntad suficiente para detener sus pasos en la ruta de las inconveniencias de que sus compañeros hacen alarde, acaban siendo una piltrafa humana, despreciados por los que más fuertes, se detuvieron al borde del precipicio.

La libertad ilimitada, hemos dicho, conduce al libertinaje, y el libertinaje destruye toda noción de moral y hombría de bien. La irresponsabilidad es una consecuencia de los actos de ese libertinaje, los que, por razón de derecho, engendran responsabilidad ante las leyes establecidas para mantener el equilibrio que evite que las sociedades se hundan en el descrédito haciéndolas indignas de vinculaciones honradas y generosas.

La moralidad se manifiesta con los actos y con las palabras; abusar de los primeros y desbarrar con grosería de las segundas, acusa una inmoralidad infamante para quien, desorientado, la practique. Ampararse en la obscuridad de un anónimo para, con furia, blandir el arma del improperio y el insulto usando de las palabras más soeces e indignas que registra el vocabulario humano, no es ni puede ser una facultad, un derecho que sea lícito sustentar y mantener en una sociedad que se precie de ser culta y honrada.

Hemos dicho que la prensa tiene una gran responsabilidad por todo aquello que de cualquier manera trascienda a la consideración del público; y más responsabilidad habrá, si de ella se valen para herir con lujo de crueldad, reputaciones que en nada ofendan a los que así se precian de llevar a cabo tales procedimientos.

Los partidos políticos, en lo más duro de sus controversias, jamás han descendido a niveles tan bajos y tan groseros que den lugar a ser catalogados como entidades de seres, enfermos de la locura de su odio y de la impiedad y ceguedad de sus mentes.

La prensa de combate en el terreno de lo político respalda sus ataques con la auténtica firma de los contendientes que, en cualquier momento, a ser necesario, responden por ella, haciéndose además solidarios en tales responsabilidades, no sólo el director de la publicación, sino que también, el dueño de los talleres en que se imprima. (Ley de Imprenta).

Las publicaciones que se salen del todo de lo moral pasando por encima del respeto y consideración que a la sociedad es debida, son completamente perjudiciales a la salud pública, y si tales publicaciones no tienen una garantía que las respalde, mucho más lo serán porque de hecho asumen carácter de anónimos sujetos a la voluntad de la ley.

La juventud es el tesoro que guarda la nación para el mañana; ese mañana incierto que a esa juventud tocará darle vida y honor para engrandecerla y glorificarla, y esa nación que es su patria, el suelo donde nacieron sus padres y donde nacerán sus hijos; tierra querida a la que hay que honrar con la palabra y con los hechos desde los tiernos años de nuestra juventud para ennoblecerla y dignificarla cual corresponde a sus buenos hijos.

La moralidad es base formidable para el engrandecimiento de los pueblos y esa moralidad si no existe, hay que buscarla en el corazón de la juventud porque allí está dormida esperando que una mano sabia y piadosa la despierte para surgir con la hermosura y donaire de sus poseedores.

Platón al hablar de la moral, dice: "El hombre no obra mal libremente. La naturaleza irracional no tiene una libertad moral inherente, y la naturaleza racional no puede querer más que el bien: luego el hombre no es malo porque su voluntad moral libre le induzca a ello, sino porque la sensualidad hace impotente esta voluntad: por lo tanto, el hombre no es malo libremente".

Esto corrobora nuestra tesis. El hombre individualmente raras veces es capaz de cometer una maldad; solo, se siente cohibido y temeroso, pero en forma colectiva, puede llegar, como tantas veces ha llegado, a cometer los más grandes desastres, los más grandes excesos. Un grito en medio de una gran muchedumbre da por resultado miles de gritos; un disparo, miles de disparos.

Los centros de enseñanza y de cultura deben hacer fuerte campaña por moralizar, encarrilando con prudencia esas naturales tendencias de la juventud empujándolas hacia planos de superación de respeto e hidalguía; no hay otro camino que seguir si queremos hacer de ellos, hombres dignos de que se les respete en un mañana que tarde o temprano les llegará para ver y apreciar las cosas de diferente manera que las aprecian y ven en el presente.

EL PERIODISMO Y EL PERIODISTA

"El Iris", periódico de Montevideo, República del Uruguay, ha publicado un bello artículo que "La Época" acaba de reproducir y, cuyo título es: "El Periodismo y el Periodista", firmado por María Isabel Rodríguez, de nacionalidad argentina. El concepto expresado por esta inteligente escritora en relación con lo que el periodismo y el periodista debe ser en el desempeño de su noble misión, no puede estar más dentro de lo exacto y de lo justo.

La prensa es el medio que sirve de orientación a los pueblos dándoles capacidad para que puedan apreciar los acontecimientos que en ellos se ventilen; y cualquiera que sea su naturaleza, si esa prensa acredita su postulado dentro de normas que sean honorables, habrá de hacer en la ciudadanía, conciencia para juzgar con más o menos cabal juicio los asuntos que siendo de interés público, atañen a la sociedad o a la República.

La escritora argentina considera como una verdad que, "no siempre los periódicos están en lo cierto como órganos de la opinión pública, pues en general, la opinión influye menos en ellos, que ellos en la opinión; radicando precisamente en esta circunstancia, el verdadero poder del periodismo que ejerce una función directiva al dirigir y encauzar corrientes de opiniones".

La veracidad de la prensa indudablemente influye de manera directa para formar opinión en la mente del pueblo, y esta opinión, dando una vuelta en redondo, retorna a la prensa delegando en ella poderes que son los que le dan esa representación de que bien o mal se hace uso para demostrar justicias o demandar errores.

Los beneficios de una prensa seria, que sepa presentar a la consideración de la ciudadanía el resultado de sus observaciones que se caracterizan por reconocida imparcialidad, son de enorme trascendencia para el desenvolvimiento político y económico de un país y aun para sus costumbres si éstas tienden a salirse de los campos de la decencia o de la moral.

"La mala prensa —dice la escritora argentina después de ensalzar la que se considera como buena— en cambio, desvirtúa la misión del periodismo reflejando la moralidad de los dirigentes que de ningún modo pueden ni deben llamarse periodistas. El periodista ideal es el hombre íntegro, el que está por encima de la mediocridad, dirigiendo y abriendo camino en nombre de las fuerzas morales". La apreciación que antecede está en lo justo; la prensa no debe ser un medio para desfogar pasiones, mancillar honras o herir susceptibilidades; no debe aprovecharse de las garantías que la ley le otorga para saltar las barreras que, como una seguridad, establecen la educación y la hombría de bien.

La defensa es una acción que todas las leyes justifican, y el esclarecimiento y defensa de la verdad es un principio obligatorio para todo ciudadano que estime en algo su propia personalidad; pues lo caballeresco y lo honrado consiste en saber tratar las cosas de manera que el público que se da cuenta de ellas, no se forme un concepto desfavorable de las personas que al amparo de la prensa, que debe ser toda cultura y enseñanza, ventilen sus intereses o sus distintas apreciaciones sobre un punto dado, en forma poco honorable y respetuosa para sus confiados lectores.

En el terreno de la política es donde las controversias llegan a un clímax de dureza que conmueve por lo ingrato de la expresión o del adjetivismo exagerado con miras a rebajar o ennoblecer al adversario; con miras a causar resentimiento y dolor a personas que, alejadas del bullicio de la política, se entregan a buscar la manera de encontrar la paz y la tranquilidad del espíritu sin pensar en ofensas que vayan y soportando con paciencia las ofensas que vienen.

Y la escritora argentina dice: "mal puede recabar bondad, amor, perdón, tolerancia, etc., quien como hombre odia, persigue, injuria y acecha él instante de la venganza". En lo cual tiene razón porque la venganza es ruin y es cobarde, y más ruin y cobarde será si ella, valiéndose de la prensa trata de destruir lo que en, honor a lo cierto, si tanto es el rencor, debería destruirse personalmente.

La hidalguía y la caballerosidad deben ser las principales armas del periodista, y la prensa, el templo en el cual se rinda culto a la diosa Verdad, sin malicia, sin rencor y con la cara frente a frente y el corazón henchido de nobleza. Que como en los tiempos antiguos no se tire la estocada sin antes prevenir al adversario del peligro que lo amenaza y que, sombrero en mano, a ser posible, y con palabras de honor y gentileza, se le presenten los cargos que causan el resentimiento.

Este procedimiento podrá causar hilaridad en quienes estiman que al adversario hay que atacarlo de cualquier manera, por delante y por detrás, con armas iguales o desiguales, en la obscuridad de la noche y hasta a mansalva; pero la gente bien, la que tiene concepto de la responsabilidad y del honor, estarán de acuerdo en que ninguna ofensa, por grande que sea, autoriza a proceder fuera de las leyes de la moral si esa moralidad no ha dejado de existir en el que se considere agraviado, porque como ya hemos dicho en otra ocasión, "lo cortés no quita lo valiente".

LA ESTADÍSTICA Y LOS CENSOS

La estadística es un proceso de previsión administrativa en el que se estudian los hechos físicos o morales de un pueblo que se presten a la numeración o recuento y a comparación de cifras; estudio que viene practicándose en el mundo desde épocas muy remotas.

Hay muchas opiniones que datan de aquellos tiempos y de otros posteriores, que, rivalizando, atribuyen su organización, unos, como medio previsor para la subsistencia de la vida, y otros, con fines encaminados a saber con qué se podía contar en alimentos, en dinero y en hombres para las necesidades de la guerra. Indudablemente, las dos opiniones resumen para una y otra cosa la importancia de la estadística, ya que sin ella no puede haber idea ni del número de habitantes de una nación ni de la riqueza material con que cuente.

Roma, que nació para ser un poder guerrero, fundada para conquistar, disciplinar y regir el universo, pensó que para hacerle frente a las exigencias de la guerra había que crear una maquinaria requisitoria que la tuviera al tanto de los medios de qué poder disponer en sus constantes emergencias surgidas de su deseo de conquista, siendo la estadística la que en forma cabal y satisfactoria resolvería el antes tan dudoso como complicado problema.

Según Tito Livio, célebre historiador latino del siglo de Augusto, fue Servio Tulio, sexto rey que ascendió al trono de Roma 555 años antes de Cristo, quién, comprendiendo la necesidad de vencer a sus enemigos, resolvió tener un conocimiento exacto del número de hombres y de dinero de que podría disponer, creando la estadística, el catastro y los registros de defunciones y nacimientos, estableciendo además, la institución del censo de población como base fundamental del poder romano y de su gobierno.

La estadística tenía funcionarios permanentes y para el levantamiento de los Censos que se practicaba cada cinco años, se delegaban facultades en individuos, a los cuales se les dio el nombre de Censores y como las centurias, los grados y el derecho de elección estaban fundados en la propiedad y la renta, fue indispensable tener listas exactas de la referida estadística.

Desde aquellos lejanos tiempos se han venido preocupando los gobiernos por saber con qué cuentan en sus respectivas naciones o repúblicas, y conste que, en aquellas de antaño, puede decirse, era la agricultura la principal fuente de riqueza, pues las otras industrias manuales o de explotaciones metalúrgicas, si ciertamente existían, no alcanzaban un plano de superación que fuera suficiente para colocarlas en primer término.

El desarrollo constante de las actividades del ser humano; las necesidades creadas por el avance de la civilización hacia metas que aún hoy nos son desconocidas, es lo que ha hecho que el hombre busque nuevos derroteros que lo preserven de la miseria y del hambre, haciéndose necesario contar, pesar y medir el fruto de su gran esfuerzo, no sólo para su propio bien, sino que también para el resto de su comunidad.

La estadística es el medio más efectivo para conocer y valorar la importancia de una nación o de una institución económica o industrial. Es por ella que podemos darnos cuenta de lo que tenemos y de cuáles son las necesidades más perentorias que haya que subsanar para evitar un desastre que rompa el equilibrio de la estabilidad social y de buen gobierno. Pero una estadística no se hace simplemente por el deseo de hacerla, ni deja de hacerse por la capacidad e incapacidad de quienes lo intenten, pues son muchos los factores que son indispensables para hacerla efectiva, siendo uno de ellos, y principal, la cooperación franca y decidida de los que están obligados a rendir informes y a recoger los que corresponden a los empadronamientos, que, de no hacerlo, destruyen la mejor voluntad de quien a su cargo tiene la dirección del trabajo.

El proceso de la estadística nacional de un país, su desarrollo y eficacia, no dependen de una sola voluntad si el medio en que actúa no cubre las necesidades que ella demanda, pues querer levantar un edificio valiéndose únicamente de las manos, por hábiles y fuertes que sean, no deja de ser más que un sueño cuyo despertar es la desilusión y el desconsuelo.

Para que ese edificio de que hablamos eleve su estructura hasta el final deseado, se necesita, además del maestro de obra, del medio económico para formar un personal ad hoc y la maquinaria y herramienta indispensable para darle forma.

En nuestro país ha habido descuido o poco interés para darle vida a nuestra llamada estadística nacional y no ha sido en gran parte por la falta de competencia de los que la han tenido a su cargo, sino que por la falta de recursos y personal con qué poder hacer andar la máquina, pues no es necesaria gran sabiduría si existe una voluntad firme sostenida por una inteligencia más o menos preparada y el apoyo de quien, percatado de su importancia, le dé el empuje que necesite.

En las actuales circunstancias, sabemos que el gobierno, por medio de su Ministro de Gobernación don Julio Lozano h., uno y otro están interesados en que se forme verdadera estadística del país, facilitando los medios para hacer de esa oficina algo que sea beneficioso a los intereses de la República, y ya pueden verse las mejoras de acondicionamiento que en ella se han efectuado, gracias a la mejor buena voluntad y patriotismo de tan elevados servidores de la nación.

Algo se ha hablado sobre conveniencias e inconveniencias en la vida de esta oficina, sin tomar en cuenta los factores que le son indispensables para su mejor funcionamiento, lo que acusa un prejuicio acomodado al deseo de tenerlo, puesto, que, si no se buscan las razones de lo de atrás para estimarlas sinceramente, tampoco se deben arriesgar en lo de adelante, por ser desconocidas, lo que, desde luego, no justifica un criterio que, más que todo, puede llegar a ser acomodaticio.

El Censo de población se ha levantado, y si el tiempo, las autoridades y los Censores han respondido al interés e instrucciones que para el efecto han recibido, no cabe duda de que algo bueno habrá de resultar, pues como ya dijimos, sin la cooperación y buena voluntad de todos los que intervienen en estos asuntos, nada se puede hacer.

QUIEN PERDONA, ES PERDONADO

No es posible que haya existido en la vida un ser humano, capaz de haberse sentido libre del sufrimiento de penas en dolores o decepciones en el curso de su existencia; que, en alguna forma, con motivo o sin él, no haya recibido ofensas y hasta gratuitas calumnias. Desde que se nace hasta que se muere, la incertidumbre de la vida más proporciona sinsabores que placeres, y si esos momentos de satisfacción ciertamente existen, apenas alcanzan a contarse por horas en el correr de los años que van desde la cuna hasta la muerte.

Entre la gente desheredada de la fortuna se cree que el rico, por ser rico es feliz; que el poderoso lo es también porque disfruta de los medios de hacer prevalecer su mandato; que el que ríe a carcajadas o hace reír como Garrick, que ante el público gozaba sus tristezas para inocular en el espíritu de los melancólicos una alegría que lejos estaba de sentir, todo ello no es más que una mentira que se adorna con los ropajes de una ilusión, tras la cual va corriendo presurosa la nostalgia o el dolor.

¿Por qué la humanidad se aferra a darle cabida en su corazón al odio, la envidia y el egoísmo?;Por qué envenena su espíritu con la saña de su venganza? ¿Qué premio recibe?

Duro ha de ser el corazón del hombre que no siente arrepentimiento al contemplar a su víctima abrumada por una pena que quizá no merezca, y más duro debe de ser si esa persona es consciente de sus actos; si por sentir ese dolor y esas penas, que a todos nos incumbe, queremos agrandarlas en los demás para alivio de las nuestras es un error que tiene que repercutir en lo más profundo del corazón, si es que aún existe en su propia cavidad.

La reflexión que invita al estudio y análisis de nuestros actos, puede, en alguna forma, refrenar las pasiones bestiales de los que, ciegos en ira, ambición y venganza, van tras la satisfacción de un deseo que bien puede, a su pesar, convertirse en un crimen cuyas consecuencias tienen que ser fatales.

La falta de meditación es lo que ha hecho que muchas grandes empresas, planeadas indiscretamente, sin un estudio en el que no intervenga ni indirectamente el fuego de una ciega pasión, se hayan visto fracasadas, desbaratando en un día lo que para constituirse necesitó del período de muchos años.

Si Napoleón hubiera meditado con calma en las inconveniencias y peligros que el clima de las estepas rusas representaría a sus ejércitos, no se habría lanzado a una aventura que fue el principio de la caída de su imperio; pero el corso, ensoberbecido por la grandeza de su poder, con el cual había humillado y vencido reyes y emperadores, quitándoles sus coronas para colocarlas en las cabezas de sus familiares y amigos, no vio el peligro que el destino le preparaba, para que toda su grandeza, efímera como todo lo que es de este mundo, fuera a dar con sus huesos y su materia que creía inmortal en su locura de poder, al lugar que Dios le había reservado para que encontrara la única verdad, la verdadera e impostergable por las fatales leyes que rigen todo lo que existe: la muerte.

La ambición engendra la ira y la ira engendra la venganza, venganzas que, en repetidas ocasiones, nada tiene que vengar; tremendas pasiones que roen sin piedad el corazón del ser humano que, falto de la idea de un Dios que todo lo ve, lo pesa y mide, entran en el infierno de su propia corrupción.

En el ente primitivo puede haber un atenuante a los efectos de su maldad, porque en él la luz de la razón no ha llegado a su mente, embotada por la obscuridad de la ignorancia. El medio en que desarrolla su escaso conocimiento del por qué y para qué de todo lo que existe, no da lugar a que prevea las consecuencias que puedan darle honor o serle terriblemente perjudiciales. Este individuo, clasificado por la ciencia como perteneciente a una especie muy inferior, vive únicamente para satisfacer sus necesidades materiales, sin que le halague nada fuera de ellas y que pudiera causarle otras sensaciones vinculadas con el espíritu y el alma.

Pero el hombre consciente, aun aquel medianamente civilizado, no puede ni debe parangonarse con el hombre primitivo, que todavía existe, a despecho de la presente civilización. Ya hemos dicho que la calidad del ser humano varía según el medio en que desarrolle sus actividades, según las enseñanzas que percibe en el hogar, en la sociedad y en la escuela; medios en los cuales se responsabilizan el gobierno que dirige una nación, el padre que cría sus hijos y el maestro de escuela que infunde educación y cultura a los que serán mañana los ejes que den movimiento y vida a esa nación a esa sociedad y a esas escuelas.

Debe principiar por las escuelas de primera enseñanza la formación del carácter y sentimiento de esos niños cuya mentalidad, como un molde de cera, es propicia a grabar toda clase de impresiones. Es allí, precisamente, en esa niñez, en donde hay que buscar el remedio que, de fuerzas a esas mentalidades, para que al llegar a la pubertad y madurez de su vida, la confronten, respondiendo a las exigencias de la moral, del respeto, de la razón y la justicia.

El Jefe de Estado que no hace respetar las leyes, el padre de familia que permite el desorden en su casa y el maestro de escuela que no hace honor a la alta misión que le ha sido encomendada, no pueden presentar como efecto de sus obligaciones, altamente comprometidas con la salud de sus pueblos, un saldo de cultura y de moralidad que los dignifique y los honre.

Desde hace largos años se retiró de los programas de enseñanza la clase de Moral, por considerarla quizá inútil a los fines que ella persigue, lo cual ha sido un error.

Al niño hay que inculcarle, desde su tierna edad, cuáles son los mejores preceptos para hacer de la vida una vida menos dura y más en armonía con el sentimiento de hermandad, cooperación y respeto que entre sí, y para felicidad de ellos mismos, debe existir en la colectividad ciudadana. Es allí, en las enseñanzas de esa Moral, en donde aprenderán a juzgar para ser juzgados y a medir para ser medidos. Es allí donde aprenderán a perdonar, para ser perdonados.

SOLO LA LEY PUEDE GARANTIZAR A LAS SOCIEDADES

Desde el principio de los tiempos, los pueblos de la tierra comprendieron que no era posible vivir sin algo que los preservara de la tendencia innata en algunos elementos de la sociedad humana, propensos de hacer por cualquier medio, con razón o sin ella, daño a sus semejantes. El estado de atraso, desconocimiento o ignorancia de lo que significaba el respeto al derecho ajeno y el hecho de no existir medios coercitivos de qué poder hacer uso para encauzar tales tendencias, mantenía a los pueblos primitivos en constante zozobra.

En aquellas lejanas épocas, la humanidad no había dado importancia a la necesidad de juntar las familias para formar bloques de defensa que pudieran ser un valladar a las constantes invasiones que promovidas más que todo por el deseo de rapiña, de destrucción y de muerte, verificaban unas y otras tribus para resolver el problema de su existencia; no habían constituido ciudades o pueblos; eran agrupaciones nómadas sujetas a variar de posición según las circunstancias lo exigían; y fue muchos siglos después que, más o menos preparada esa humanidad, empezó a organizarse formando pequeñas sociedades que empezaron dando poder a los ancianos para que orientaran dirigiendo sus escasas actividades, de las cuales, la de la guerra era la principal.

Entre los seres vivientes del género humano siempre ha habido la idea de la selección por el hecho de que no todos están capacitados para comprender y apreciar las múltiples razones de la existencia y menos de las leyes naturales que la rigen; comprensión que sí estaba al alcance de ciertas mentalidades que por su experiencia, asumían la más alta magistratura del sacerdocio.

Siendo las mayorías más que incultas, salvajes, tenía que haber un privilegio en las enseñanzas y demás medios de cultivo del sentimiento, encaminado a dar luz para establecer principios de equidad y justicia, escogiendo para tales enseñanzas a los que por el origen de su nacimiento, se comprobaba que reunían las condiciones necesarias para asimilar la clase de conocimientos que en ellos se impartiría, admitiéndoseles como profanos iniciados en lugares especiales para recibir la palabra de los que se consideraba como sabios.

Con el correr de las edades, esas pequeñas escuelas dieron fruto en hombres de grandes conocimientos que llegaron a descifrar el ministerio de lo que existe desde el principio de la creación; encontraron imaginativamente la fuerza propulsora y sabia manifestada en Dios, cuya naturaleza y poder, según cada quien o cada raza, debía estar en esencia, de acuerdo con la idiosincrasia y entendimiento de sus pueblos, lo que dio lugar a que cada uno tuviera su dios o sus dioses.

Leyendo el Código de Manú, recopilado en el Dharma Sastram, parte de los Vedas, libros sagrados y los más antiguos de la literatura hindú, nos encontramos con enseñanzas, preceptos y disposiciones de carácter legislativo que demuestran hasta dónde llegaba la sabiduría de aquel hombre—mito y hasta dónde la pureza y buenas costumbres de su pueblo. "Manú. —En la mitología hindú, el primer hombre creado por Dharma, es el pensador por excelencia, el hombre—tipo, que dio a la India un Código famoso. Y este Código reconcentra dentro de sí mismo todas las enseñanzas ideológicas y morales de que necesita el hombre para ser feliz. Escudriña y esclarece todos los sentimientos del alma humana valorizándolos o llenándolos de anatema según ellos se manifiesten. Establece premios y castigos para los que cumplan o no cumplan su mandato y en su minucioso registro de las acciones de que en alguna forma pueda ser protagonista el ser viviente, sin miramientos ni dobleces se manifiesta con la grandiosa severidad del Juez, que, siendo justo, no perdona lo que constituya un mal causado gratuitamente a semejantes o a irracionales si para ello no hay motivo.

Los atributos, obligaciones y derechos del brahman, fueron legislados por Manú de manera que su pueblo, respetando esas leyes, alcanzara el más alto grado de pureza en todos los órdenes de su vida. Según Manú, había que honrar no sólo a Dios, los santos y las divinidades domésticas, sino a todo lo que fuera propicio a la vida de los hombres y así, dice: "En las obras debe conocerse el que pertenece a la clase innoble y al que nació de madre abyecta; pero, en cuanto al que no es bien conocido y que tiene apariencia de hombre de honor, aunque no sea tal, la falta de nobles sentimientos, la rudeza en el hablar, la crueldad y el olvido de sus deberes y el lujo de herir a quien no le ofende, dan a conocer al hombre que debe su vida a una madre digna de vilipendio, pues el hombre de abyecto nacimiento, adquiere por el ejemplo, la mala índole del padre o de la madre o de ambos y jamás puede ocultar su origen".

Desde aquellos tiempos ha sido la ley la que sanciona los actos del individuo; la única que puede amparar los derechos y reputación de los pueblos expuestos por cualquier motivo a las más duras amenazas o a los más crueles vituperios; una ley justa, se entiende, que no tenga privilegios ni se deje sobornar por degradantes dádivas por parte de los que, burlándola, pretendan subyugarla. Una ley que cumpla su cometido a base de pruebas que justifiquen su acción, para que así haya lugar a la enmienda que reclaman las sociedades que han caído bajo el peso de un descrédito ocasionado por el irrespeto a todo lo que existe.

Los pueblos que no están preparados para cierta clase de libertades, no pueden ni deben tenerlas porque con ello se hacen más mal que bien. Desconociendo o pretendiendo desconocer hasta dónde llega el límite de sus derechos, se invade con aparente inconsciencia hasta las más apartadas regiones donde mora la tranquilidad y la confianza, provocando situaciones difíciles en las que se ve comprometida la dignidad y seriedad de la República, de una sociedad o de una familia.

Si las democracias han de ser lo que desean los que sin freno se lanzan a romper los más elementales principios de la moral y la decencia, esas democracias fatalmente sucumbirán por la acción de sus debilidades o por la indiferencia hacia sus propios actos.

LA GRAN GUERRA A LAS PUERTAS DEL MUNDO

La Rusia soviética está desesperada por lanzar a los pueblos de la tierra al más espantoso de los conflictos que pueda imaginar la mente del hombre. Desde hace algún tiempo viene provocando el roce del explosivo que hará estallar la maquinaria infernal que acabará con nuestra civilización, llevándosela a ella de encuentro; y parece que no hay medio que sea capaz de detener tan macabros como inhumanos propósitos.

La China, convertida desde largos años en un campo de Agramante, ha sido propicia a los designios de ambición y de dominio comunista, porque sus mismos hijos se han prestado a ser brazos ejecutores, lanzándose unos contra otros para satisfacer los insanos propósitos del hombre del Kremlin, que día y noche, atisba cual hambrienta fiera la víctima que debe caer en sus garras; y esos pueblos ingratos y miserables no comprenden que se clavan ellos mismos el puñal en lo íntimo de su corazón. No comprenden en la ceguedad de su pasión, que a Stalin le viene flojo que millones de seres no combatientes y por lo tanto irresponsables de esas enormes matanzas, mueran de hambre, abandonados en los campos asolados y destruidos sin que haya piedad ni misericordia que alivie sus penas. No comprenden que entre esas desgraciadas criaturas que pagan con sus vidas la ambición y estupidez de sus compatriotas, están sus madres, sus hermanas y sus hijos. No comprenden la magnitud de la enorme traición que están cometiendo con su patria, a la cual ellos mismos le están poniendo las cadenas que la convertirán en una miserable esclava.

Y hoy tenemos el conflicto de la invasión provocado por la Corea del Norte sobre la Corea del Sur; República cuya organización fue auspiciada por las Naciones Unidas, que ante tal desafuero se han puesto en gran movimiento para ver la manera de parar este golpe que de hecho encierra un peligro para la paz mundial.

Interesados en el desarrollo de estos acontecimientos, hoy noche 27 de junio, estamos frente a nuestra radio, oyendo las discusiones que en Lake Success tiene el Consejo de Seguridad sobre la insinuación del Presidente Truman tendiente a que se conmine a los invasores de la Corea Meridional a suspender sus hostilidades, debiendo abstenerse de pasar del paralelo 38; resolución que aceptada en principio para ser discutida dio el resultado siguiente: votaron por ella, Estados Unidos, Reino Unido, Francia, China, Ecuador, Cuba y otra nación cuyo nombre no pudimos captar. Yugoeslavia votó en contra y Egipto e India se abstuvieron por no tener instrucciones de sus gobiernos hasta ese momento.

Parece que esta resolución fue transmitida inmediatamente al comando invasor y que horas después, las 10 de la noche, se tenía conocimiento de que había sido rechazada entrando en acción la Armada Aérea Norteamericana, que en combate con la de los invasores logró echar a pique a cuatro de sus aviones.

Los representantes de las Naciones en el Consejo de Seguridad, reunidos en sesión permanente en Lake Success, han declarado que sólo un entendimiento franco y definido de las naciones aliadas puede salvar al mundo de la conflagración total y que, a ello, debe tender de inmediato todo su esfuerzo.

El General MacArthur, violentamente ha ordenado la salida del Japón de elementos de guerra en aviones y armas para reforzar a la Corea del Sur y así detener los avances de los del Norte, y entre tanto, Filipinas se siente nerviosa previendo su situación si el comunismo logra completar su victoria en el conflicto actual.

El Consejo de Seguridad estima la necesidad de la cooperación efectiva de las Naciones Unidas como apoyo a la situación de la Corea del Sur y es posible que tal sugerencia se presente en forma oficial para ser discutida en Cámara Magna que probablemente se reunirá a la mayor brevedad posible; Rusia, entre tanto, instigadora de esta guerra, aparenta no tener responsabilidad cuando a todas vistas ha dado toda clase de armamentos y entrenamiento asesorado por oficiales capacitados de su ejército para que se lleve a cabo, como efectivamente se ha llevado, esta invasión.

Indudablemente, el caso creado por este infame procedimiento del comunismo, coloca al mundo al borde del precipicio que lo puede llevar a su completa ruina y el que sólo se puede salvar, como dicen esos señores del Consejo de Seguridad, por una acción conjunta y entendimiento firme y decidido de las Naciones Unidas; pero sucede, que estas naciones han llevado siempre sus pláticas en una forma que no ha dado lugar a llegar a conclusiones terminantes para formar ese bloque que sea trinchera infranqueable para detener las ambiciones del Soviet.

Es el gobierno de los Estados Unidos el que carga con toda la preocupación para llegar a finalidades que puedan resolver el problema de la paz, y si es cierto que ella, por la condición de su enorme poder en armas y en dinero es el baluarte principal para enfrentar una guerra de la magnitud de la que amenaza al mundo, también es cierto que una cooperación resueltamente decidida por el resto de las Naciones Unidas le darían una representación que Rusia se vería obligada a respetar deteniendo quizá, sus maquiavélicas disposiciones.

En Casa Blanca, el Presidente Truman, sus ministros y consejeros de Estado, permanecen reunidos para discutir y resolver lo que más convenga en estos momentos de apuro; y es que ellos ven con claridad cuál sería el resultado de una victoria total por parte del comunismo en el asunto de la Corea del Sur, una vez que los invasores se han negado a aceptar las amonestaciones del Consejo de Seguridad y del Presidente Truman.

La lucha del gobierno norteamericano por detener una conflagración mundial, se explica, porque ese gobierno mejor que nadie sabe cuáles serían los resultados de la catástrofe una vez empezada. El sabe qué clase de armas se pondrían en acción en esa futura hecatombe, armas con capacidad de darle la victoria, pero que por sus resultados se convertiría en una derrota para todos. Es por eso que este prudente gobernante desoye las insinuaciones que los amigos de la violencia hacen para que tome medidas más fuertes en relación con la actitud de Rusia.

A última hora, las 11 de la noche de nuestro meridiano, oímos que Rusia, protestando por la ayuda de los Estados Unidos a la Corea del Sur, ha declarado que si Estados Unidos quiere la guerra, la guerra tendrá y el Presidente Truman, en Washington, también declara que en cualquier forma estará dispuesto a defender las democracias, y la misma radio da la noticia de que el representante ruso ha sido llamado urgentemente por el gobierno del Kremlin.

¿Habrá principiado el incendio? De ser así, Dios nos ampare.

"LA DEMOCRACIA LEGÍTIMA"

La revista "Tegucigalpa", en su número correspondiente al 4 de junio actual, reproduce un bellísimo artículo del eminente sociólogo italiano Guillermo Ferrero, muerto en 1942. De este autor hemos leído "Grandeza y Decadencia de Roma", obra de gran envergadura filosófica y política, considerada como la mejor de todas las que él publicó. La reproducción a que nos referimos, lleva por título el encabezamiento con que enmarcamos nuestro artículo.

Ferrero, estudiando las raíces de los poderes monárquicos, representativos o absolutos, en relación con la psicología de los pueblos sometidos a esos poderes, encuentra que en Europa, aún caídas en desuso después de la gran guerra, la tendencia y sentimiento de esos pueblos se inclina más a esta clase de gobiernos que. a aquellos que, nacidos de la voluntad de las mayorías, establecen lo que ha dado en llamarse democracia.

Esta dificultad para asimilar, aceptando las tendencias democráticas, puede suponerse que ha obedecido al temor de los pueblos de entrar en acción para hacer prevalecer derechos que han ignorado o para cargar con las responsabilidades que encierra la dirección de los asuntos de un Estado; responsabilidades que son múltiples si se trata de un régimen democrático que da derecho a que se establezcan dos corrientes generalmente en pugna, una de las cuales, la minoría, lucha por establecer puntos de vista que le permitan convertirse en mayoría. En el sistema monárquico absoluto, los pueblos vivieron en un todo sometidos a la voluntad del soberano, quien amparado por la difundida creencia de que su poder le venía de Dios, le permitía exclamar como lo hizo Luis XIV cuando dijo: "el Estado soy yo".

La indiferencia por la lucha de clases arraigada por el temor a salirse de un nivel establecido de generaciones a generaciones, a través de los siglos precedentes; el convencimiento generalmente aceptado de que las categorías no las haría variar favorablemente el conocimiento de las ciencias ni de las artes, fue lo que asentó en el alma de los pueblos, sometidos a la soberanía de un poder hecho hombre omnipotente por esa gracia divina, un complejo de inferioridad tan lamentable en el hombre de aquellos tiempos, como puede apreciarse en la carta que Miguel de Cervantes Saavedra dirigió al Conde de Lemos, pidiéndole que propi—ciara ayudándolo en la publicación de su obra inmortal "El Quijote de la Mancha"; y, si ciertamente, Pedro Andrade de Castro, Conde de Lemos, fue un hombre amplio y caritativo, debe entenderse que, gracias a su alto rango en la nobleza española y a la riqueza de que disfrutaba, podía, más que por el valor intrínseco de sus conocimientos, darse el lujo de hacer del inmortal Lope de Vega uno de sus humildes secretarios y de Cervantes, su favorecido.

Los puntos de vista de Guillermo Ferrero para crear una "Democracia Legítima", una democracia legalizada, están explicados de una manera magistral e incontrovertible en todos sus variados contornos. Esa democracia que Ferrero con tanto fundamento planea, se hace imposible hasta hoy, por razón de la naturaleza humana. Habría necesidad de que el hombre estuviera revestido de ropajes espirituales más que de materiales, cosa que es completamente imposible en el mundo en que vivimos. Para Ferrero, la legalización o legitimidad de una democracia sólo sería factible si las mayorías y las minorías, en un común sentir, se amoldaran a esas democracias; pero reconoce a la vez las grandes dificultades que a ello se oponen cuando dice: "poder y oposición constituyen un dualismo y, como es natural, todo dualismo tiende a modelarse conforme al dualismo enemigo que, irreconciliable y eternamente en lucha, domina toda la vida", reconociendo en esa situación a dos eternos factores, que son: "el bien y el mal".

Hermoso sería, indudablemente, llegar a las conclusiones que establece el gran sociólogo italiano para hacer factible una democracia legítima como él la llama, bajo los auspicios y consideración de las fuerzas oponentes; hermoso sería cristalizar el ideal republicano a base siquiera de sostener las democracias en un plano tal que no diera lugar a pensar que por razón de mezquinos intereses podría darse al traste con ellas, abriendo las puertas a otros sistemas cuya doctrina fuera grandemente perjudicial al bien común en la colectividad general.

Es aceptado que la mayoría tiene el derecho de mandar y que la minoría lo tiene para hacer la oposición; pero así como aquella no debe traspasar los límites de la prudencia, lo razonable lo justo, así está también, debe mantenerse en una plataforma que siendo de dignidad y de respeto, pueda ejercer el derecho d oposición dentro de normas que justifiquen que lo hace sin otra mira que la de procurar elevar el concepto de la propia democracia.

Ferrero conviene en que: "la democracia, como todos lo regímenes, tiene el derecho de defender, hasta por medio de la fuerza, el principio de legitimidad que justifica su propio derecho de mandar; de defenderlo contra todos aquellos que lo atacan por medio de la pluma o de las bombas, por la palabra o por los motines. Tiene el derecho, no de deber. En los tiempos de tranquilidad, una democracia segura de sí misma puede dejar en libertad a sus adversarios para filosofar hasta sobre los derechos de la mayoría y de la minoría. Pero si los tiempos llegan a ser difíciles, nadie puede negarle a una democracia el derecho de dispersar a sus enemigos o a constreñirlos al silencio".

Las anteriores declaraciones del ilustre italiano colocan las cosas en el lugar que realmente les corresponde. Las mayorías y las minorías de cualquier sistema político que prevalezca en una nación o República, no pueden por razón de sus principios hermanarse de tal manera que las dos se justifiquen satisfactoriamente la una a la otra, precisamente por esa dualidad que de hecho establecen. Pueden llegar por conveniencia patriótica, a soportarse mutuamente para no violentar situaciones desagradables de las cuales la víctima propiciatoria tiene que ser siempre la Patria.

EXISTE EL TEMOR HACIA EL CULTIVO DE LA TIERRA

Hace algunos días fuimos a visitar en su finca a un viejo amigo, que toda su vida la ha vivido pendiente del deseo de ver convertida a Honduras en un país agrícola y lo hemos encontrado en su monte, solitario y meditabundo, contemplando la labor de una docena de trabajadores que, rompiendo la tierra, preparábanla para arrojar en el surco la semilla milagrosa.

Este hombre, que ha pasado por todas las contrariedades y benevolencias de la vida, como generalmente sucede al que inicia y sostiene grandes empresas, no ha claudicado en sus propósitos, y allí lo vemos firme y decidido 'haciéndole frente a todas las dificultades que presenta esta clase de trabajo, confiado en que su esfuerzo no se perderá en el vacío.

"Me he envejecido —nos dice— manteniendo una ilusión que desde muy joven se adentró en lo más profundo de mi alma, y esa ilusión, que en el declinar de mi vida aún persiste, veo con tristeza que no la veré convertida en realidad, en cuanto se refiere a Honduras y no a mí mismo. He luchado por hacer comprender al campesino y a gentes de dinero, de la conveniencia de hacer de la tierra el medio más efectivo para alcanzar, si no halagadora riqueza, por lo menos el alivio a esa ingrata pobreza en que viven los del campo, y a los otros, a los pudientes, ser un camino que, beneficiando a la República, aumente su fortuna; pero de nada ha servido tanto empeño y tanto consejo, porque en los primeros domina la incomprensión y la pereza y en los segundos un fuerte temor que, hasta cierto punto, se justifica".

"Varias razones —agrega— se oponen a que haya confianza en el cultivo de la tierra en nuestro país, siendo una de ellas, y quizá la de más importancia, la falta de brazos honrados y de la seguridad de la propiedad rural, especialmente cuando ella pertenece a la clase más o menos acomodada".

El trabajador del campo, cuya apariencia de humildad y de ignorancia procura hacer visible para darse confianza, es más listo que cualesquiera de nosotros para saber esquivar responsabilidades que tengan que ver con su trabajo. Conocer el verdadero rendimiento del esfuerzo de un trabajador de una finca es algo más que imposible, porque ellos encontrarán miles de argumentos para asegurar que su labor ha sido intensa y muy valiosa, y el propietario, a sabiendas de lo contrario, tiene que aceptarlos si no quiere verse en peores circunstancias.

Las gentes de dinero, poseedoras de grandes parcelas de terreno, muchas de ellas de inmejorables condiciones para fines agrícolas, prefieren invertir sus capitales en préstamos a interés, casi siempre muy alto, para obtener ganancias que no sólo aseguran su capital duplicándolo, sino que, en esa forma, por falta de pago a su debido tiempo, pueden quedarse con otras propiedades cuyo valor representa tal vez el doble de la cantidad prestada, y naturalmente, estas negociaciones de tan fácil práctica, no implican las dificultades y temores que acarrea el trabajo de la agricultura u otro cualquiera en que se tenga que lidiar con gentes que no asumen ninguna responsabilidad.

La falta de cooperación honrada por parte de los trabajadores del campo y de la seguridad tan necesarias para esas labores, es indudablemente, el motivo para que nuestras tierras permanezcan incultas. Son muy pocos los que previendo tales inconveniencias se resuelven a afrontarlas, más por cariño a la tierra que por lo que ellas les puedan producir.

Es doloroso pensar que sólo el extranjero, por serlo, esté en condiciones de desarrollar empresas de carácter agrícola o de otras actividades industriales en nuestro país, rindiéndoles toda clase de ventajas y ganancias que los hondureños no podemos obtener por la falta de consideración y respeto que a los otros voluntariamente se les ofrece. Algo excepcional es en nuestro trabajador esa idiosincrasia, a la cual podríamos aplicarle el adagio de que son "claridad de la calle y obscuridad de la casa". Parece que hubiéramos nacido para desconfiarnos y malquerernos; en otras palabras, para perjudicarnos, dejando el campo abierto para que los extraños lo aprovechen.

Y es por esta razón que el trabajador hondureño, con raras excepciones, ha sido relegado a una categoría muy baja por culpa de su informalidad o de la malicia de que hace uso en el desempeño de su trabajo, del cual, por estas y otras razones, es sustituido por elementos de otras nacionalidades, que sin miramientos los someten a su mandato con humillaciones y hasta con desprecio.

Alrededor de estas tristes circunstancias conviene hacer campaña por la prensa y por la escuela. Debemos infiltrar en la mente y en el corazón del trabajador del campo y del trabajador citadino, que su miseria y pobreza obedece a esa falta de comprensión y patriotismo que necesita para saber cumplir con su deber.

La prensa local habla de "la llegada de agricultores, industriales, directores de periódicos y empresarios de radiodifusoras, procedentes de los Estados Unidos, a Tegucigalpa, lo que es una demostración del interés que en el gran país del Norte está despertando Honduras para la inversión de capitales", lo que es plausible, porque de ello necesitamos para darle mejor vida y engrandecimiento a nuestra patria; pero no debemos olvidar que si nuestro pueblo no se empeña por desperezarse, sacando fuerzas de esa indiferencia y actitud hostil hacia todo lo que es netamente hondureño, habrá de vivir siempre pobre y subordinado a la riqueza que, pudiendo ser suya, pasa a serlo de otros más conscientes y más listos para saber aprovecharla.

LA FUNDACIÓN DEL BANCO CENTRAL Y DE FOMENTO

El Presidente Gálvez y su gobierno deben estar más que satisfechos por la forma en que se ha llevado a cabo la fundación de esas Instituciones que vienen a resolver una de las más grandes necesidades que se hacían sentir en nuestro país. La culminación de este hecho, tan debatido por la prensa desde hace muchos años, viene a probar que los gobiernos saben estimar las insinuaciones de los que, interesados por el bien común, hacen uso del periódico para establecer puntos de vista que orientando sin pasión, se conviertan, de manera indirecta, en cooperadores del bienestar que en alguna forma pueda ofrecérseles a los miembros de la colectividad nacional.

La creación del Banco Central fue discutida ampliamente por personas de los diferentes partidos políticos entendidas en la complicada rama de las finanzas, y pudo apreciarse que, en principio, todos estuvieron de acuerdo en la necesidad de hacerlo efectivo; y esta idea que ha venido moldeándose en la mente del pueblo y en especial de la de los hombres que tienen sobre sus espaldas el peso de la responsabilidad que irroga el poder público, se ha plasmado en una realidad, que la ciudadanía sin distinción de opiniones ni de credos, aplaude con entusiasmo.

El Gobierno de la República, que preside el Doctor don Juan Manuel Gálvez, ha cumplido con uno de los principales puntos anotados en su programa de acción administrativa, como una consecuencia quizá, además de su convencimiento personal, de las fundadas razones explicadas por expertos desde las columnas de la prensa. Pero no es sólo eso lo que puede hacer factible la creación de una obra de la naturaleza que representa una institución que cual la bancaria con garantía del poder público, necesita además, de la confianza del pueblo que sería ilusoria, si ese poder no estuviera respaldado por una paz que siendo efectiva, garantice a su vez, los habéres de ese pueblo y de la nación.

Por manera, que debemos considerar con amplio y desapasionado criterio, que nada puede hacerse efectivo dentro de un ambiente de dudas y temores que sólo sirven para entorpecer la acción, provocando la miseria y el desconsuelo con el cortejo de descrédito y vilipendio que con otras calamidades del mismo jaez colocan en un nivel de apreciación muy bajo en cultura y civilitud.

La trascendencia de este paso que ha dado un triunfo al Gobierno de Honduras, ha repercutido fuera de nuestras fronteras, interesando el ánimo de gobiernos que han sabido valorizar los propósitos de honradez y de lealtad que de manera franca privan en el corazón de nuestro mandatario; interés que han demostrado haciendo presente su valiosa cooperación para significar que los lazos de amistad que los une en pueblos y gobiernos, de hecho establece una garantía que siendo mutua, afianzará los vínculos de raza e idealidades que si hoy duermen, pueden despertar mañana.

Los pueblos de Centroamérica, divididos por fronteras materiales, han vivido unidos por tendencias espirituales en razón de un ideal que es común a todos. Hijos de una misma patria, tenemos que sentir las dichas y las desgracias que se atraviesan en su destino, porque real y efectivamente somos hermanos. Demostración que comprueba nuestro sentir, es la de que con motivo del evento de los Bancos han dado los gobiernos de Guatemala y El Salvador al nombrar sus Embajadas, compuestas de los más destacados miembros de sus gobiernos para significar ante el nuestro, el más alto grado de aprecio y de adhesión al paso dado en beneficio de la ciudadanía hondureña, agregando, para amenizar el acontecimiento, sus dos orquestas sinfónicas, orgullo de esos pueblos por la altitud en adelanto que han alcanzado.

Con esas instituciones musicales, Guatemala y El Salvador han hecho sentir al pueblo hibuerense el más inefable rato de solaz que ellos pudieran haber apetecido; momentos de felicidad que difícilmente se olvidan han embriagado nuestro espíritu; pero también nos dejan en el alma una gran tristeza por el hecho de que establecida la comparabilidad en conocimiento y en técnica, nosotros, pobres de nosotros, estamos muy lejos de pretender alcanzar tal adelanto, y ni lo alcanzaremos hasta tanto no podamos contar con escuelas o conservatorios debidamente organizados y dirigidos por profesores competentes que desgraciadamente no tenemos.

Los conciertos de la sinfónica de Guatemala en el Gimnasio 15 de Marzo y en el Teatro Nacional, han sido de un efecto estupendo, y no sabemos hasta dónde nos atreveríamos a decir que alcanza la magnitud y limpieza en ejecución y técnica de ese gran grupo de profesores guatemaltecos, sin que se queden atrás, los de nuestra hermana Cuscatlán.

Nosotros los hondureños, tenemos un exponente de la cultura musical en Humberto Cano; artista de verdad, olvidado por la indiferencia del medio en que vive. Cano, siendo una gloria para Honduras, no se le toma en cuenta. Pasa por los escenarios en donde se le abruma de aplausos porque nos enseña de lo que es capaz un compatriota; pero fuera de ese escenario; como si no existiera. ¿Qué pasa en el alma de nosotros? ¿Qué fenómeno nos invade que no podemos o no queremos elevar nuestros valores, dándoles la oportunidad de servir a la patria?

Cano podría hacer mucho para sacarnos de este desconocimiento casi total en que estamos de lo que significa el arte musical, y en este sentido hacemos un llamado al demócrata y comprensivo gobierno para que lo saque de ese olvido a que lo hemos reducido, porque realmente, no hay derecho. En el último concierto del Teatro Nacional, nuestro gran violinista, como siempre se ha lucido, llevando el solo de violín con la orquesta plena en la difícil ejecución del Concierto en Mi menor de Mendelssohm, ejecutado con toda limpieza; apreciándolo así los profesores guatemaltecos que integran la sinfónica de aquel país.

En resumen la fundación del Banco Central y de Fomento, ha sido un éxito completo para el Gobierno del Doctor don Juan Manuel Gálvez, quien por todos los medios, ha tratado de corresponder la gentileza de los gobiernos que se hicieron representar, ofreciendo a sus Embajadores las atenciones que justamente han merecido, y el pueblo hondureño, que también ha participado en este acontecimiento, tiene que sentirse agradecido porque, por una parte, ha palpado el cumplimiento de una promesa hecha por su Presidente, y por el otro ha disfrutado de momentos de placer que por mucho tiempo perdurarán en su espíritu.

4 DE JULIO INDEPENDENCIA DE ESTADOS UNIDOS

El deseo de libertad e independencia de las colonias americanas, sujetas a la tutela de testas, coronas de Europa, obedeció, en gran parte, a la extremada ambición de sus reyes que no contentos con poseerlas, obteniendo el tributo que justamente les correspondía, aumentaba su codicia día por día con perjuicio de los colonos que luchando con toda clase de calamidades, estructuraban pueblos y ciudades de cuyo esfuerzo apenas si querían darse cuenta los que en salones de Corte hacían derroche y ostentación de riquezas que sin costarles les llegaba de ultramar.

Fue en 1765 que los representantes de las provincias de Nueva Inglaterra, se reunieron en New York para discutir la manera de solicitar de la Corona y del Parlamento británico algunas garantías y la abolición de ciertas leyes que perjudicaban o entorpecían el desarrollo de actividades muy necesarias para la vida y bienestar de aquellos habitantes; pero las autoridades del Imperio no tomaron en consideración tales peticiones, prosiguiendo en su política de especulación que provocó el descontento de las colonias que llegaron a proclamar el boicot a los productos ingleses como medida de resistencia contra las tarifas aduaneras impuestas desde Londres sin ninguna consideración.

En 1774, aun no existía en la mente de los colonos la idea del separatismo; pero el gobierno británico, disgustado por las constantes y justas reclamaciones de Massachusetts, declaró en sedición a esta provincia, prohibiéndole el tráfico comercial y enviando tropas para asegurar sus leyes. La tirantez de estas relaciones produjo el primer choque armado en Lexington el 19 de abril de 1775, que fue el principio de un rompimiento que culminó con la batalla de Bunker Hill.

En mayo de 1776, el congreso de Filadelfia, resolvió reclutar un ejército para ponerlo a las órdenes de Jorge Washington, y el 4 de julio, aprobó una declaración de independencia revisada el 2 del mismo mes. Este hermoso documento en que se revela la altitud de miras de aquellos hombres que luchaban por darle vida independiente a un pueblo, cuyo porvenir no era posible que estuviera al alcance de sus mentes, encierra los más bellos conceptos en cuanto a lo que significan las libertades que al ser humano corresponden si esas libertades burlando las leyes que garantizan el orden y tranquilidad, no traspasan los límites de la moral.

Este famoso documento que la historia califica de sublime por la liberalidad de sus conceptos, fue redactado por una comisión integrada por Juan Adams, que sucedió a Washington en la presidencia de la República; Tomás Jefferson, gran estadista y abogado que ocupó la tercera presidencia, y Benjamín Franklin, físico, economista, político y escritor que gobernó el Estado de Filadelfia durante tres períodos consecutivos y que, al retirarse a la vida privada, firmó el decreto que abolía la esclavitud en aquel Estado. Estos personajes como tantos otros de los que intervinieron en la emancipación política y económica de las colonias norteamericanas, eran de lo más conspicuo por su talento y patriotismo.

Esta joya que el pueblo americano guarda y venera como alma de su propia alma, contiene todas las recomendaciones que exige una verdadera democracia: "Primeramente, afirma el principio de que todos los hombres han sido creados iguales y están dotados por el Creador de ciertos derechos inalienables como el de la vida, el de la libertad y de la felicidad, y que, si un gobierno destruye esos principios básicos, el pueblo tiene derecho a modificarlo o abolirlo; luego expone una lista de quejas sobre los actos tiránicos de Jorge III contra los súbditos americanos; y por fin declara que las Colonias Unidas son y deben ser por derecho, Estados libres e independientes". No solamente representa esta declaración de independencia el acta de nacimiento de una gran nación, sino que puede considerarse como uno de los documentos políticos más importantes que conserva la humanidad; y su contenido, que el propio Franklin dio a conocer en Francia, sirvió de base casi literalmente para establecer en la Convención, la Declaración de los Derechos del Hombre y del Ciudadano.

Y esos preceptos que se ajustan en un todo a las aspiraciones de los pueblos que quieren ser libres, nacidos en los albores de una organización formada por individuos de diferentes nacionalidades, costumbres y religiones, han sido respetados a través del tiempo transcurrido, irradiando sus enseñanzas por toda la redondez de la tierra. Demostrando que sólo cuando se respetan los derechos inmanentes en el alma de los pueblos y en el ser humano, es cuando se puede llegar a alcanzar esa grandeza y felicidad que jamás podrá obtenerse por medio del fraude, la traición o la violencia.

Y los Estados Unidos de Norte América, fieles a los principios establecidos por los ilustres varones que le dieron vida a su nación, sostienen y defienden esos principios no sólo para ellos, sino que para el mundo entero, porque estiman que la humanidad no está dividida y aislada en sentimiento y deseos y porque, como hijos de un mismo Dios, tienen derecho a disfrutar de los privilegios que otorga la libertad de pensar y de actuar dentro de normas que no estén opuestas con la razón y la justicia, y es por ello que la vemos ahora y siempre, empeñada en defender esos principios, únicos en justificar la existencia de los pueblos y de los hombres.

Desgraciadamente, en los tiempos que corren, el espíritu del mal quiere prevalecer sobre el espíritu del bien, y la humanidad se debate entre el temor y la duda de un porvenir que se presenta nebuloso; porvenir que ese gran pueblo quiere despejar para bien de toda alma viviente, y debemos tener confianza en que esta tempestad que se trasluce con caracteres de destrucción y de muerte, habrá de esfumarse gracias a las actividades norteamericanas y a la ayuda de todas las naciones que no hayan perdido el concepto de lo que significa libertad.

Por eso, el 4 de julio debe ser una fecha sagrada para los pueblos conscientes de que el hombre no debe ser enemigo del hombre; de que sólo el amor, el desinterés y el respeto mutuo, pueden dar esa felicidad tras la cual van los pueblos por diferentes caminos; y, esa fue la mentalidad de aquellos patriotas que hace 174 años pusieron la primera piedra sobre la que descansa el que será por los siglos de los siglos, indestructible edificio de la democracia.

"UN PARTIDO COMUNISTA"

"El Imparcial", periódico serio que se edita en la ciudad de Guatemala, República de Guatemala, en su edición del 23 de junio recién pasado, trae una noticia que forzosamente habrá alarmado a los guatemaltecos amigos de la paz y de la democracia, como tiene que alarmar, con razón, a los demás pueblos de Centro América.

Dice el referido diario: "Ha circulado, desde ayer, un nuevo periódico con el nombre de Octubre y las insignias de la hoz y el martillo enmarcadas por una estrella de cinco puntas, sobre una bandera roja, con el siguiente lema: "Por un gran partido comunista de vanguardia de los obreros, campesinos y el pueblo". Se mencionan los nombres del director y cuerpo de redacción del referido periódico e igualmente que: "En la nota editorial de primera página expresase que, dicho órgano de publicidad tiene el propósito de cumplir una tarea histórica impostergable, o sea la de servir de guía hacia el desarrollo de un partido nuevo, en la misma forma como bajo la inspiración de Lenín en Rusia, surgió "Iscra" —Chispa— que prendió la llama de la revolución en la conciencia de la clase obrera y del pueblo ruso".

Perplejo se queda el espíritu ante el aparecimiento y declaraciones del nuevo adalid del comunismo en la tierra de Justo Rufino Barrios; y más perplejo, que todo ello sea en estos momentos en que la democracia y el comunismo se disputan a tiros la supremacía de su poder allá en los campos y mares de la Corea Meridional; lo que da lugar a pensar que no era una fantasía las reiteradas suposiciones de la prensa del Caribe y Norteamérica de que en la América Central se estaba incubando el huevo del comunismo que, calentado y maduro, ha dado su fruto que no es otro que la publicación periódica y de propaganda bautizada con el nombre del mes en que se llevó a cabo la revolución que dio el poder al régimen que gobierna.

Hay que fijarse que los miembros de esa agrupación, al formar el emblema del que llaman "su nuevo partido" que abierta y públicamente lleva todos los atributos del comunismo ruso, colocan en él, la estrella de "cinco puntas" que bien puede estimarse comprenda cada uno de ellos al resto de los países de la América Central. Hay que fijarse que si ellos; sus directores, ¿se atrevieron a lanzar a la publicidad la existencia de ese partido y los móviles que sustenta, es porque se consideran fuertes para salvar todas las dificultades que puedan presentárseles en el camino para darle feliz cima al ideal? que con tanto afán persiguen.

¿Qué pensará de todo esto el Sr. Presidente Arévalo? ¿Qué pensará la sociedad guatemalteca? ¿Y qué pensarán las otras Repúblicas del Istmo comprometidas internacionalmente en el sentido de velar por la defensa y seguridad de las democracias? ¿Será el que se proponen los señores de "Octubre" el mejor camino a seguir para que nuestros pueblos encuentren la tan deseada felicidad? ¿Será que perdiéndola la vamos a encontrar? Las contestaciones a estas preguntas, si no se dan con el corazón, no tienen valor alguno, y ha de ser con un corazón. puro en el que la pasión ciega por un criterio que seguramente tiene que ser errado, no haya destruido los sentimientos que dan fuerza a la idea de lo justo, humano y equitativo.

Pobres de los obreros y campesinos que se dejen ilusionar por los "cantos de sirena" de los que, más que por convicción, por espíritu imitativo se enfrascan en este laberinto del cual, con dificultad, podrán salir; y pobres aun más de los propulsores e instigadores, porque serán los primeros en comprender su error y arrepentirse. Afortunadamente, en nuestros pueblos la tierra es estéril para que germine esa semilla, lo que dará lugar a un rechazo a toda tentativa de sugestión; y habrán de rechazarla, porque no enmarca con los sentimientos de su propia naturaleza, ni con las necesidades que les impone el medio en que, aunque humildemente, se desarrolla su existencia.

Ningún país de Centro América puede considerarse en la situación en que estaba Rusia a la caída del imperio zarista; desgraciado pueblo sometido a la tiranía y esclavitud de la autocracia imperial; ayuno de los más elementales principios de lo que es el derecho y la libertad que al hombre corresponden, lo que dio lugar, no cabe duda, a que aceptara como salvadores las doctrinas de un embozado socialismo que predicando igualdad, equidad y justicia, ocultaba en su fondo las grandes cadenas que más tarde lo habrían de aprisionar.

La grandeza y poderío de la Rusia actual se ha levantado con la base del aniquilamiento de su pueblo, convertido en un autómata que obedece por el temor a la muerte; que trabaja sin cesar hasta que se agotan sus fuerzas, sin derecho a exigir la recompensa del esfuerzo dado; que sabe que aun para respirar debe andar con mucho pulso porque está rodeado de espías y delatores. ¿Y esto es lo que se quiere para nuestros pueblos? ¿Es que el campesino y el obrero nuestro habrán de dar el sudor de su frente engañados por la falsa idea de un poder que no se les dará jamás? ¿No serán los preparados e inteligentes; los empujadores que aprovechándose de la credulidad de esas gentes pudieran llegar a convertirse, para beneficio propio, ¿en sus más crueles tiranos?

Se nos dirá que la grandeza y poderío del comunismo se debe a la igualdad en el goce de los derechos humanos, lo cual es una de las más grandes mentiras que puede forjar una mente desorientada o llena de mala intención, porque ese poder, que con altanería ostenta la Rusia del Soviet, ha sido creado por la fuerza de un militarismo asalariado e inconsciente que sin más ley ni más dios que Stalin, destruye sin misericordia todo brote que tienda a buscar la manera de alcanzar esos derechos.

Parece que a última hora la propaganda comunista ha tomado mayor fuerza en estos países de América. El caso de Guatemala lo confirma. En los Estados Unidos se han descubierto muchas actividades de esa índole que, a no haber sido por la rápida intervención de las autoridades, habrían alcanzado proporciones alarmantes; y aquí, en nuestro país, se habla con insistencia de que existen medios de propaganda impresa en Moscú, la que se reparte sigilosamente entre el elemento trabajador, lo que de ser cierto, indica que estamos a merced de un gran peligro.

LA SUERTE, EL DESTINO Y LA LEY DE LA HERENCIA

Hay motivo para suponer que la vida del hombre esté sujeta a la eventualidad de los sucesos que a su alrededor se desarrollen durante su existencia. Desde la tierna infancia pueden notarse en el parvulito ciertas manifestaciones que obligan a pensar que hay algo inexplicable e incomprensible en el alma de esos pequeños seres; y esa eventualidad puede tener su origen en la falta de estudio y meditación que los padres no tenemos al observar tales fenómenos que se manifiestan por una tendencia a hacer algo, de lo cual no es posible que puedan tener el más ligero concepto.

En el niño hay libertad de acción; nada ni nadie se opone a que haga de sus actividades lo que más le venga en placer para satisfacerlas; juega y hace lo que su instinto le aconseja sin preocuparse de la forma y del medio en que actúe. Podemos verlo formándose en grupos para discutir la manera de llevar a cabo una idea nacida de la mente de algunos de sus compañeros, idea que es combatida y defendida por partidarios que se manifiestan en pro o en contra, habiendo siempre entre ellos, uno que, dominando la situación, imponga su criterio. Podemos verlo actuar como médico, como abogado, como cura y, en fin, en todos los aspectos en que el hombre hace notar sus facultades.

Vamos a referir dos casos típicos de tendencia vocacional, manifestados en diferentes planos, en edad, medios económicos y punto focal de la aspiración. Personas que oyeron de otras mayores la historia de la niñez del que fuera modelo de sacerdote, Monseñor Ernesto Fiallos, aseguraban que desde muy pequeñito jugaba a decir la Misa, vistiéndose con ornamentos que él preparaba a su modo; que cuando se entregaba a este puro e inocente juego lo hacía con todas las características de una devoción y con tal seriedad, que llamaba la atención de quienes lo observaban; y sus padres, que deben haber sido de una mentalidad comprensiva, no interpusieron su criterio cuando el caso de definir la orientación se presentó, dejándolo en libertad de seguir la carrera que más se acomodaba a su íntima manera de ser, llegando por este medio a hacer en serio lo que de niño hizo en calidad de juego.

Otro caso importante es el de un amigo nuestro, abogado de nota, que hoy vive fuera de Honduras. En uno de esos momentos de expansión en los que se goza con los recuerdos de la niñez, muchas veces sufrida con la estrechez económica, nuestro amigo, recordándola, nos decía: "Hay algo que uno no puede comprender en la sucesión de los hechos que nos afectan de manera personal. Mis padres, muy pobres, en la época de vacaciones que me dejaba la escuela primaria de mi pueblo, me ocupaban en mandarme a la capital a vender leña cargada en una borrica. Al hacer mi quinto grado, en uno de mis viajes a Tegucigalpa, tuve de inmediato la idea de presentarme a don Pedro Nufio, Director de la Normal de Varones para solicitarle apoyo que bondadosamente me fue otorgado. Me distinguí en mis estudios de magisterio y bachillerato, alcanzando la coronación de mi carrera de Abogado. Todavía me acuerdo de mis burros y de mi leña que allá en el hogar paterno quedaron esperándome".

Es posible que el ser humano, al nacer, traiga consigo mismo una predisposición hacia lo que debe ser dentro de la sociedad que le esté reservada, predisposición que los padres no llegamos a comprender; lo que da lugar a que obliguemos a nuestros hijos a seguir una carrera profesional o un oficio que esté lejos de ser lo que a ellos correspondería por razón de su natural voluntad expresada hacia un fin por ellos determinado; actitud que nos compromete en responsabilidad ante los constantes fracasos de las juventudes que hicieron una carrera, para la cual no estaban llamados; y si fuera cierta esta hipotética suposición —que bien puede ser casual y aislada en cuanto a esta clase de hechos— tendríamos que aceptar, si lo fuera, que señalada la ruta, se establece el destino.

¿Tiene el hombre verdadero concepto de lo que podrá ser, en el medio en que se desarrolle, su existencia? ¿Es dueño de su destino? Estimamos que no. Hemos conocido hombres luchadores de reconocida competencia en las diferentes ramas del saber humano que han. agotado sus energías, buscando el camino del bienestar sin lograr más que desilusiones y desesperanzas. ¿Luchadores en el vacío de una incomprensión? Creemos que no, pero sí, luchadores frente a su mala suerte.

Y en cuanto a que la inteligencia, la idiotez y la maldad puedan ser hereditarias —de acuerdo con varias opiniones sobre el particular— debe considerarse como un error porque el individuo en el estado de su inconsciencia material y espiritual, nace puro; sus instintos o tendencias empiezan a desarrollarse en él, cuando principia a tener conciencia de las cosas y de los hechos, siendo por esto que es en esa edad, en la que los padres y los maestros deben tener sumo cuidado en vigilarlos y corregirlos para que no se despierte en ellos la mala inclinación, que al decir de los teósofos pudiera haber existido en una de sus vidas anteriores.

Un hombre bueno puede engendrar a un malvado y viceversa. Un inteligente a un idiota. El espíritu o el alma es personal sin más nexos que el amor que aun a veces deja de existir de padres a hijos y de hijos a padres. El ejemplo y la educación es lo que puede —no en todos los casos— afianzar ese amor, mejorando y aun destruyendo la condición de mala continuidad arraigada en el alma de algunos individuos a través de su existencia, según la teosofía.

Ha habido familias favorecidas por la suerte, que han dado fruto de gente buena que al darse cuenta de las tendencias y prácticas de sus padres, por voluntad propia las han asimilado, estableciendo la sucesión de las mismas tendencias y prácticas que el vulgo considera como efecto de una herencia, tal como ha sucedido con el caso de la familia Strauss que han venido siendo músicos de padres a hijos; lo que bien puede estimarse como caso excepcional, pues la regla, casi general, es que el hijo nada tenga que ver con la psicología e idiosincrasia de sus padres, si éstos no los empujan con el ejemplo, a seguir sus buenas o malas inclinaciones.

ÍNDICE

CARLOS ZÚNIGA FIGUEROA: MAESTRO CON EL PINCEL… Y LA PLUMA 3
MIS ARTÍCULOS EN LA SECCIÓN "UN POCO" DE DIARIO LA ÉPOCA 7
EL HOMBRE DEBE ESTUDIAR SUS PROPIOS IMPULSOS . 15
NI TODO ES BUENO, NI TODO ES MALO 17
VARIACIONES SOBRE UN TEMA: "LA ENVIDIA" 19
VARIACIONES SOBRE EL MISMO TEMA: "LA ENVIDIA" .. 21
LA IMPRENTA Y EL PERIODISMO 23
EL ANONIMISTA 25
1950: EL AÑO SANTO 27
LO QUE VA DE AYER A HOY 31
¿POR QUÉ NO NOS HEMOS UNIDO? 37
LIBERALES Y CONSERVADORES 39
LO QUE PUEDE LA VOLUNTAD DE UN HOMBRE 45
PUNTOS DE VISTA SOBRE POLÍTICA HOGAREÑA 49
NUESTRA SEÑORA DEL ROSARIO DE FÁTIMA 53
TEMA CORTADO: PUNTOS DE VISTA SOBRE POLITICA HOGAREÑA 57
LA AMISTAD 59
SOLO EL AMOR PUEDE UNIR A LOS PUEBLOS 61
LA PROSTITUCIÓN ES UNA AMENAZA 63
¿COMUNISMO EN AMERICA? 67
LOS CACOS EN ACCIÓN 71
LO QUE DESEAMOS ES JUSTO 75
CRISIS QUE SE AGUDIZA 79

EL PATRIOTISMO EXIGE SACRIFICIOS 83
HAY QUIEN SIEMBRA Y NO COSECHA 87
EL PARTIDO NACIONAL NO HA TRAIDO YANKEES INTERVENCIONISTAS 91
DE NOSOTROS DEPENDE EL PORVENIR 95
POR LA VERDAD Y LA JUSTICIA 97
NO CONVIENE CREAR DIFICULTADES 101
LA VALENTÍA NO ESTÁ REÑIDA CON LA BONDAD 105
ALREDEDOR DE LO QUE SE DICE SER POLÍTICA 109
NI NORMALIDAD NI LOCURA 113
¿QUE ES NORMALIDAD EN EL HOMBRE? 117
COMO BELEM DE JUDEA 119
DOS FUERZAS OPUESTAS IMPERAN EN LA MENTE 123
GOBERNAR ES UN PROBLEMA 127
ORIGEN DE LAS REVOLUCIONES 131
GUERRA A LAS REVOLUCIONES ARMÁNDOSE PARA LA GUERRA 135
LOS PROPÓSITOS DEL PRESIDENTE GÁLVEZ 139
RELATIVIDAD EN LA APRECIACIÓN DE LAS COSAS. CAUSAS DESCONOCIDAS 143
ORIGEN DE LA DEMOCRACIA 147
LOS SACRIFICIOS DEL HOMBRE DIFÍCILMENTE SON RECONOCIDOS 151
RECAPACITEMOS PARA QUE SEA MENOS DURA LA PRUEBA 155
LA ETICA TIENE QUE SER SIEMPRE UNA 157
LOS JEFES DE PARTIDO SON UNA NECESIDAD 159
TRANQUILIDAD ES LO QUE NECESITA EL PUEBLO 163

BUSCAMOS EL SENDERO SIN PRETENSIONES DOGMÁTICAS *165*

FALSAS SON LAS APARIENCIAS *169*

UNA PLÁTICA CON EL SEÑOR MINISTRO DE GOBERNACIÓN, JUSTICIA Y SANIDAD *173*

SABIDURÍA POLÍTICA *175*

LA BOMBA ATÓMICA Y LOS PLATOS VOLADORES *179*

LAS NACIONES UNIDAS Y LAS PLÁTICAS DE LAKE SUCCESS *183*

LAS OLIMPIADAS DEBERIAN PATROCINAR LA UNION DE LOS PUEBLOS *187*

FRATERNIDAD Y MAS FRATERNIDAD ES LO QUE PEDIMOS NOSOTROS *191*

A VECES SOMOS VÍCTIMAS DE NUESTROS PROPIOS CAPRICHOS *193*

LA PRUDENCIA Y LA FIRMEZA, SALVAN MUCHAS DIFICULTADES *195*

ANTES QUE TODO ESTÁ LA PATRIA *199*

JESUCRISTO *203*

CARLOS IZAGUIRRE Y SU OBRA "BAJO EL CHUBASCO" *205*

PAULINO VALLADARES *209*

ESCRIBIMOS NO SOLO PARA EL PRESENTE *213*

EL MAESTRO DE ADALID Y GAMERO *217*

RECTIFICAR ES UNA VIRTUD *221*

FROYLÁN TURCIOS *225*

EL PRESIDENTE TRUMAN Y LOS DIRECTORES DE PERIÓDICOS *229*

POETAS ATORMENTADOS *233*

SAQUEMOS LA VIGA DEL OJO *237*

LUCHEMOS POR HACER DE HONDURAS UN PAIS GRANDE Y RICO 241

LAS TORMENTAS TODO LO ARRASAN 245

ALTERNATIVAS DE LA IMPREVISIÓN 249

FELIPE PINEDA... (FELIPITO) 253

UNA BUENA SONRISA, VALE ORO 257

MADRE... EL NOMBRE MAS GRANDE Y MAS BELLO 261

PROBLEMAS QUE SON UN PROBLEMA 265

EL PRINCIPIO DE UNA PATRIA GRANDE 269

EL BANCO CENTRAL Y EL DE FOMENTO 273

TALENTO Y MEDITACIÓN, ELEVA A PLANOS SUPERIORES 277

EL COMUNISMO, EL SOCIALISMO, FASCISMO Y EL NACIONALSOCIALISMO 281

QUIEN HABLA AL CORAZÓN, PUEDE SER OÍDO, PERO TAMBIÉN TRAICIONADO 285

LA ORATORIA, EL PERIODISMO Y LA POLÍTICA 289

LA DESNUTRICIÓN DESTRUYE LA SALUD DE LOS NIÑOS 293

DECLARACIONES DEL GENERAL GEORGE MARSHALL 297

PATRIOTICA ACTITUD DEL OBRERO SALVADOREÑO 301

EL PRESIDENTE TRUMAN ACONSEJA LA MAYOR DIVULGACIÓN EN BENEFICIO DE LA PAZ 305

SI EL GOBIERNO RESPONDE ANTE LA NACIÓN, EL PUEBLO LO HARA ANTE EL GOBIERNO 309

QUIEN ESPERA CON PACIENCIA, LLEGA A LA META 313

¿HACIA DÓNDE IRA EL MUNDO Y HACIA DONDE IREMOS NOSOTROS? 317

EL PERIODISMO Y EL PERIODISTA 321

LA ESTADÍSTICA Y LOS CENSOS..325
QUIEN PERDONA, ES PERDONADO 329
SOLO LA LEY PUEDE GARANTIZAR A LAS SOCIEDADES 333
LA GRAN GUERRA A LAS PUERTAS DEL MUNDO..............337
"LA DEMOCRACIA LEGÍTIMA"..341
EXISTE EL TEMOR HACIA EL CULTIVO DE LA TIERRA . 345
LA FUNDACIÓN DEL BANCO CENTRAL Y DE FOMENTO 349
4 DE JULIO INDEPENDENCIA DE ESTADOS UNIDOS 353
"UN PARTIDO COMUNISTA" 357
LA SUERTE, EL DESTINO Y LA LEY DE LA HERENCIA.... 361

Milton Keynes UK
Ingram Content Group UK Ltd.
UKHW031000261124
451585UK00005B/585